U0406431

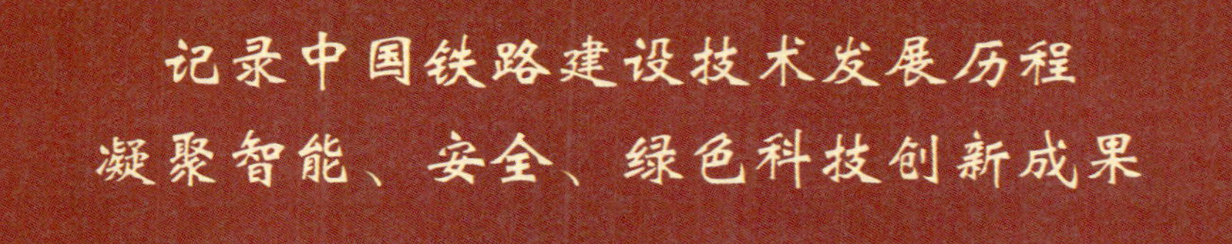

记录中国铁路建设技术发展历程

凝聚智能、安全、绿色科技创新成果

百年京张　历史跨越

河北省
张家口奥运村
太子城
崇礼区
正盘台隧道
（双线，长12974m）
赵川镇高架特大桥
（双线，长7854m）
崇礼铁路
古长城遗址
黄土坡
李家堡
庞家堡
大化家营
赵川镇
葛峪堡
赵川南（预留）
草帽山隧道
（双线，长7340m）
新保安高架特大桥
（双线，长15051m）
张家口市
张家口
宣化北
下花园北
宣化区
下花园区
顾家营
西八里
既有京张铁路
孔家庄
沙岭子
西前所
张承高速
张唐铁路
宣赵铁路
京藏高速
京新高速
张集铁路
张石高速
宣大高速
京包铁路
张呼高铁
大秦铁路
龙关镇
清水河
洋河
桑干河
逐鹿
集宁
大同
呼和浩特
石家庄
沙城

INNOVATIVE DESIGN OF BADALING GREAT WALL STATION

OF BEIJING-ZHANGJIAKOU HIGH-SPEED RAILWAY

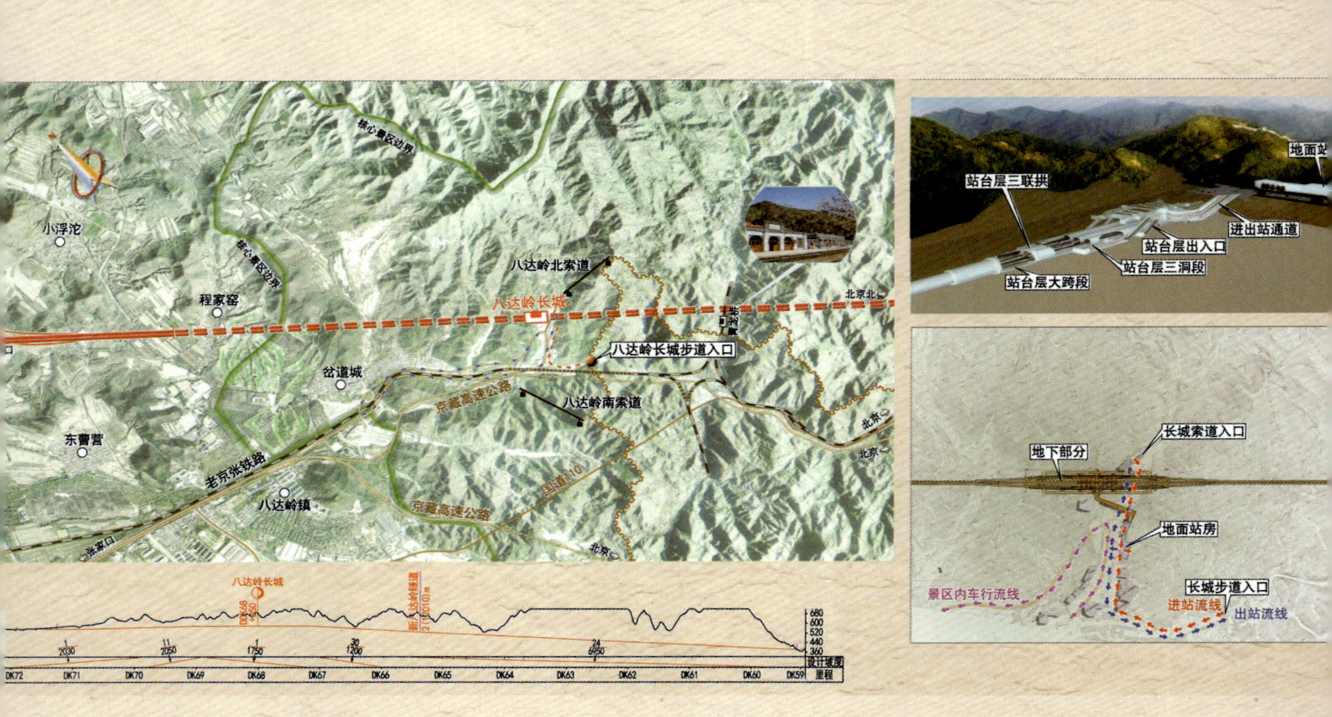

八达岭长城站站点位置图

INNOVATIVE DESIGN OF BADALING GREAT WALL STATION

OF BEIJING-ZHANGJIAKOU HIGH-SPEED RAILWAY

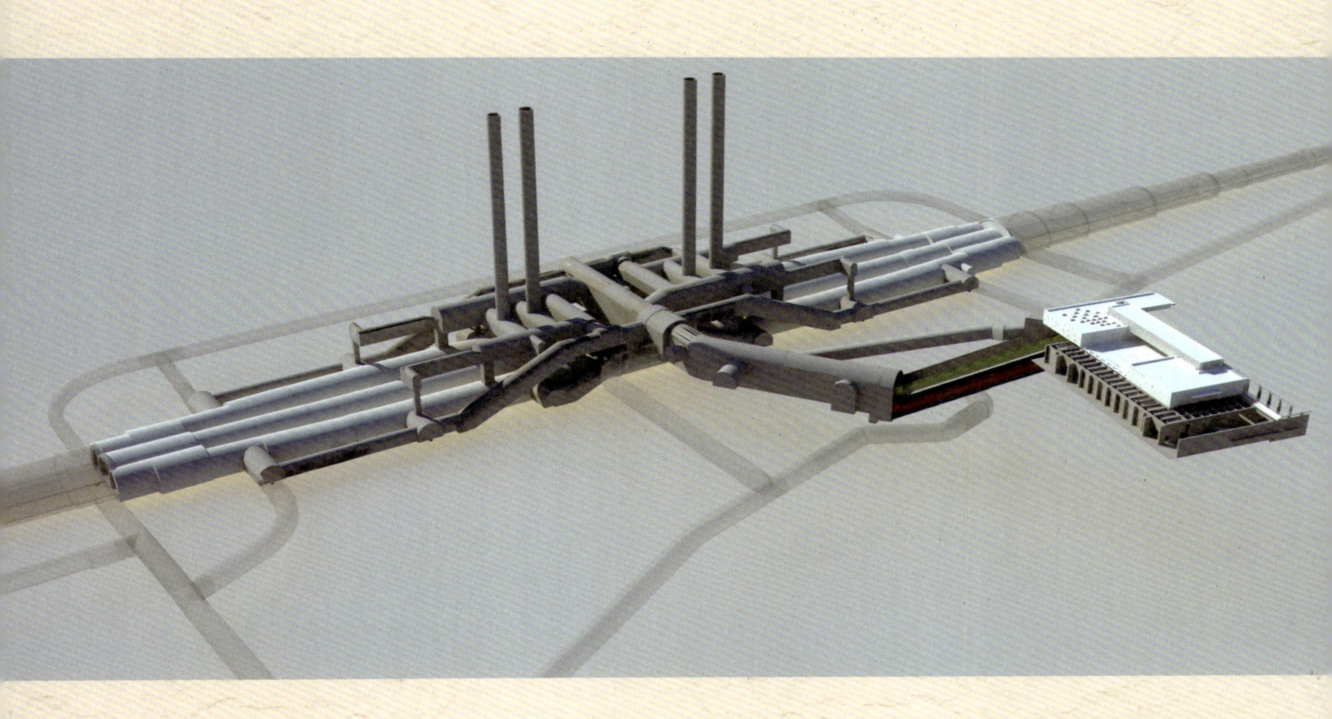

八达岭长城站三维透视图

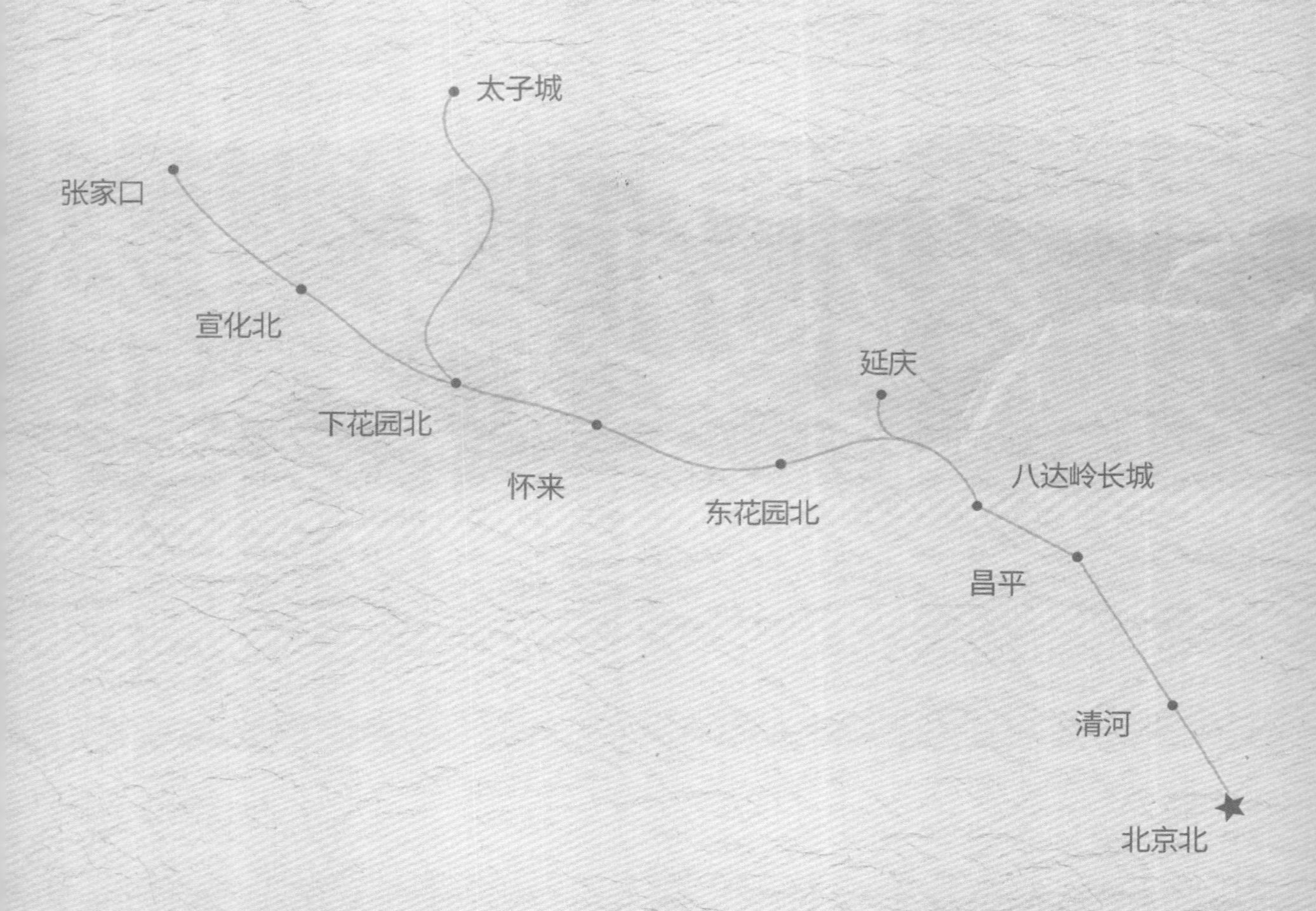

太子城
张家口
宣化北
延庆
下花园北
八达岭长城
怀来
东花园北
昌平
清河
北京北

京张高铁
八达岭长城站创新设计

INNOVATIVE DESIGN OF BADALING GREAT WALL STATION
OF BEIJING-ZHANGJIAKOU HIGH-SPEED RAILWAY

中铁工程设计咨询集团有限公司 / 组织编写
吕 刚 赵 勇 刘建友 岳 岭 刘 方 等 / 著

人民交通出版社股份有限公司
北 京

内 容 提 要

本书为“京张高铁设计与技术创新丛书”之一。依托京张高铁八达岭长城站工程设计工作实践，针对地下埋深大、车站建筑结构复杂、安全疏散要求高、地质条件复杂、环保要求严格等带来的技术挑战，结合相关科研成果，系统介绍了八达岭长城站的设计理念，以及在建筑、防灾疏散救援、超大跨结构、群洞结构、耐久性、防排水、环境保护等方面的创新性设计方法。

本书可供铁路工程乃至土木工程领域的设计人员、研究人员以及相关专业高校师生参考使用，也可供对高铁建设感兴趣的读者阅读。

图书在版编目（CIP）数据

京张高铁八达岭长城站创新设计 / 吕刚等著 . —北京：人民交通出版社股份有限公司，2021.8

ISBN 978-7-114-17272-4

Ⅰ. ①京… Ⅱ. ①吕… Ⅲ. ①高速铁路－铁路车站－地下车站－设计－北京 Ⅳ. ① U291.1

中国版本图书馆 CIP 数据核字 (2021) 第 081033 号

审图号：GS（2021）5373 号

Jing-Zhang Gaotie Badalingchangcheng Zhan Chuangxin Sheji

书　　名：京张高铁八达岭长城站创新设计

著 作 者：吕　刚　赵　勇　刘建友　岳　岭　刘　方　等

责任编辑：吴燕伶

责任校对：赵媛媛

责任印制：张　凯

出版发行：人民交通出版社股份有限公司

地　　址：（100011）北京市朝阳区安定门外外馆斜街3号

网　　址：http：//www.ccpcl.com.cn

销售电话：（010）59757973

总 经 销：人民交通出版社股份有限公司发行部

经　　销：各地新华书店

印　　刷：北京印匠彩色印刷有限公司

开　　本：787 × 1092　1/16

印　　张：16.25

字　　数：320千

版　　次：2021年 8 月　第 1 版

印　　次：2021年 8 月　第 1 次印刷

书　　号：ISBN 978-7-114-17272-4

定　　价：148.00元

本书编审委员会

前言

PREFACE

八达岭长城是中国古代伟大的防御工程——万里长城的重要组成部分，是第一批国家级文物保护单位、国家重点风景名胜区，在1987年被联合国教科文组织列入《世界文化遗产名录》，是中国传统文化的典型代表。作为国家5A级旅游景区，八达岭长城旅游景区每年要接待中外游客数百万人次，是展示国家传统文化的重要窗口，受到国内外广泛的关注。京张高铁经八达岭长城旅游景区设地下车站，地下车站埋深较大，成为多方关注的焦点。

八达岭长城站作为京张高铁的中间站，本线唯一的地下车站，是京张高铁重点控制性工程之一。车站规模大、结构复杂，是目前国内埋深最大的铁路地下车站。高速铁路修建深埋地下车站在国内乃至世界均属首例。其地理位置特殊、社会影响广泛、建筑人文环境定位高、周边环境敏感性强、客流及交通组织复杂、洞群设计施工难度大，对设计工作提出了非常严格的要求。面对严苛的环保要求、复杂的地质环境、全新的建筑结构形式，设计团队不畏艰辛、团结一致、不惧困难、锐意进取，解决了诸多设计技术难题，取得了丰硕的成果。

本书系统总结了八达岭长城站设计关键技术。全书内容共分9章：第1章介绍八达岭长城站的基本情况；第2章介绍地下车站设计理念；第3章介绍地下车站建筑设计，主要包括文化设计、艺术设计、建筑布局、流线设计、环境设计等；第4章介绍地下车站防灾疏散救援设计；第5章介绍地下车站超大跨结构设计，主要包括初期支护结构优化、变形控制标准、开挖工法设计等；第6章介绍地下车站群洞结构设计，主要包括地下洞室群支护结构设计、开挖爆破控制技术等；第7章介绍地下车站耐久性设计；第8章介绍复杂洞室群地下车站防排水设计；第9章介绍下穿风景名胜区地下工程环保设计。

由于作者水平和能力有限，书中难免有疏漏和不妥之处，敬请读者斧正，不吝指教！

作　者

2021年4月

目录

CONTENTS

CONTENTS

复兴号

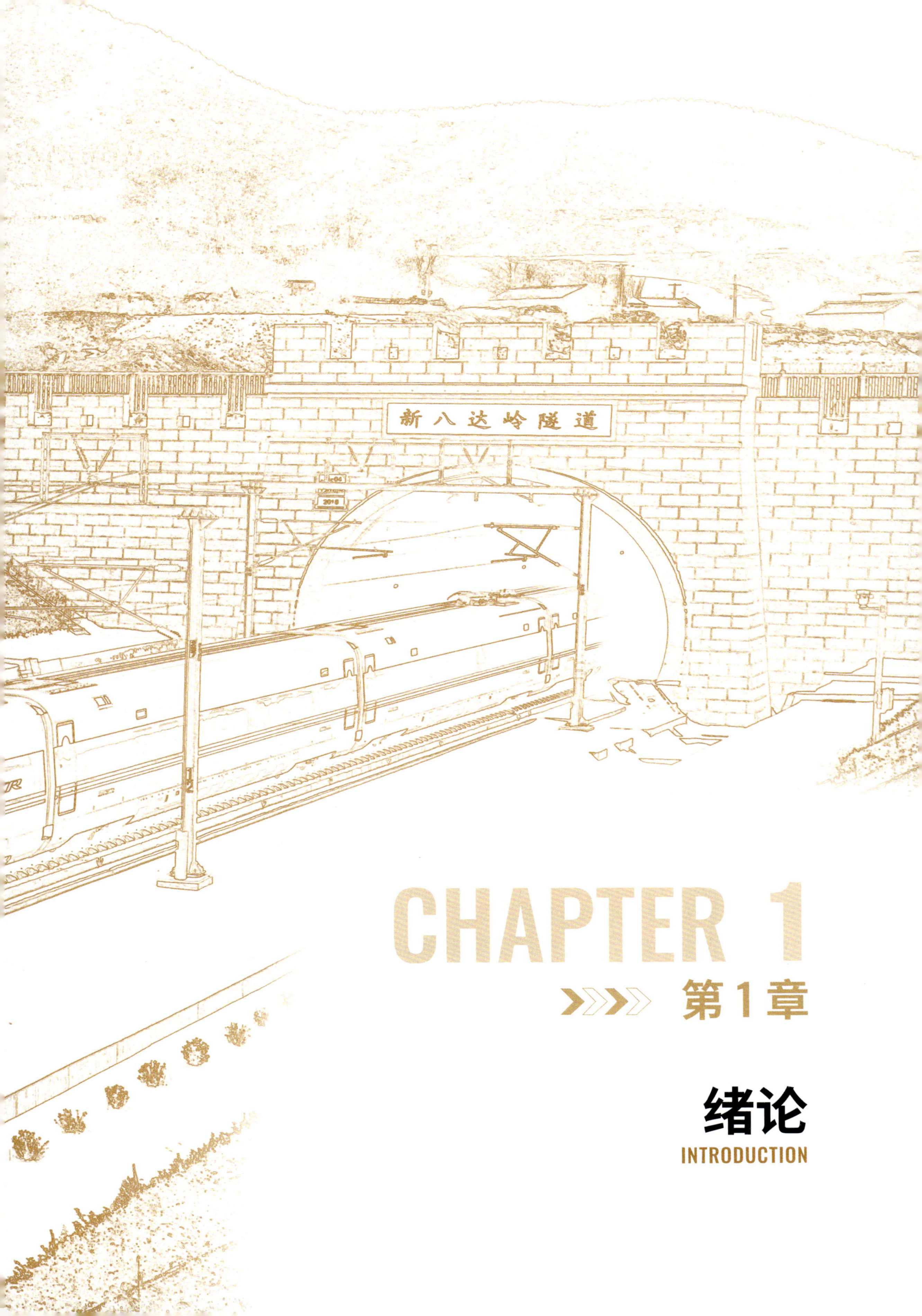

CHAPTER 1

第1章

绪论

INTRODUCTION

长城又称万里长城，是中国古代的军事防御工事，是一道高大、坚固的长垣，用以限隔敌骑的行动，是人类历史文明的象征。奥运会是国际奥林匹克委员会主办的世界规模最大的综合性运动会，是世界上影响力最大的体育盛会。高速铁路（简称“高铁”）是指设计标准等级高、可供列车安全高速行驶的铁路系统，是当代人类聪明智慧的结晶。三者似乎不太相关，但通过一个工程的修建，使它们之间产生了紧密联系，这就是 2016 年开工建设、2019 年建成通车的京张高铁八达岭长城站。

1.1 工程概况

北京至张家口高速铁路（简称“京张高铁”），线路起自北京北站，沿途设八达岭长城、沙城、宣化等车站，终至张家口站（原张家口南站），线路全长 174km。京张高铁是京包兰快速客运通道的重要组成部分，是北京申办 2022 年冬奥会的一项重要交通配套设施，是助力实现京津冀一体化国家战略的一条重要交通动脉。京张高铁建成通车后，将实现北京至延庆 30min、北京至张家口 1h 快速通达的目标。京张高铁设计行车速度结合实际情况，遵循因地制宜的原则，采用了 120 ～ 350km/h 的全系列标准。

京张高铁是既有京张铁路文化与技术的传承，新建铁路与既有线路交相呼应，具有鲜明的时代特征，均为中国铁路发展的里程碑。1909 年建成的既有京张铁路是完全由中国自己筹资、勘测、设计、施工建造的第一条铁路，是工业文明走进中国的象征，是中国人民和中国工程技术界的光荣，也是中国近代史上中国人民反帝斗争胜利的重要见证之一，蕴涵其中的民族精神已成为国人永远的记忆与骄傲。100 多年后，我国的经济实力、技术水平、民族力量已脱胎换骨、今非昔比，新时代的工程师和建设者们更应沿着先辈的足迹，建造一个技术与艺术完美结合的精品工程，以进一步强有力推动区域经济发展与融合，向全世界更充分展示我国铁路建设的辉煌成就以及建设交通强国的坚强决心。

长城是世界文化遗产，是中国古代人民创造的世界奇迹之一，是人类文明史上的一座丰碑，它融汇了前人的智慧、意志、毅力以及承受力。八达岭长城是万里长城中最具代表性的一段，是国家重点风景名胜区、国家 5A 级旅游景区，在世界享有盛名，每年吸引了大量的国内外游客。八达岭长城站位于八达岭长城旅游景区（简称“八达岭景区”）滚天沟停车场下方，毗邻八达岭长城。京张高铁将成为游客去往八达岭景区的主要交通工具，而八达岭长城站也将成为充分展示中华文化的关键窗口，以及我国与世界文化交流的重要纽带。

新八达岭隧道是京张高铁最长的隧道，全长 12.01km。八达岭长城站是设在新八达岭隧道内极为特殊的地下车站，总长度为 470m，地下建筑面积约 3.6 万 m^2。车站为三层地下结构，自下而上分别为站台层、进站层和出站层。加上车站两侧救援疏散通道，站台层共有 5 条平行的隧道。车站内修建的各类大小洞室多达78个，断面形式88种，洞室间交叉节点密集，最小水平间距2.27m，最小竖向间距4.45m，建筑结构极为复杂，是目前世界上最复杂的地下建筑结构，如图1-1所示。

图1-1 八达岭长城站透视图

八达岭长城站两端均设计长度为163m的大跨过渡段，通过过渡段将车站与正线隧道相连通，如图1-2所示。过渡段采用单洞隧道暗挖设计，最大开挖跨度32.7m，开挖面积494.4m^2，是目前世界上开挖跨度最大、开挖断面面积最大的交通隧道，施工难度大、安全风险高。车站所属区域围岩等级以Ⅲ、Ⅳ级为主，局部为Ⅴ级。在Ⅳ级和Ⅴ级稳定性较差的围岩中修建如此超大断面、空间分布纵横交错的复杂隧道工程，对其支护结构体系设计、施工方法和工艺、施工机械设备、施工组织和施工安全，都形成了前所未有的巨大挑战。

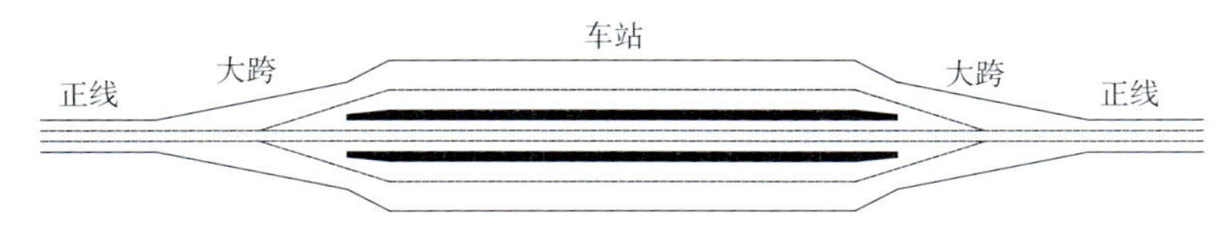

图1-2 八达岭长城站线路形式

八达岭长城站是我国采用钻爆法修建的第一座地下高速铁路车站，与詹天佑先生设计的老京张铁路的“人”字形展线铁路遥相呼应。总结和提炼京张高铁八达岭长城站设计与施工关键技术，对于解决类似工程技术难题、提升工程技术人员理论水平、纪念百年京张铁路具有重要意义。

1.2 工程特点及难点

（1）埋深及提升高度大，旅客提升及防灾疏散救援困难

八达岭长城站最大轨面埋深102m，旅客提升高度62m，位于北京八达岭风景名胜区，客流量大，高峰客流集中，给正常运营情况下旅客提升及灾害期间旅客疏散救援带来极大的困难。

（2）地处八达岭—十三陵核心景区，环保要求严格

新八达岭隧道处于八达岭—十三陵核心景区，两次穿越国宝文物——八达岭长城，车站位于景区核心区域——滚天沟下方，文物和环境对施工和运营的振动和防污要求高。

（3）两端过渡段跨度大、地质多变，结构设计及施工困难

车站两端四线过渡段最大开挖跨度达 32.7m，且其大里程端受 F_2 断层影响，围岩完整性变化频繁、物理性质与承载能力差异大，采用传统设计思路无法保证隧道结构的施工安全。

（4）群洞布局密集，洞室间重叠交错、断面繁多，相互干扰严重

车站为三层三纵群洞布局，各类洞室多达 78 个，断面形式累计多达 88 种，重叠交错，交叉节点密集，结构复杂。平行洞室最小水平间距仅 2.27m，最小竖向间距仅 4.55m，施工期间的相互干扰严重，尤其是爆破对洞室间中夹岩体的削弱显著，易造成群洞结构破坏。

（5）工作面多、工期紧张，施工组织及运输困难

该工程为 2022 年北京冬奥会的配套交通基础设施，于 2016 年 3 月开工修建，要求 2019 年 5 月完成车站主体结构，工期紧张。车站及两端过渡段通过 2 号斜井组织施工，共设置 8 条分通道。1 号、8 号分通道施工车站两端正洞，2 号、3 号、7 号分通道施工大跨过渡段，4 号、5 号、6 号分通道施工车站，施工高峰期时共 13 个工作面同时作业，地下物流组织复杂，通风要求高，施工组织困难。

（6）地质条件复杂，受 F_2 断层及风化深槽影响显著

八达岭长城站位于花岗杂岩地层，岩性种类多，成分变化大。受构造运动影响，岩脉发育，分布 F_2 断层、风化深槽及多组节理，岩体破碎，差异风化显著，施工风险高，需要准确预测前方岩体的工程地质和水文地质条件，尽最大可能规避不良地质，科学有效地降低施工期地质灾害风险。

1.3 取得的主要技术成果

八达岭长城站地下工程在设计中取得了许多创新的设计方法和成果，如大型暗挖群洞地下车站建筑设计技术、超大跨隧道及复杂密集地下洞群结构设计方法和长寿命地下工程全生命周期耐久性设计方法与性能保障技术等。具体如下：

（1）提出了大型暗挖群洞地下车站建筑设计技术。利用洞群相互独立性降低灾害、气动效应、噪声等不利因素的相互影响；利用群洞的围岩自稳性，控制施工风险和工程投资。精细模拟和控制车站声、光、风、温及视觉环境，采用多种技术和措施，打造舒适温馨的地下候车乘降环境。提出了清污分离的排水体系，有效防止了地下水污染，保护了地下水资源。

（2）形成了超大跨隧道及复杂密集地下洞群结构设计方法与施工关键技术。提出了超大跨隧道围岩自承载理论及其承载拱构件化设计方法，构建了超大跨隧道预应力锚网支岩壳自承

载支护体系，创建了大断面隧道“品”字形开挖工艺工法，搭建了超大跨隧道结构安全智能监测系统，实现了超大跨隧道的施工安全。提出了隧道围岩应力流守恒理论及洞室群隧道支护结构设计方法，揭示了洞群稳定关键部位，提出了岩墙、岩板荷载分布和稳定性控制方法，解决了复杂洞群结构安全及稳定性问题。

（3）建立了长寿命地下工程全生命周期耐久性设计方法与性能保障技术。构建了以围岩为承载主体的长寿命结构体系，揭示了围岩、初期支护、二次衬砌耐久性的相互作用机理，创建了长寿命混凝土制备、浇筑和养护技术，制定了长寿命混凝土技术标准，构建了长寿命混凝土监测、检测和评价系统。

（4）形成了深埋地下车站多层复杂地下洞群的全域响应防灾救援技术体系。设置了立体环形的疏散救援廊道，实现了紧急情况下快速无死角救援的目标；建立了基于 BIM（建筑信息模型）、3D GIS（三维地理信息系统）、互联网 + 等技术的三维可视化防灾救援智能指挥系统，实现了站内设备应急联动和疏散救援智能指挥。

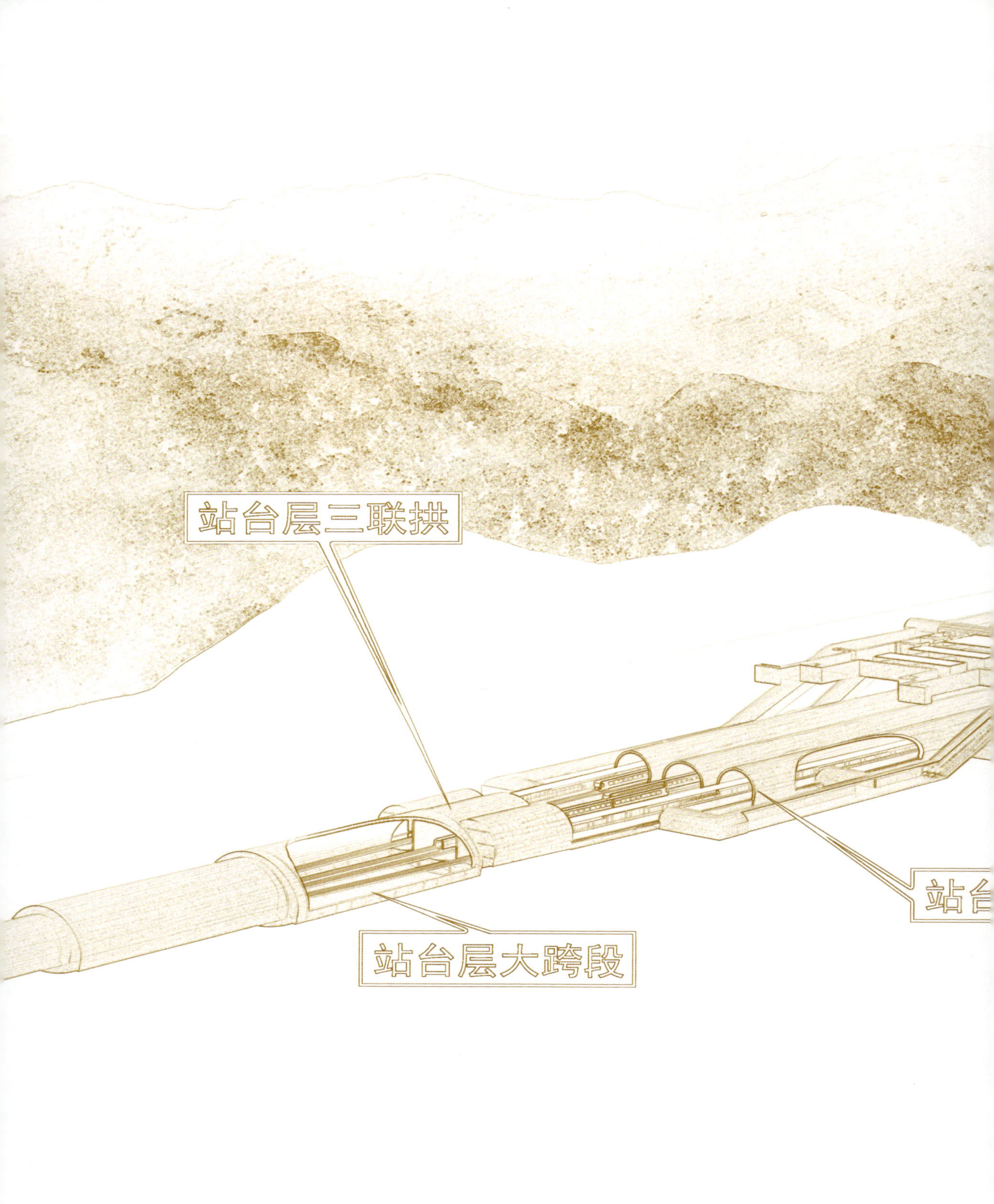
站台层三联拱
站台层大跨段
站

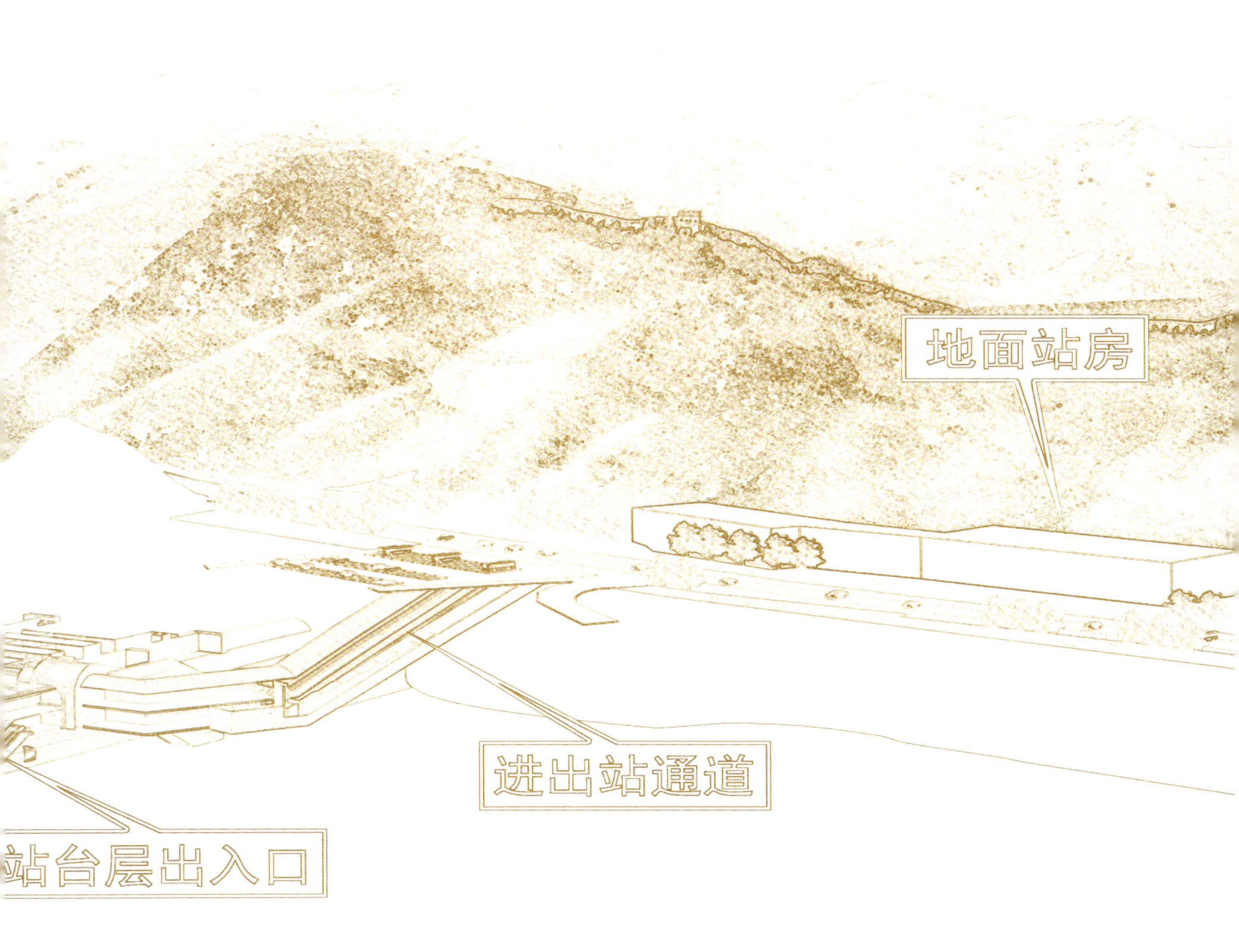

CHAPTER 2

第 2 章

地下车站设计理念

DESIGN CONCEPT OF UNDERGROUND STATION

工程的设计理念是工程设计的灵魂，它能体现工程师们在工程设计过程中所确立的主导思想，它能赋予工程文化内涵和风格特点。因此，设计理念对工程设计至关重要，它是设计的精髓所在，好的设计理念能使工程建筑的安全性、实用性、美观性和文化性达到完美统一，实现与众不同的效果。

京张高铁从2008年开始设计至2016年开工建设，历经了长达八年的设计过程。八达岭长城站从选线、选址、总体方案、防灾救援、支护体系、施工工艺到设备选型等设计过程，都经历了多轮多方案的比选论证。统一八达岭长城站的设计思想，减少各专业、参建各方对设计方案的分歧，确立统一的设计理念，对提高设计效率和水平，建设一座高水准的地下车站具有重要意义。

目前，我国修建的诸多地下车站都确立了自己的设计理念。如张丙昌等人在宁波地铁地下车站建设中采用新型的环保材料，打破传统的建筑设计风格，将城市对外交通和内部交通有机衔接，实现“以人为本、高效便捷”的设计理念。深圳福田站遵循“以人为本，综合考虑建筑艺术、地形条件、施工技术、先进设备、运营管理”的设计理念，利用明挖大型深基坑和柱—梁—板结构体系，搭建三层大跨度地下空间；采用站台抗压屏蔽门、新型减振无砟轨道及吸能道床、长耐火建筑分隔材料，形成独立的防火单元，将站房与商业大楼融为一体。天津于家堡站采用大型穹顶结构、下沉敞开式庭院、采光井等措施，实现舒适和节能的设计理念。

可见，地下车站的设计理念均是在结合项目本身特点的基础上，体现以人为本的核心宗旨，利用各种技术手段实现经济、实用、安全、便捷和舒适的目标。

本章将详细介绍八达岭长城站的设计定位、设计理念及其内涵，以及各个设计理念的实现路径。

2.1 车站定位

京张高铁是我国“八横八纵”高速铁路网的第二横——京兰高铁的首段，是连通首都至西北地区的干线铁路，也是2022年北京冬奥会的交通保障线，是中国人自主设计施工的第一条铁路——京张铁路的姊妹线，是我国一条具有重要历史文化意义的铁路。京张高铁是在中国高铁10年技术积累的基础上，引入信息化和智能化的技术手段，建成的我国第一条智能高速铁路，被称为“中国高速铁路2.0版”，也成为中国高铁的一张名片。

八达岭长城站位于北京市延庆区滚天沟下方，车站总长470m、总宽80m，地下建筑面积3.6万m^2。车站轨面至地面最大埋深102m，主体结构最大覆土厚度70m，采用三层结构，自下而上分别为站台层、进站层和出站层，站台层为2台4线，布局为侧式站台。

车站是由 88 个类型不同的洞室组成的大跨洞群车站，最大开挖跨度 32.7m，采用钻爆法暗挖施工。

八达岭长城站是京张高铁全线的重难点工程，它与百年京张“人”字形展线铁路遥相呼应，展示了中国工程师为民族崛起而奋斗、为人民幸福而努力的愿望和决心。“人”字形展线铁路是受当时技术和经济条件极端落后的限制，为跨越军都山天险连通长城内外，不得不采用的展线策略，它充分展示了中国工程师的智慧。八达岭长城站是为了最大限度地方便长城游客乘坐高铁，并减少工程对长城和周边环境的影响，而在八达岭地下 102m 深处设置的一个大跨洞群车站。八达岭长城站克服了断层软弱破碎带超大跨隧道稳定、密集洞室群构建、景区环保施工、下穿长城的微震爆破控制、深埋大客流地下车站防灾救援等关键技术难题，展示了当前中国先进的工程技术理论、方法、工艺、措施，标志着中国隧道及地下工程技术已达到国际领先水平。

八达岭长城站距离举世闻名的八达岭长城索道登城口仅 300m，京张高铁是众多国内外游客游览八达岭长城的首选交通工具，届时众多国内外游客将加深对我国高铁修建技术的了解，京张高铁将成为展示中国高铁地下工程建造技术的重要平台，成为支撑“一带一路”倡议的重要窗口。中国国家铁路集团有限公司对京张高铁的建设提出了“精心、精细、精致、精品”的总体要求，对八达岭长城站的建设提出了“畅通融合、绿色温馨、经济艺术、智能便捷”的具体要求，八达岭长城站通过精心设计、精心组织、精心施工，以打造“最美的地下车站”为目标，提出了“更安全、更人文、更环保、更耐久”的设计理念。

2.2 设计理念

针对八达岭长城站修建技术难点，在深入凝练“创新、协调、绿色、开放、共享”五大发展理念的基础上，综合分析了京张文化、长城文化和奥运文化背景，结合京张高铁的设计定位和八达岭长城站的特点，提出了“更安全、更人文、更环保、更耐久”的设计理念，如图 2-1 所示。

1）更安全

安全是一切工程的基础，对于深埋的地下高铁车站而言，安全显得更为重要。在八达岭长城站的设计过程中，安全主要体现在结构安全、施工安全和运营安全三个方面。结构安全方面，车站主体采用了更安全的群洞结构，车站两端的大跨隧道采用了更安全的预应力锚网喷岩壳支护体系；施工安全方面，大跨隧道采用了更安全的“品”字形开挖工法；运营安全方面，进、出站通道采用了更安全的流线设计和完备的防灾救援体系。

（1）更安全的群洞结构。采用三层三纵的群洞布局，洞室相互独立，避免了灾害、气动效应、噪声等对相邻线路和洞室的影响，还为防灾疏散救援提供了分区条件，同时有效利用岩墙岩板承载，缩小洞室跨度，降低施工风险，减小工程投资。

（2）更安全的自承载支护体系。该体系利用预应力锚杆和锚索，联合表层的钢筋网和喷射混凝土，在隧道周边形成围岩自承载岩体拱壳，承担隧道全部围岩荷载，隧道二次衬砌作为安全储备，确保大跨隧道的安全稳定。

（3）更安全的流线设计。通过叠层通道布置消除了进出站客流交叉，实现了进出站客流完全分离，并使进出站口均匀布置；采用独立疏散楼梯布置，实现了紧急和非紧急人流分离；设置环形救援廊道提供救援车专用通道，实现紧急情况下救援车流和疏散人流分离，大幅度提高了疏散和救援效率。

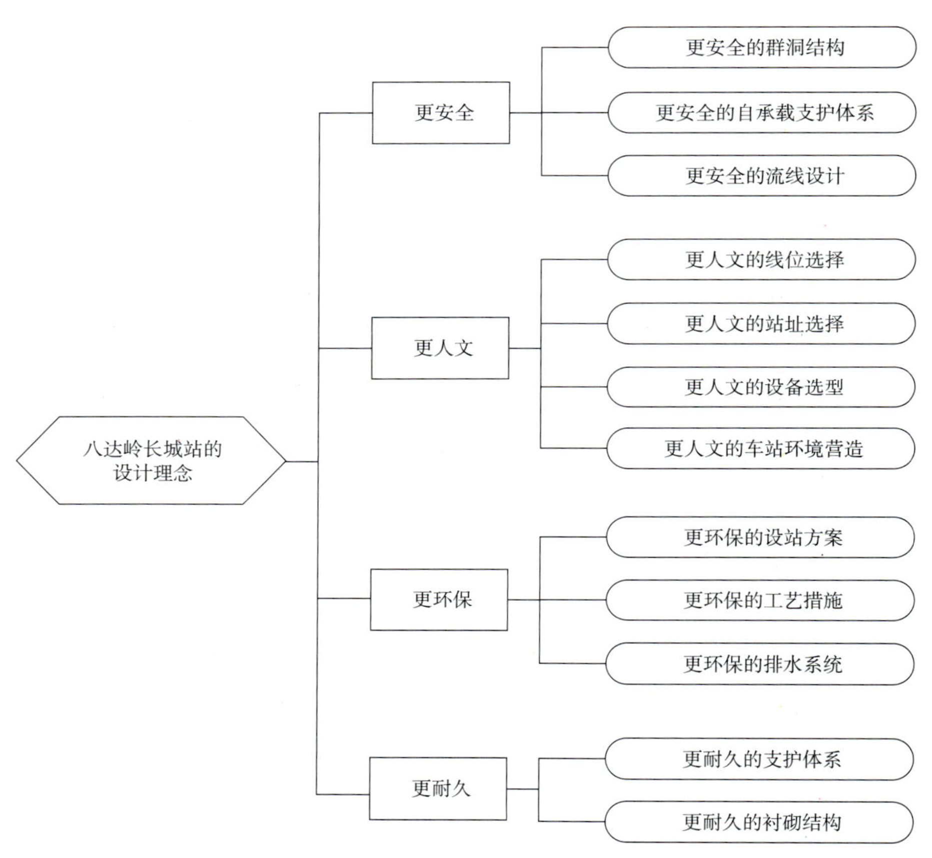

图 2-1 八达岭长城站的设计理念

2）更人文

随着我国经济发展和技术进步，工程建设的核心问题逐渐由“能不能建”转变为“建不建得好”，人文关怀和艺术效果逐渐成为工程师考虑的重要目标。八达岭长城站设计过程中人文关怀主要体现在更便捷、更舒适方面，具体包括：

（1）更人文的线位选择。京张高铁穿越八达岭段采用了技术难度更大、投资更大的长大隧道形式，更好地避免了地表环境和文物受破坏和干扰，并且具备了在八达岭长城入口附近设站的可能。

（2）更人文的站址选择。八达岭长城站站址选择了离长城入口最近的滚天沟地下站方案，极大方便了乘客快速到达八达岭景区，游客乘坐高铁出行将成为首选，可大大缓解景区交通压力，使游览长城变得更绿色、更便捷和更舒适。

（3）更人文的设备选型。采用一次提升的长大电扶梯为旅客提供了安全、便捷、高效、快速的进出站服务，采用斜行电梯为残障人士提供了平等的乘车环境，体现了对旅客的人文关怀。

（4）更人文的车站环境营造。采用砂岩板吸声和群洞隔声，营造舒适的声环境；设置合理的灯具、光照度和墙壁材料，营造舒适的光环境；设置合理的断面和泄压通道，营造舒适的风环境；利用地下空间冬暖夏凉特性、列车活塞风及适当的机械通风，营造舒适的温度环境；采用简洁明快的装饰艺术匹配宽敞明亮的地下空间，营造舒适的视觉和文化环境。

3）更环保

八达岭长城站位于国家风景名胜区，车站所属区域对污水、废气、固废排放、水土流失、环境振动及生态控制要求高，工程建设必须满足景区严格的环保要求。因此，八达岭长城站设计、施工和运营始终贯彻全方位的环保理念，主要表现在以下几个方面：

（1）更环保的设站方案。与地面站方案相比，地下站方案占地少，不破坏八达岭景区地面的自然景观和历史文物，实现车站与自然环境、人文景观的完美结合。

（2）更环保的工艺措施。采用高标准的污水处理系统，防止施工污水排入景区，保护地表水环境；采用高标准的施工除尘系统，保护洞内空气环境，减少烟尘排放；采用精准微损伤控制爆破技术，减小爆破振动对地表旅游环境的影响和对文物的损伤。

（3）更环保的排水系统。设置完全清污分离的排水系统，将每一滴清水都还给自然，让每一滴污水都得到有效处理，避免水土流失影响景区生态环境，保护绿水青山，让景区环境更绿更美，实现运营过程铁路与自然的和谐共处。

4）更耐久

八达岭长城站周边有使用了110多年而且至今仍在使用的老京张铁路，更有长城、明十三陵等历史文物。随着京张高铁的建成，其线路走向和八达岭长城站的空间位置是不可再生、不可复制、不可变更的稀缺资源。因此追求长寿命成为工程设计的重要理念，主要表现在以下几个方面：

（1）更耐久的支护体系。采用“围岩自承、初期支护协同、二次衬砌储备”的结构设计体系，利用岩石超长耐久的特性和隧道内恒温恒湿的特点，提高支护体系的耐久性。

（2）更耐久的衬砌结构。采用超细岩粉、中低热水泥、优质粉煤灰、整形骨料，优化混凝土配合比，提高混凝土的密实度；采用保湿膜和保温气囊养护技术，消除干缩和温缩裂缝；大幅度提高了二次衬砌的耐久性。

2.3 实现路径

（1）八达岭越岭段的选线设计

八达岭越岭段的选线设计考虑了两种方案：一是绕避八达岭景区方案，二是穿越八达岭景区方案（八达岭设站方案）。绕避八达岭景区方案可以降低隧道施工的难度，但绕避方案远离八达岭景区，无法为八达岭景区服务，也无法提供延庆支线的接轨条件。为了实现更人文的设计理念，京张高铁越岭段选线设计时，采用了技术难度更大的穿越八达岭景区方案，连续穿越居庸关、水关和八达岭景区，并连续穿越水关长城、百年京张铁路和八达岭长城，如图 2-2 所示。该方案对隧道施工提出了更高的环保要求，为保护长城，对开挖爆破提出了更高的振动控制标准。

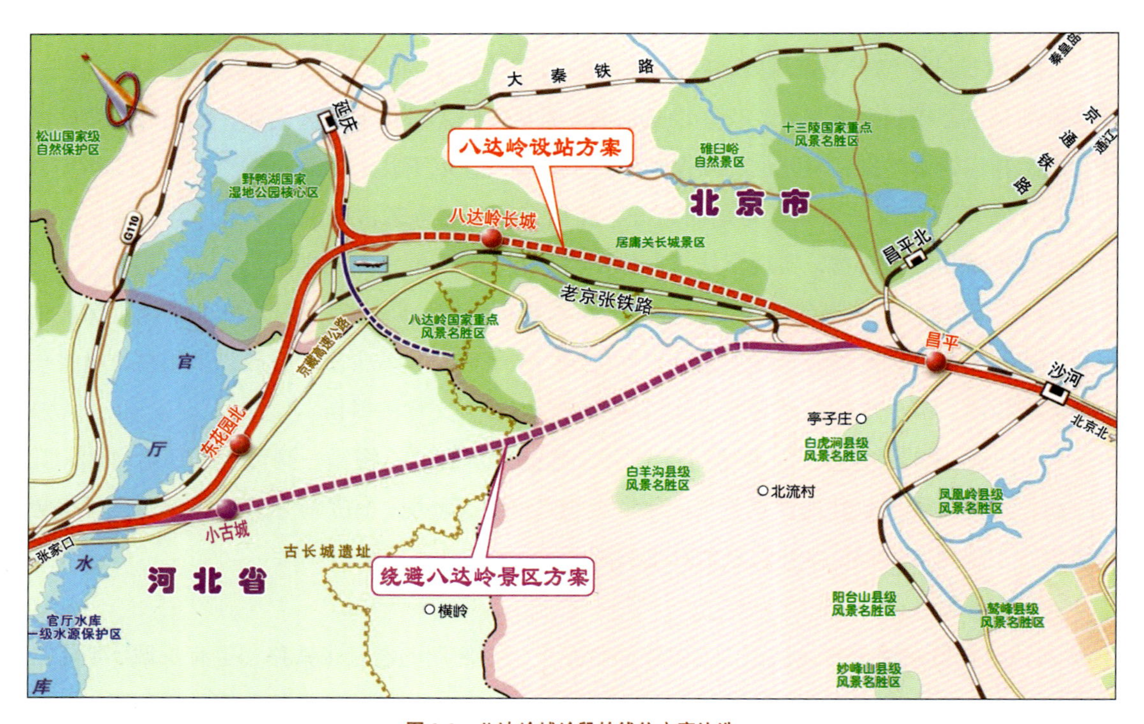

图 2-2　八达岭越岭段的线位方案比选

（2）八达岭长城站的站位设计

八达岭长城站的站位设计考虑了三种方案：一是程家窑地面站方案，二是岔道城地下站方案，三是滚天沟地下站方案。程家窑地面站方案技术难度最小，但乘客下车后去往八达岭景区最远，距离长达 6km；岔道城地下站方案旅客提升高度 40m，技术难度较小，但乘客去往八达岭景区仍然较远，约 2km；滚天沟地下站方案旅客提升高度 59.4m，且位于长城下方，技术难度最大，但离八达岭长城步道入口 800m，距离索道入口仅 300m，旅客通往景区最便捷。八达岭长城站站位，按照更人文的设计理念，最终选择了技术难度相对更大的滚天沟地下站方案，如图 2-3 所示。

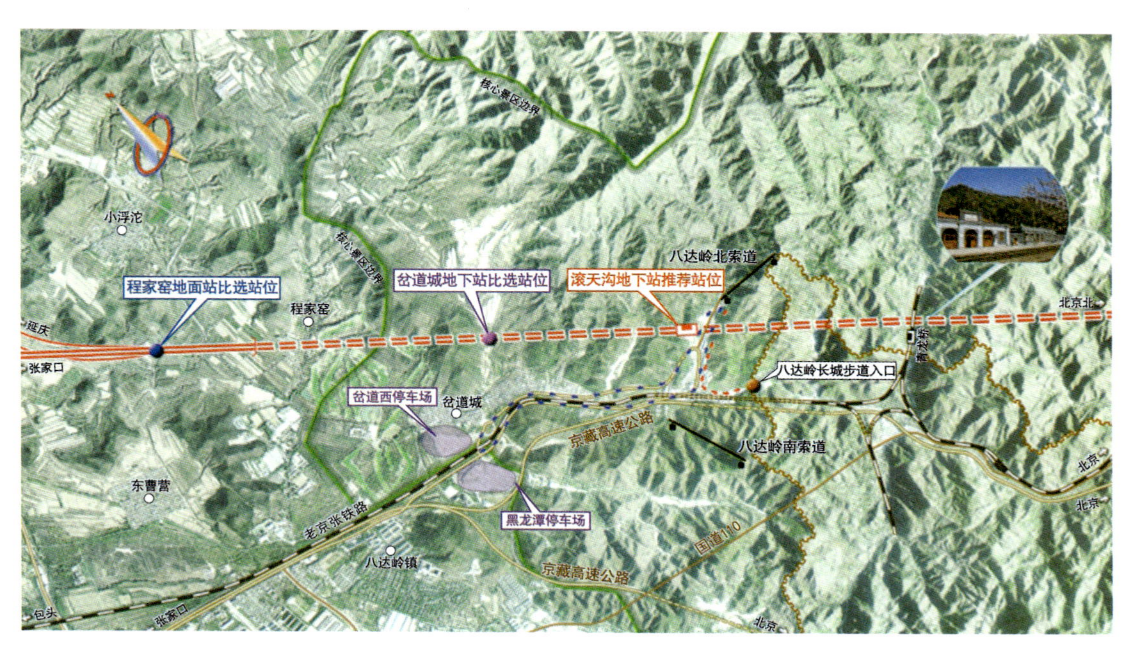

图 2-3 八达岭长城站站位方案比选

（3）八达岭长城站的总体方案设计

八达岭长城站总体设计方案采用了三层三纵的群洞方案，如图 2-4 所示。群洞方案是将车站竖直方向划分为“出站通道及设备层、进站通道层、站台层”三层结构，在水平方向上将车站 4 股道分别设置在站台层 3 条分离的平行隧道内，中间的隧道设置了 2 股通过线，满足时速 250km 列车的过站要求，两侧的隧道设置了到发线和侧式站台，利用 3 条隧道之间预留的岩墙，减少空间跨度并隔离高速过站列车引起的活塞风和噪声，提高站台候车乘客的舒适性。站台层上方分别设置进站层和出站层，通信、信号、电力、通风等设备用房设置在出站层，并相互独立，防止火灾蔓延，提高运营期的安全性。大跨方案是将车站四股道、站台、各设备均设计在一个超大跨隧道内。与大跨方案相比，群洞方案类似于蜂窝状结构，利用各个洞室之间预留的岩板、岩墙，支撑群洞的稳定性，减小了开挖和支护工程量，利用围岩自身的强度和稳定性提高了车站施工期和运营期的安全。该方案充分体现了“更安全、更人文”的设计理念。

（4）防灾疏散救援系统的设计

八达岭长城站深埋于山体内部，旅游高峰期大客流聚集在相对封闭的地下空间里，一旦发生火灾，防灾救援疏散的难度比地面车站和浅埋地铁车站大得多。为了贯彻“更安全”的设计理念，设计单位利用施工期的辅助坑道，在车站四周设置了环形救援廊道，环形车流无须掉头，如图2-5所示。该廊道在车站两端的大跨端设置了地下过轨桥，可使救援车辆围绕车站双向通行，实现了进、出站人流和救援车流的“人车分离”。正常电扶梯通道与紧急步行通道分洞独立布置，实现了“紧急和非紧急人流分离”，避免了火灾的相互蔓延和干扰。正常电扶梯通道采用了上下叠层的进、出站设计，实现了“进出站客流分离”，消除了进出站客流的交叉，确保高峰期客流的顺畅，如图2-6所示。

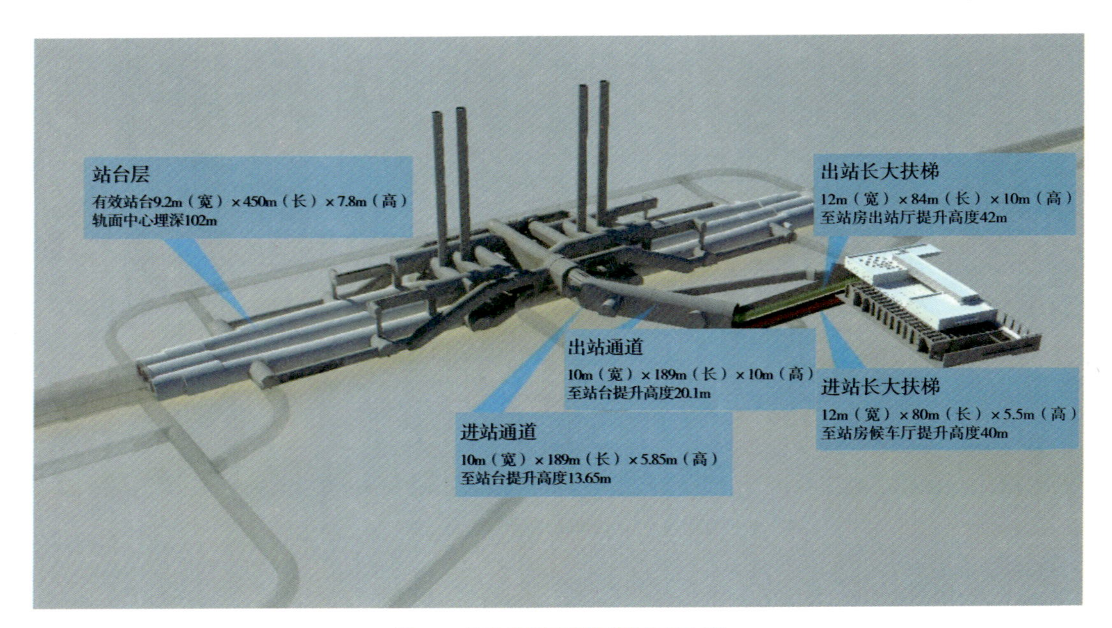

图2-4　八达岭长城站的总体设计方案

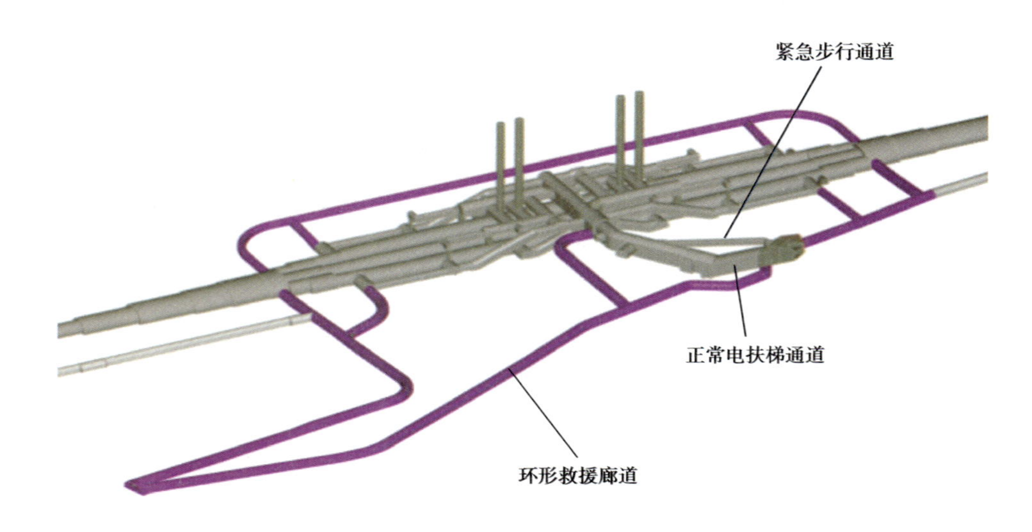

图2-5　八达岭长城站防灾救援疏散通道设置示意图

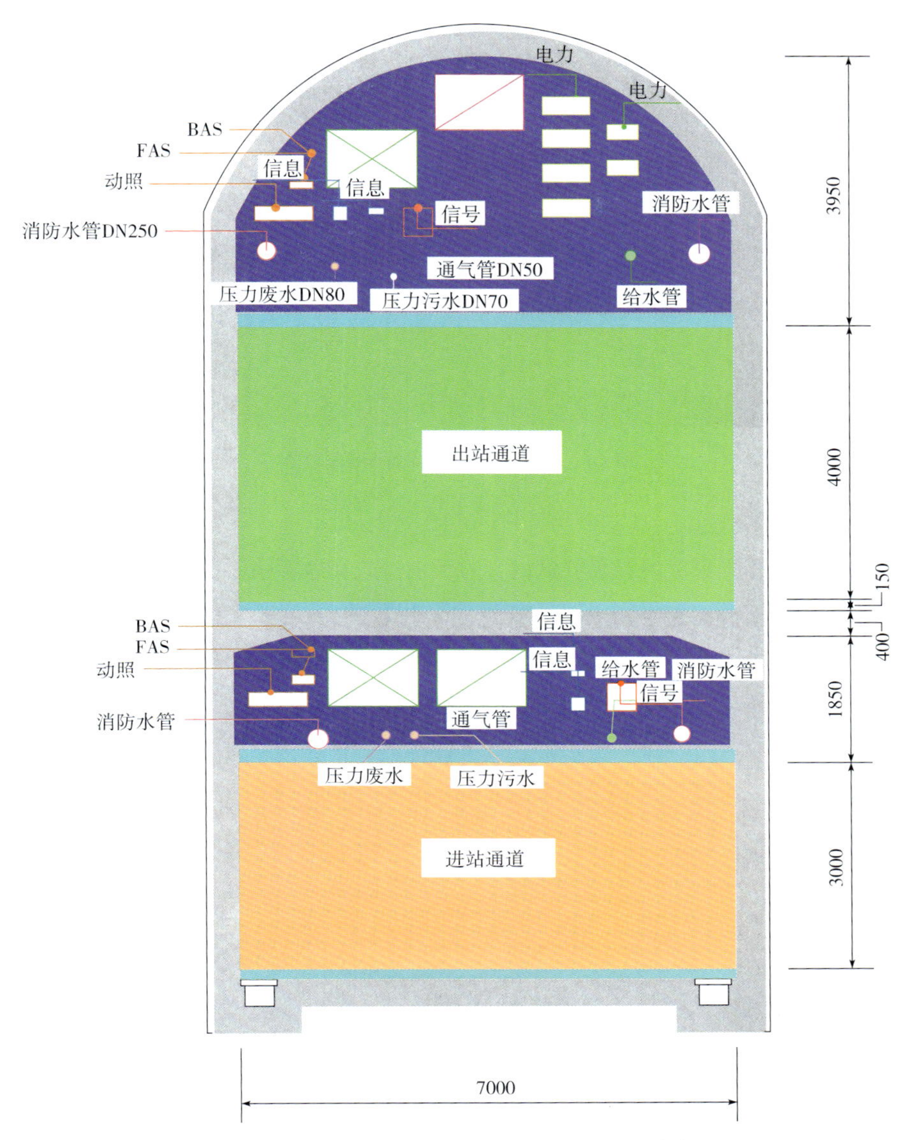

图 2-6 正常电扶梯通道的叠层进出站设计示意图（尺寸单位：mm）

（5）车站乘车环境的营造

八达岭长城站位于 102m 深的地下岩体中，车站内旅客处于一种相对封闭的环境中。与地面车站不同，深埋地下车站的环境，包括声环境、光环境、风环境、温度环境和心理环境，都需要人为营造。为了实现“更人文”的设计理念，营造舒适的乘车环境，八达岭长城站采用人造吸声砂岩板和群洞隔声营造舒适的声环境，设置合理的灯具和光照度营造温馨的光环境，设置合理的断面和泄压通道营造适宜的风环境，利用地下空间冬暖夏凉特性及列车活塞风和适当的机械通风营造舒适的温度环境，采用简洁明快的装饰艺术、文化符号和文化构形匹配宽敞明亮的地下空间营造舒适的视觉和文化环境，如图 2-7 所示。

图 2-7　八达岭长城站环境营造视觉效果

（6）排水系统设计

八达岭长城站处于国家级风景名胜区内，对污水排放和地下水保护要求更高。因此，车站设置了清污分离的排水系统，其中清水排水系统用于收集围岩向隧道渗漏的地下水，该地下水是清洁的、宝贵的地下水资源，通过隧道两侧的边沟和中心排水沟，排放到隧道进口和出口的自然环境中；污水排水系统用于收集车站内部的消防废水、冲洗废水、生活污水等，在车站站台层小里程端两侧设置了污水泵房，将收集的污水抽排到市政的污水管网，送入污水厂进行处理。

清污分离的排水体系将每一滴清水都还给自然，每一滴污水都得到处理，减少泵站抽排水量，保护景区的水环境，最大限度地实现节水环保，体现了“更环保”的设计理念。

（7）设备选型

八达岭长城站是目前世界上埋深最大的高铁车站，旅客进出站的提升高度达到 62m。为了使旅客方便、快捷地进出站，八达岭长城站设置了一次提升高度达到 42m 的长大电扶梯和斜行电梯，如图 2-8 所示。

图 2-8　长大电扶梯和斜行电梯

与多级提升相比，一次提升的长大电扶梯可减少旅客倒换的次数，避免旅客在上下电扶梯时因反应延迟而出现人员拥堵和踩踏事故。此方案虽然造价有所提高，但提供了安全、便捷、高效、快速的进、出站服务，体现出对旅客的人文关怀。同时采用了斜行电梯为残障人士提供了平等的乘车环境，体现了对特殊人群的尊重，实现了“更人文”的设计理念。

（8）支护结构体系的设计

我国大部分铁路隧道均采用了复合式衬砌结构，但在实际施工过程中，往往重视二次衬砌而轻视初期支护。钢筋混凝土衬砌结构暴露在外，易于监测、检查和检测，而初期支护结构隐藏于里难于发现，导致初期支护能省则省，质量难保、作用难以发挥，二次衬砌便成了主承载结构，隧道及地下工程的耐久性主要取决于二次衬砌混凝土结构的耐久性。

八达岭长城站是一个地下洞群车站，岩拱和各洞室之间预留的岩墙和岩板是地下车站的主承载体系。车站两端的大跨过渡段，隧道开挖跨度达 32.7m，如果采用二次衬砌为主的承载体系，则设计的二次衬砌厚度将达到 2m 以上。因此，在八达岭长城站支护体系的设计中，采用了“围岩自行承载、初期支护协同作用、二次衬砌作为储备”的结构支护体系和设计思路，将隧道周边一定范围内的岩体作为主承载结构，采用预应力锚索和锚杆进行围岩加固，与表层钢筋网和喷射混凝土，组成预应力锚网喷岩壳协同受力的支护体系，如图 2-9 所示。

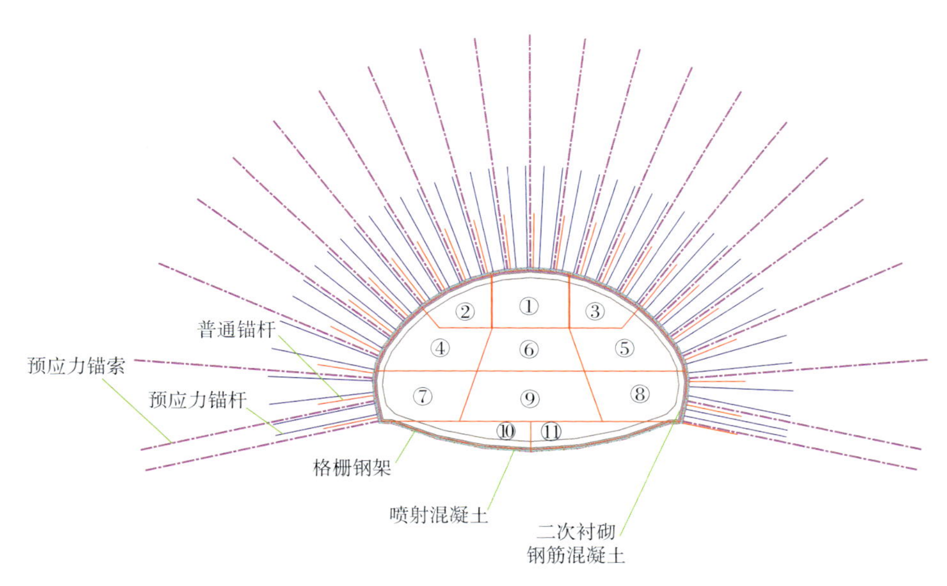

图 2-9　超大跨隧道的预应力锚网喷岩壳支护体系

①～⑪ - 开挖步序

与混凝土结构相比，岩石具有更耐久特性。试验研究表明，八达岭长城站的花岗岩暴露在空气中的风化速率为 0.1mm/a，即 300 年的风化深度仅为 3cm。因此，围岩为主的承载结构体系比二次衬砌为主的承载结构体系具有更耐久的特性，实现了“更安全、更耐久”的设计理念。此外，为了提高预应力锚索的耐久性，锚索施工采用了分段高压注浆的措施，先对孔口端

2～4m深进行注浆，封闭孔口防止渗漏，再往深部高压注浆，提高注浆的密实度，保护锚索。为了提高喷射混凝土的耐久性，施工中采用分层喷射，提高喷射混凝土柔性减少开裂；严格控制盐碱类物质，减少碱骨料反应。

（9）长寿命混凝土设计和制备

提高二次衬砌混凝土的耐久性，有利于提高整个工程的耐久性。八达岭长城站采用了长寿命混凝土施工。长寿命混凝土是通过采用超细岩粉、中低热水泥、优质粉煤灰、整形骨料，优化混凝土配合比，提高混凝土密实度等措施来制备的；采用保湿膜和保温气囊养护技术，消除干缩和温缩裂缝，大幅度提高了二次衬砌耐久性，如图2-10所示。

a）整形骨料

b）超细掺合料岩粉

c）保湿膜养护

d）保温气囊养护

图2-10　长寿命混凝土的技术措施

（10）微震微损伤控制爆破

新八达岭隧道三次穿越长城，其中车站位于举世闻名的八达岭长城正下方。为确保八达岭长城文物的安全，根据《爆破安全规程》（GB 6722—2014）的要求，车站爆破引起的长城振动速度不得超过0.2cm/s。此外，八达岭长城站是一个密集排布群洞结构，最小岩墙厚度仅1.2m，为了减少爆破振动对邻近洞室围岩和支护结构的影响，更好保护围岩，减少对围岩损伤，提高围岩自稳定性，要求对爆破振动速度进行严格控制。因此，八达岭长城站施工过程中采用精准微震微损伤控制爆破技术，利用电子雷管或毫秒雷管控制单次爆破的药量，优化洞群各洞室的开挖步序和炮孔布置，实现微震的爆破控制标准。实测结果表明，八达岭长城的爆破振动速度为 0.15cm/s，满足文物保护的要求，实现了“更安全、更环保”的设计理念。

（11）施工期污水处理系统

隧道施工过程中产生的污水对自然环境的污染较大，常规的处理方法是在隧道洞口设置污水沉淀池。该方法虽然成本低廉，但只能去除污水中的沉淀物，无法消除溶解在水中的氨氮等污染成分。八达岭长城站施工期设置了高标准的污水处理系统，利用曝气生物滤池（G-BAF）废水处理系统（图 2-11）保证氨氮的高效去除和总氮的消减，使污水处理后达到Ⅰ类水质标准。

（12）隧道空气除尘技术

八达岭长城站施工高峰期，有多达 14 个掌子面同时开挖作业。为了降低隧道内的粉尘，改善施工现场作业环境，提高职业健康管理水平，八达岭长城站除了设置 4 个通风竖井，加强车站内的通风外，同时还采用了大功率除尘净化设备 XA3000，如图 2-12 所示。该设备是首次应用于隧道工程中，$PM_{0.5}$ 以上粉尘的去除率可达 90%，处理后的空气清洁度可达 0.1mg/m^3，不但保护了工人作业环境，还减少了景区的空气污染，实现了“更环保、更人文”的设计理念。

图 2-11 曝气生物滤池（G-BAF）废水处理系统

图 2-12 除尘净化设备 XA3000

CHAPTER 3

第 3 章

地下车站建筑设计

ARCHITECTURAL DESIGN OF UNDERGROUND STATION

京张高铁的开通为中外游客去往八达岭长城参观提供了更为便捷、舒适、快速的交通方式。八达岭长城站位于八达岭长城脚下，在承载人流集散与交通安全畅通功能的同时，也蕴含了极为重要的特定历史和文化内容。它不仅是铁路交通建筑技术与形式的创新，也对车站传载地域文化的建筑艺术价值挖掘和构思提出了更高要求。为使车站与历史、文化、艺术完美结合，本章从建筑艺术角度出发，对八达岭车站的建筑布局、流线、建筑环境、绿色环保和文化进行了艺术设计，力求将八达岭长城站建设成为最具特色的地下火车站。

3.1 八达岭长城站的文化设计

建筑物作为人类活动的重要基础设施，通常结合相关政治、经济、社会、文化活动特征，刻录、承载和表达关联的印记，通过建筑物空间造型、装饰装修外表样式和材料、图案等进行表现和记载。八达岭长城站作为京张高铁新建车站，对如何发扬和延续老京张铁路作为中国近代工程建设的丰碑以及民族自强精神的载体象征意义和价值，必然有所诉求。与此同时，八达岭长城站作为世界文化遗产景区的主要交通工具，也对如何衔接呼应长城作为中华民族坚强意志和能力的文化自然景观提出了要求。设计团队深入考察调研，并分析提炼了高铁站房建筑空间承载、百年京张精神及长城地域文化的核心信息与文化艺术符号，为车站造型、空间设计、装修材料的环境性能耦合和文化符号传达提供参考和依据。

3.1.1 京张铁路历史

1905 年，清政府批准始建京张铁路。1909 年，京张铁路建成。在此之前，清政府投资建设的各条铁路均由外国人主持设计和承担建造，其对中国铁路建设和运用有较大的话语权和控制权。为了摆脱中国铁路建设一直由外国人主持建造的情况，争取独立自主发展权，清政府任命在国内铁路建设中崭露头角的中国铁路工程师詹天佑，独立负责主持建造京张铁路。因此，京张铁路是第一条中国人自己主持、设计、建成通车、管理的铁路，也是当时中国建造条件最艰巨、成本最低、质量最佳的干线铁路，其建造难度在国际上也首屈一指。京张铁路彻底改变了一直以来只能由外国人主持和承包中国铁路建设工程的历史。其中，南口至八达岭坡度为 3.3 % 的陡坡地段采用的“人”字形铁路敷设方式，八达岭隧道的中段竖井开挖向两侧同时双向掘进技术，体现了中国人不畏艰难的毅力，以及独立自主的创新精神，如图 3-1 所示。

随着经济社会发展和交通运输业不断提升，百年京张铁路（图 3-2）的运输作用虽然日益减弱，但沿途秀丽的山势景观和京张铁路精神，已经成为发扬爱国主义精神和中国土木工程建设文化的精髓。其可传承的文化内涵，体现在以下方面：

（1）中国第一条自主设计建设的铁路——民族进步的时空记录。

（2）不可抛弃的工业遗产——历史景观与财富遗存。

（3）民族智慧和精神的体现和永久记载——文化自信和进步阶梯。

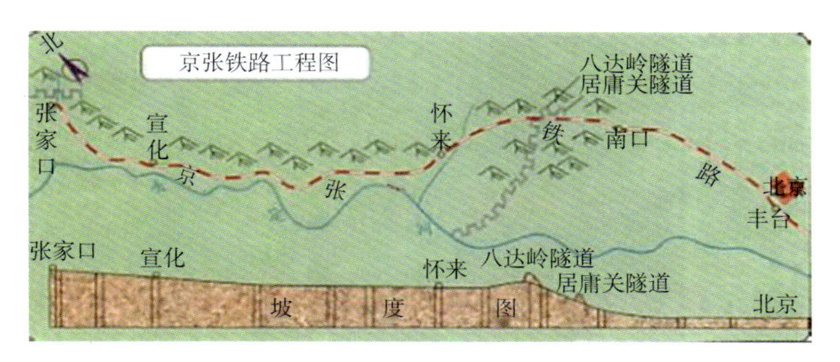

a）京张铁路八达岭段

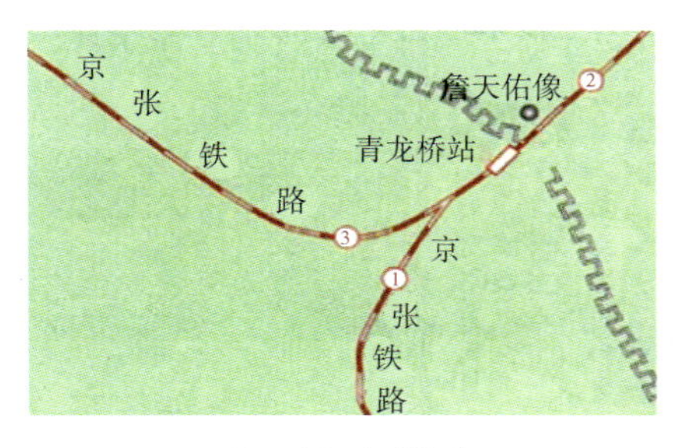

b）“人”字形铁路　　　c）詹天佑像

图 3-1　京张铁路八达岭段、“人”字形铁路和詹天佑像

a）京张铁路竣工典礼（孙中山视察现场）　　　b）青龙桥车站（2000 年后）

图 3-2　百年京张铁路

3.1.2　文化内涵总结提炼

1）无论是八达岭长城还是京张铁路，都具有多重的文化内涵

（1）八达岭长城和京张铁路作为工程，无论是在建造规模还是在施工难度上对于当时的年代都是让常人难以想象的。这方面体现的是两者作为大型工程的历史意义。

（2）两者都是文化的载体：对长城而言，它是中国两千多年封建历史里重要的防御工事。作为一个军事防御的工事，它的走向、立体防御体系的布局和设计体现了当时精妙的设计思想；它的建造贯穿了东周以来的 30 多个政治实体，反映的是不同时代的军事矛盾和文明冲突；

另外，长城的存在也衍生了一个长城文化带的出现；且长城这一宏伟历史工程，也是建造者巧思技艺和意志的表现。

（3）对京张铁路而言，它是中国第一条真正意义上自主设计和修建的铁路，也是凭借设计人员的巧妙思想，在局限的技术、紧张的工期和有限的投资条件下，自主完成的高难度线路，故它的文化内涵还体现了中华民族自强不息的精神。

2）长城的布局和建设等，体现了明确的功能指向

（1）无论是城墙的走向、选址，还是敌台、烽燧的布置与建造，大到楼台的设计，小到排水口的设计，都是实用至上。

（2）长城的建造还体现了充分理解自然和利用自然的逻辑。无论是沿山脊布置的思路、利用地势布置防御的想法，还是具体到城墙材料的选择、防御要塞的布置等，无不体现着这种思想。

因此，对自然的理解和利用是长城的建设以及长城本身魅力的一个重要特点。倘若长城不是沿着峻岭蜿蜒，而仅仅是一段体量巨大的城墙，或许它就不会有如今这样的雄伟气势和慑人的冲击力。

3）京张铁路建设的主要思想与长城建设十分接近

詹天佑曾表示，京张铁路在青龙桥段的“人”字形线路并不是好的选择，在地形环境允许的情况下应该避免。所以，京张铁路的“人”字形坡线路的价值是体现在该地复杂地形环境的前提之下。另外，在轨距的选择、铁路运行的保障上，京张铁路也体现了因地制宜的原则。

总而言之，长城和京张铁路的建设在对自然环境的态度以及形式对功能的服从上有着很大的共性，而这一点，又恰恰是八达岭车站最应该体现的一点。

八达岭长城站作为国内首个岩质地下大深度火车站，建造有难度，且是前无古人的创新之作。在进行建筑设计时，无法回避与周边景观、地理环境的关系处理问题。所以，借鉴长城建造中所体现的功能实现和对自然环境的利用的思想，相比复制具象的长城特征，可以更好地体现长城文化。实现这种文化的传承，也可以更好地服务于八达岭火车站建筑本身。

3.1.3 文化主题定位

1）主题范围

采用大尺度时空跨度的人文与自然景观元素，突破八达岭自然和人文景观要素的地理历史范畴，提升八达岭长城站所承载文化内涵的广度和高度，站内空间环境艺术定位与国家级和世界级的历史景观地位相匹配。

2）整体思路

（1）建立当代交通建筑技术形态与地域空间的特质时空联想框架：为乘客建立起一条贯穿“京张城际铁路，始发—沿线景观—八达岭长城站—八达岭自然风貌与长城的蜿蜒起伏形态景观”的想象基线。

（2）空间—期待：自乘客意购票起，即萌生对八达岭长城和长城站的向往之感、期待之心。

（3）抵达—实现—回忆：到达八达岭长城站，即揭示现实场景；站内景观展示，联想和扩展对外部空间山岭长城的想象与迫切期待之效果；回程，意向和回忆、想象的延伸。

3）目标定位

（1）结合交通建筑的技术形态和流线，关联历史和文化，进行站内建筑艺术设计，承载、烘托传达爱祖国、爱自然、爱历史、爱文化、爱和平的环境意向氛围与精神内涵。既突出建筑自身的美学效果，也发挥建筑环境对人的潜在教化作用。

（2）古今文化所关注的共同和延续主题包括：国土、国防、交流、交通。横向可覆盖和表现国家的山川、海洋、铁路等疆域景观，竖向可涵盖上天入地技术与科幻景观内容。

3.1.4 地下车站文化设计

八达岭长城站的设计，充分融入中国文化元素，采用“中”“国”两个经典汉字，对车站的线路形式和车站运营期间的救援疏散方式进行解析。八达岭长城站及新八达岭隧道工程量大，工期紧；大跨段开挖跨度大、断面大，安全风险高。为确保工期及施工安全，八达岭长城站的施工，采用“人”“品”两个经典汉字对施工辅助坑道设置和大跨段开挖方法进行解析。

1）“中”字形车站线路形式

八达岭长城站为四线车站，由三个相对平行独立的隧道组成。车站通过大跨段与两端正线相连通。中间隧道列车可以上、下行直接通过，两边隧道为侧式车站隧道，用于停靠列车，供旅客上、下车使用。整个车站线设计路形式如同“中”字，如图 3-3 所示。八达岭长城站总过站车辆近期为 100 对、远期为 150 对，其中停靠车辆近期为 30 对、远期为 40 对。

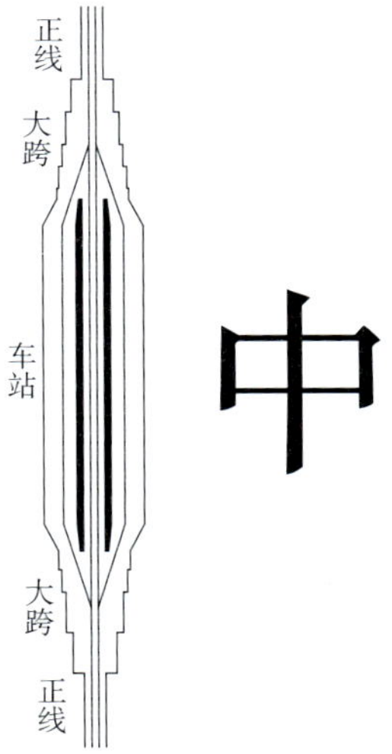

正线
大跨
车站
大跨
正线
中

图 3-3　八达岭长城站“中”字形车站线路形式

2）“国”字形救援疏散方式

（1）八达岭长城站为三层地下结构，进出站通道采用上下叠层设计，实现了进出站旅客的完全分离和进、出站口的均衡布置。为了满足旅客的快速、便捷进出，八达岭长城站使用了一次提升高度为 42m 的长大扶梯和斜行电梯。

（2）八达岭长城站位于风景名胜区，客流量大，旅客集中。对运营期防灾救援疏散的设计，通过在车站两侧均设置救援通道，结合施工期间的 2 号斜井，连接后形成“国”字环向廊道，满足了紧急情况下救援与疏散的快速、无死角和全方位功能。运营期救援疏散方式如图 3-4 所示。

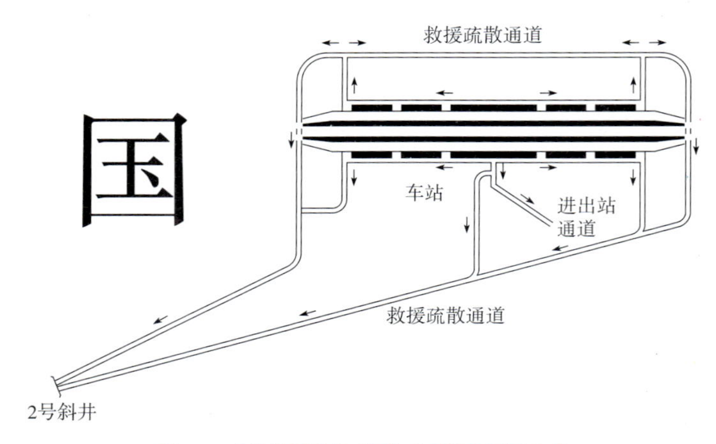

图 3-4 八达岭长城站“国”字形救援疏散方式

3）“人”字形辅助坑道设置

八达岭长城站采用了目前世界上最复杂的辅助坑道设置来解决工期压力。考虑到车站位于世界风景名胜区，环保要求高，采用了“一洞双开口”的“人”字形设计。并充分考虑到车站主体、车站大跨，以及车站两端部分正线工程，采取了分叉支洞方式，从而形成了车站区域“中部分割包围、两端向正线延伸”的施工模式。如图 3-5 所示，车站区域通过 2 号斜井组织施工，斜井分叉为 1 号和 2 号支洞，支洞又分叉为 8 条分通道，辅助坑道总长度 2440m。通过 2 号斜井施工总开挖土石方 92.6 万 m^3，使用混凝土 22.8 万 m^3、钢材 1.2 万 t，简称为“121 工程”（即开挖土石方约 100 万 m^3，使用混凝土约 20 万 m^3、钢材约 1 万 t）。

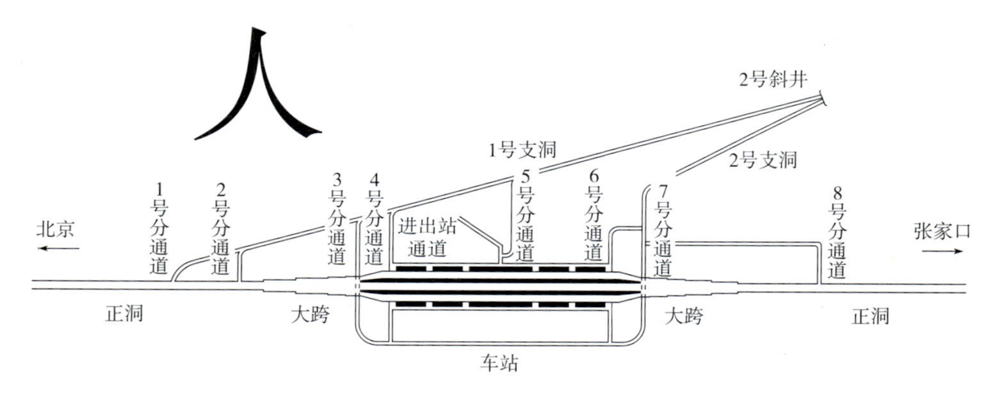

图 3-5 八达岭长城站“人”字形辅助坑道设置

车站区域施工组织安排为：

（1）2 号、3 号分通道夹击施工北京端大跨。

（2）4 号、5 号、6 号分通道夹击施工车站及救援疏散通道。

（3）7 号、8 号分通道夹击施工张家口端大跨。

（4）1 号、8 号分通道向两端分别施工部分正线工程。

施工高峰期共有 13 个工作面同时作业，物流组织复杂，通风要求高，施工组织困难。

4）“品”字形分部开挖方法

八达岭长城站两端大跨过渡段最大开挖跨度 32.7m，开挖面积 494.4m^2，采用传统的三台阶法开挖安全风险大；而采用交叉中隔墙（CRD）法或双侧壁导坑法开挖则工序多、工艺复杂，不利于机械化施工，因此，通过建模计算，首次提出了“品”字形分部开挖新方法，如图 3-6 所示。

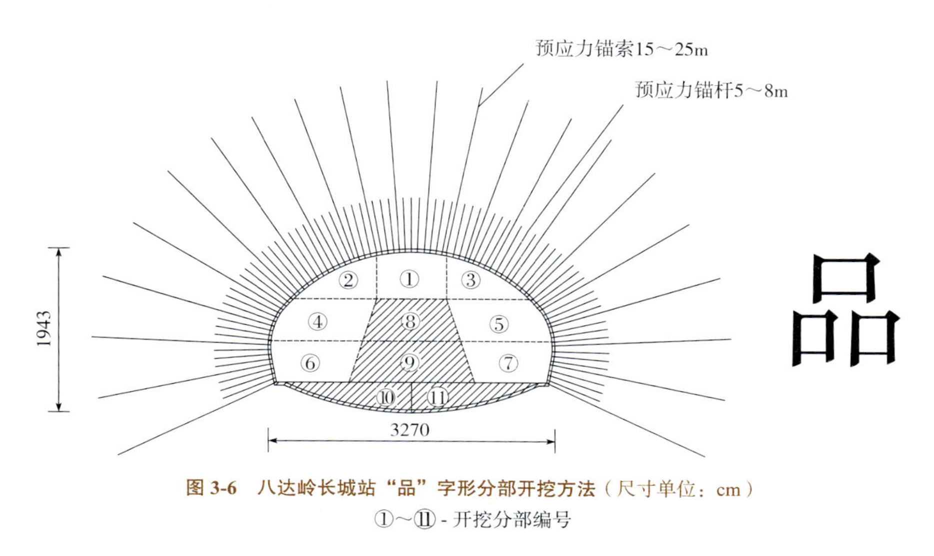

图 3-6　八达岭长城站“品”字形分部开挖方法（尺寸单位：cm）

①～⑪ - 开挖分部编号

“品”字形开挖方法按照横、竖向基本均匀的原则，将大断面隧道划分为三层十一部。施工时，首先开挖顶洞，以超前探明地质并采用必要的加固措施；然后按照“预留核心、自上而下、先两边后中间”的方式进行分层、分步开挖；最后逐步开挖核心土及仰拱，形成支护体系的封闭。该方法支护体系由超前支护、格栅钢架及喷射混凝土支护、预应力锚杆和预应力锚索四部分组成，承担全部围岩荷载。该方法的技术核心为“顶洞超前、预留核心、分层开挖、重点锁定”，具有“工法简洁、工序转换少、施工安全可靠、机械化程度高”的特点，从而实现了大跨度隧道的安全快速施工。

八达岭长城站采用“中”字形车站线路形式、“国”字形救援疏散方式、“人”字形辅助坑道设置、“品”字形分部开挖方法，将传统的汉字艺术应用于车站的设计与施工中，充分展现了中国设计和施工人员的智慧与才华。

3.2 八达岭长城站的艺术设计

3.2.1 建筑艺术概念

建筑艺术是在经济、实用、坚固的基础上，为建筑及周边环境的可视空间形态、景观变化、表现意向等内外部空间，提供具有美观感受（单纯美观）、传达人文精神及价值导向的信息，以及达成效果的整体和局部设计的建筑构成要素。

3.2.2 建筑艺术目标

建筑艺术具有层次性。首先，应解决建筑技术带给人的机械和僵化的不良感受，通过适当提高技术要求降低其对空间视觉的负面感受；其次，结合经济、物质条件以及支撑能力，满足人类精神层面对空间布局和形态效果的诉求，营造功能技术要求以外的单纯空间感受和环境氛围。在实现上述物质和精神层面诉求的过程中，建筑艺术具有一定的规律可循。即首先对空间的完整性、连续性、变化性和统一性进行处置；其次按照一定的主题目标，营造更高层次的空间艺术体验效果，并通过一定的物质手段和艺术手段来实现这一目标。为此，将建筑艺术分为以下定位和空间的关系结构：

（1）基本层面——物理空间。解决建筑物质技术条件与人活动的方便性、舒适性在空间衔接过渡上的不协调性。通过人性化设计，柔化物质技术外在体验感，改变原本提供的空间场所和环境条件给使用者带来的生硬感，磨合完善技术空间与人性空间尺度衔接的顺畅性、协调性、精准性以及技术与人性的耦合感。最大化提升建筑使用运转的物理效率及人在空间中活动和感知的舒适性，降低人与空间活动的感知差异和摩擦成本，实现空间可停留性和流程的艺术化体验。

（2）精神层面——视觉空间。通过艺术设计来强化建筑功能和空间场所的美观和精神感受，激发使用者的联想力，烘托空间的艺术氛围。其包含两个层次的目标：一是低层次目标，基本完整、连续、统一的视觉效果；二是高层次目标，完整、强烈的视觉感受和精神体验回馈。

根据上述定位和空间关系结构，提出八达岭长城站地下站房的建筑艺术设计目标定位与构成要素之间的关系，如图 3-7 所示。

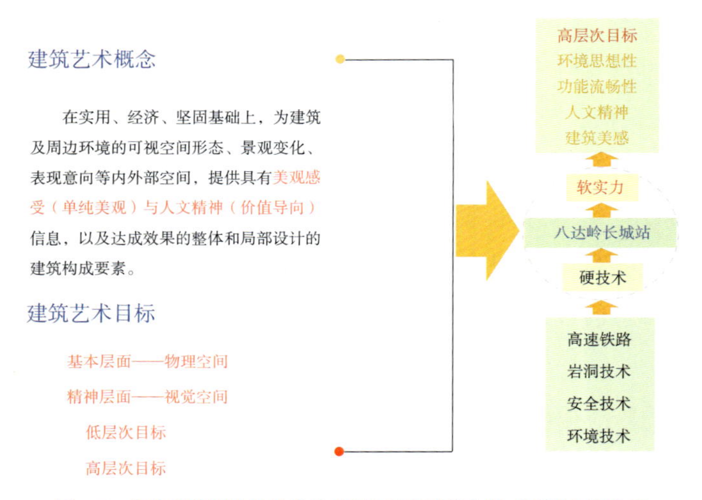

图 3-7 八达岭长城站的建筑艺术设计目标定位与构成要素之间关系

由图 3-7 可见，车站空间和功能技术条件是建筑艺术的物质载体和展场。在基本层面上，突出高铁技术和岩洞技术、地下空间安全技术、地下空间环境技术作为基本物理特征。在精神层面上，建立与长城文化、八达岭地域特色、京张铁路文化的关联，结合高铁引领新时代发展的社会特征，建立车站建筑室内空间的精神面貌表达模式，寻求相关的美好联想、精神追求和文化引领特征。

3.2.3 建筑艺术实现途径

为了实现上述建筑艺术内涵，满足八达岭车站建筑艺术构思的要求，在建筑室内空间形态、边界、流线、节点等各方面，对建造方法、材料、照明、装饰等方面提出具体的要求和方向指引。

1）建筑艺术实现所依托的物理过程

（1）功能技术与空间一体化的艺术设计，例如金字塔、流水别墅、鸟巢、凤凰中心以及济州岛音乐厅等建筑。

（2）功能技术为前提的二次艺术设计，例如纽约中央火车站、莫斯科地铁车站、高雄美丽岛站、瑞典地铁站、水立方等建筑。

2）建筑艺术效果的实现方法

（1）功能空间简单艺术性整合，通常用于一般车站和一般建筑。

（2）结合技术条件提升车站空间与界面的艺术性，例如瑞典地铁站，结合车站客流集散通道，对裸漏岩石进行适当的照明和装饰设计。

（3）结合建造方式提供的自然条件和技术形态，进行技术统一和完善，形成技术特征明显的建筑造型和视觉效果，例如万里长城、柏林火车站、瑞典地铁、于家堡车站。

（4）结合车站地位特点，进行专门的艺术设计。以主题为引导进行艺术设计，通常造价偏高，例如莫斯科地铁站、高雄美丽岛站等。

设计范例如图 3-8 所示。

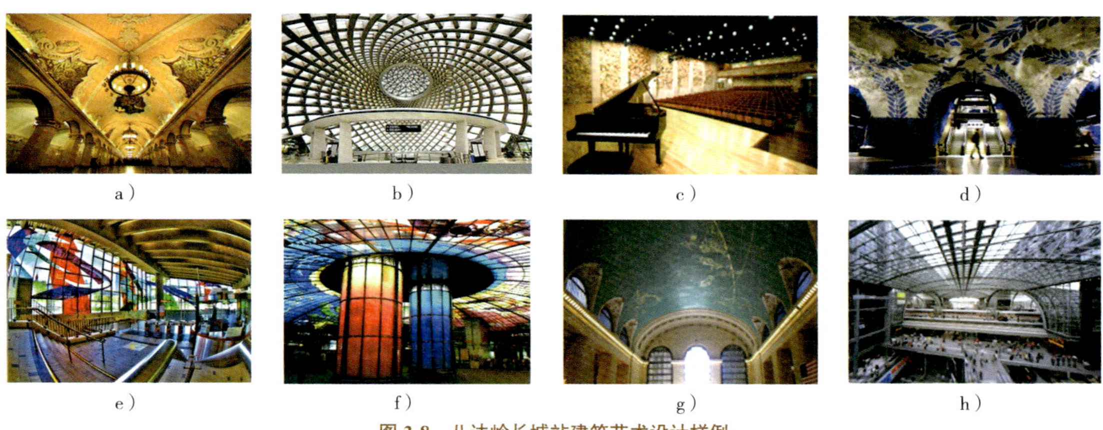

a） b） c） d）

e） f） g） h）

图 3-8 八达岭长城站建筑艺术设计样例

3）八达岭长城站建筑艺术设计总体框架

从建筑艺术的基本概念和内涵、建筑艺术的物理实现过程，物质和文化影响视角，基于八达岭长城站的特殊重要性和影响力，提出了八达岭长城站建筑艺术目标、要素、思路总体框架，如图 3-9 所示。

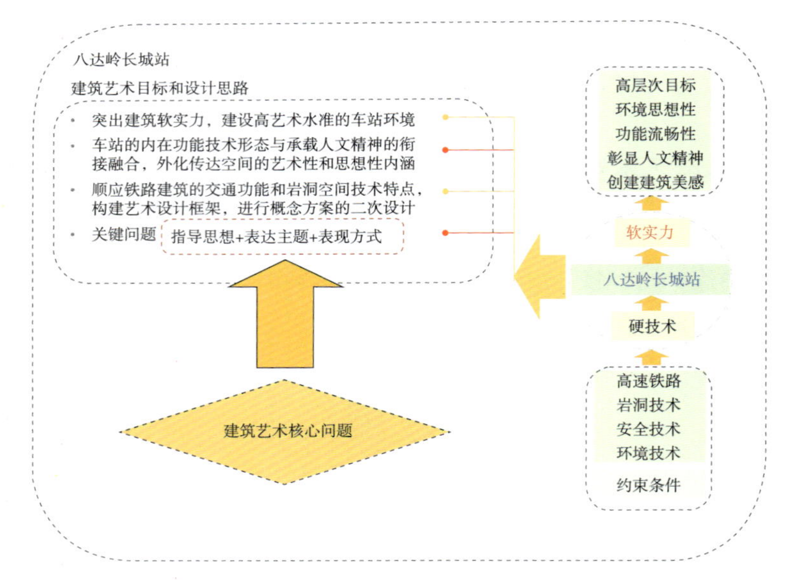

图 3-9　八达岭长城站建筑艺术目标和设计总体思路框图

（1）目标：突出建筑软实力，建设高艺术水准的八达岭长城车站室内环境。

（2）要素：车站交通功能、岩洞空间、建筑技术等物质形态，与所需承载人文精神衔接融合，共同外化和传达地下站房建筑空间的艺术性和思想性内涵。

（3）思路：顺应铁路建筑的交通功能和岩洞空间技术特点，构建艺术设计框架，指导地下站房装修概念方案的二次设计和优化。

（4）主题：明确指导思想，凝练主题，合理恰当的表现方式。

八达岭长城站作为地处八达岭长城世界文化遗产游览核心区的高铁车站，客流量大、客源目的性强。车站建筑应实现与长城关联度较高的特殊艺术效果和较高的设计目标。与此同时，车站建筑应突出交通的快速畅通效率和舒适性感受对艺术效果的功能性要求，并符合地下岩洞建筑的物理形态特点。图 3-10 所示为八达岭长城站周围的地域环境特色和同类地下车站站厅内部的艺术设计。

a）地域环境

b）车站站厅

图 3-10　八达岭长城站地域环境特色和车站内部的艺术设计

3.3 八达岭长城站的建筑布局

3.3.1 总体建筑形式设计

八达岭长城站地下站房空间的总体建筑形式，在设计过程中经历了多次调整和优化。从最初的单拱超大跨方案、三联拱隧道方案、双洞侧式站台方案、三洞侧式站台方案到后来的中央穹顶站厅方案，最终确定为三层三纵的群洞建筑方案。

1）方案一：单拱超大跨方案

车站站台层（包含正线、到发线共四股道）及站厅层，整体设置在一个单拱超大跨隧道内，整体隧道断面开挖跨度达 45.8m，高度达 27m。大跨隧道进一步通过钢筋混凝土楼板分为两层结构，上层为站厅层，下层为站台层。站台层设置两道混凝土中墙，将站台层空间划分为三部分，中间为过站不停车的正线轨道区域，两侧为两组到发线区域及站台，如图 3-11 所示。

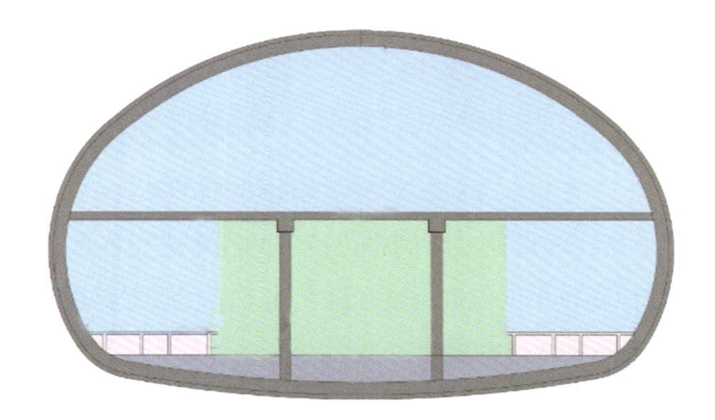

图 3-11　方案一：单拱超大跨结构横断面图

该方案的进出站客流均通过上层的站厅层，交叉混行，客流流线不清晰；站厅层两侧隧道起拱较低，限制了两侧空间利用和潜力发挥。与此同时，车站岩洞断面的开挖面积较大，总投资较高。

2）方案二：三联拱隧道方案

车站主体断面设置为 3 个联拱隧道，总开挖跨度达 43.8m，开挖高度达 22.1m，横向设置一道中板，竖向设置两道中墙，将三联拱隧道分隔为上、下及左、中、右共 6 个洞室，如图 3-12 所示。

该方案的客流进出站方式同方案一。车站站厅层进出站客流混行，客流流线不清晰，三联拱结构导致站厅层局部结构梁过低，车站设备管线布置较为困难。

3）方案三：双洞侧式站台方案

将车站主体设置为两个独立隧道，每个隧道的开挖跨度为 25.8m，高 19.45m，两个隧道之间的净距为12.5m。每个隧道内部均二次划分为两层结构：上层为站厅层，下层为站台层。每个站台层内，设置一条正线和一条到发线及其侧式站台，如图3-13所示。

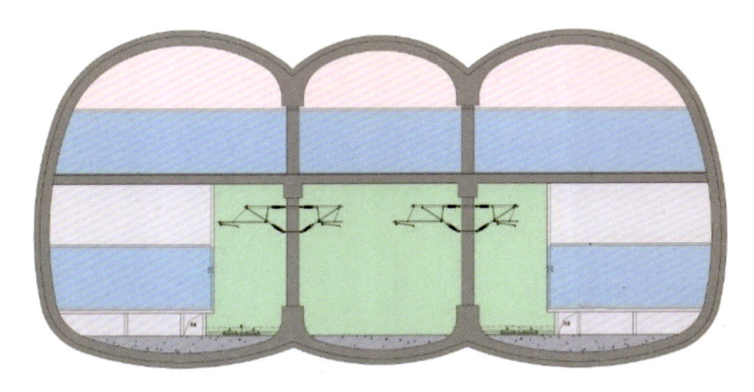

图3-12　方案二：三连拱结构横断面图

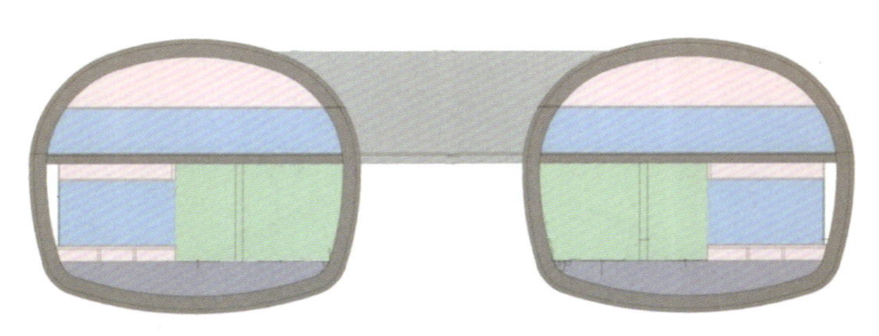

图3-13　方案三：双洞侧式站台结构横断面图

在站厅层，两个独立站厅隧道通过纵向中段设置的连廊进行连接。与方案一和方案二比较，本方案的总断面开挖面积较小，但进出站客流在地下站厅层仍存在部分混合交叉区域。

4）方案四：高侧三洞侧式站台方案

在方案三的基础上，进一步将正线与到发线空间分离。将车站主体的上、下行到发线及正线空间，分别设置为3个独立的隧道，即中间隧道为正线，两侧隧道为到发线。两侧到发线隧道的开挖跨度均缩减到18.4m，高度均为20.7m，均分为两层结构，即上层为站厅层，下层为站台层。两侧站厅之间设置连廊，连廊下方为正线隧道，如图3-14所示。该方案进一步减小了车站整体洞室的隧道开挖截面面积，但与方案三同样存在进出站客流的局部交叉问题。

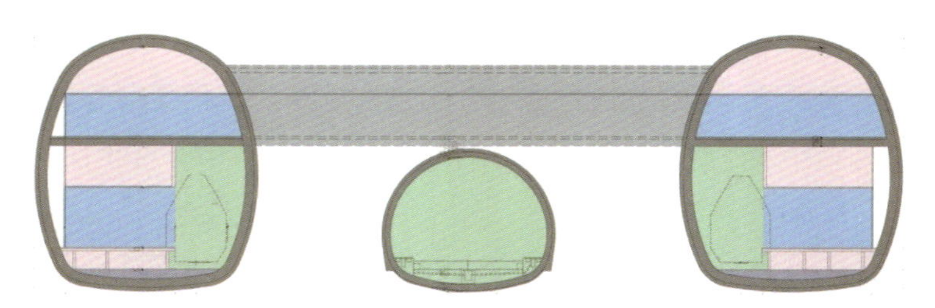

图3-14　方案四：高侧三洞侧式站台结构横断面图

5）方案五：中央穹顶站厅方案

为了进一步优化地下车站流线，减少隧道开挖量以及缩短施工工期，将站厅和站台的隧道开挖洞室分开设置。首先，将下层设置为 3 个分离的隧道，中间为正线通过隧道，两侧为到发线及侧式站台隧道，跨度为 13 ～ 14m，高度约 12m，隧道间各预留 5.85m 厚岩墙。其次，在正线隧道上方，设置与站台层分离的站厅层洞室，与站台层之间预留 4.77m 厚岩板，形成一个位于站台纵向中段上层的中央穹顶站厅层大厅，其圆穹水平跨度 41.5m，穹顶高度 16.4m。圆穹在两侧与下层的两个站台之间，各设置 4 组楼扶梯通道。如图 3-15 所示。

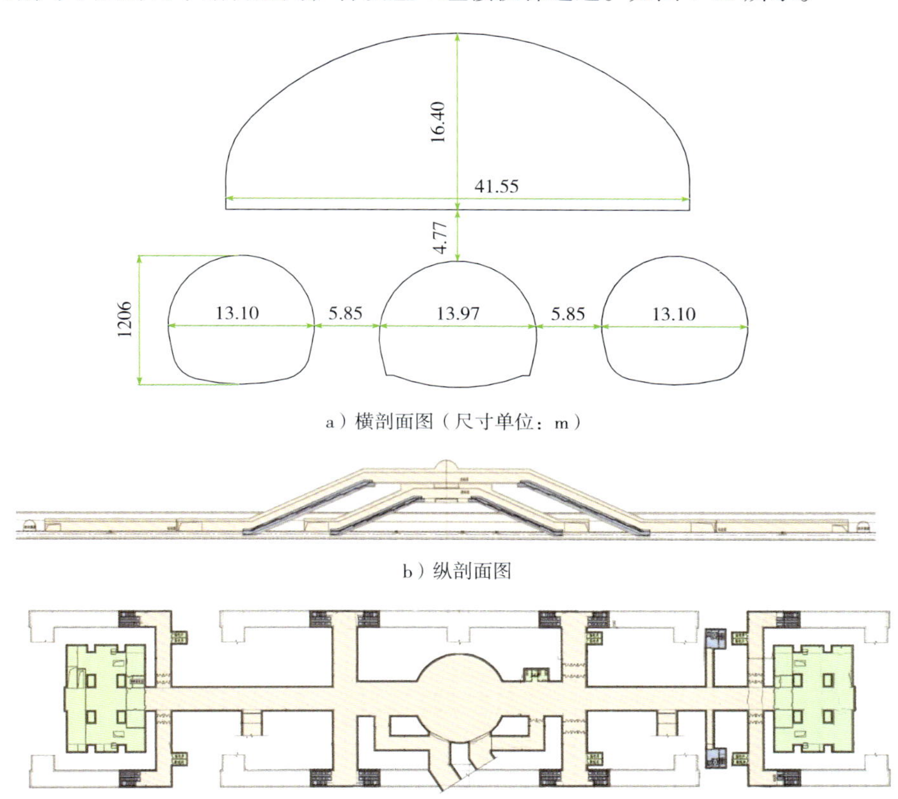

a）横剖面图（尺寸单位：m）

b）纵剖面图

c）站厅层（站台中段）平面图

d）渲染透视图

图 3-15　方案五：中央穹顶方案

该方案考虑到从地面站房至地下站台层埋深较大，距离较长，故此在站厅层中部设置宏伟的地下穹顶集散厅，既可以增加地下空间的变化感，又可以减少沿站台通长开挖等截面站厅隧道的总开挖量，减少了通长式站厅的行走距离和避免狭长空间的幽闭感。圆穹集散大厅还能够增强乘客在乘车过程中的空间体验感，也可用作展示中国铁路文化和高铁技术用途。但存在着地下单个洞石开挖跨度较大的施工困难及消防排烟问题。

6）方案六：三层三纵群洞方案

首先，保留方案五的站台层和正线隧道设置构思。其次，在方案五站厅层构思基础上，进一步研究优化站厅层乘客进出站流线，减少交叉混行，使乘客在车站地下空间实现快进快出，改善消防疏散效率和安全性，同时减少地下岩洞开挖体积和车站土建投资规模，还有利于缩短施工工期和提高结构安全性。

为此，本方案站厅层不再采用中央圆穹大厅构思，而是利用站台层与站厅层之间的楼扶梯隧道存在的高差，将进出站通道实行上下叠落式（上层出站、下层进站）布置，将站厅层调整为10m宽，17.6m高的上下两层结构；并顺序延伸为连接站厅与地面站房的上下两层隧道结构斜行通道。这样，进出站通道就进一步形成完全分离的两个独立的疏散通道空间，使得进出站客流在车站内的通行空间全程无交叉，进出站的客流流线简洁、明确，也有利于紧急情况下站内人流快速安全疏散至安全出口。

进出站水平主通道与站台层隧道之间预留岩板厚度调整为4.55m，如图3-16 a）所示。由此形成了三层三纵的群洞方案，即正线、到发线共四股道，分别设置在三个单独隧道内，中间的隧道为过站不停车的正线两股道，两侧的隧道为到发线和侧式站台。就此，上层的进出站隧道与下层的正线及站台隧道，自上而下，分别为设备与出站层、进站层和站台层三层群洞车站结构，如图3-16 a）和c）所示。

7）结论

综合比较以上各个方案的利弊，认为方案六的三层三纵群洞方案具有更高的安全性、经济性和实用性。具体主要表现在以下四个方面：

（1）群洞式建筑布局，减小了独立洞室跨度，利用岩墙和岩板的支撑作用，有利于围岩和支护结构稳定，降低了施工难度，提高了施工安全和运营安全。

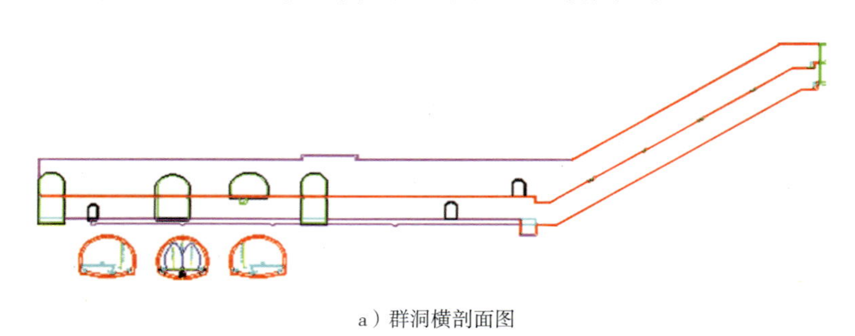

a）群洞横剖面图

图 3-16

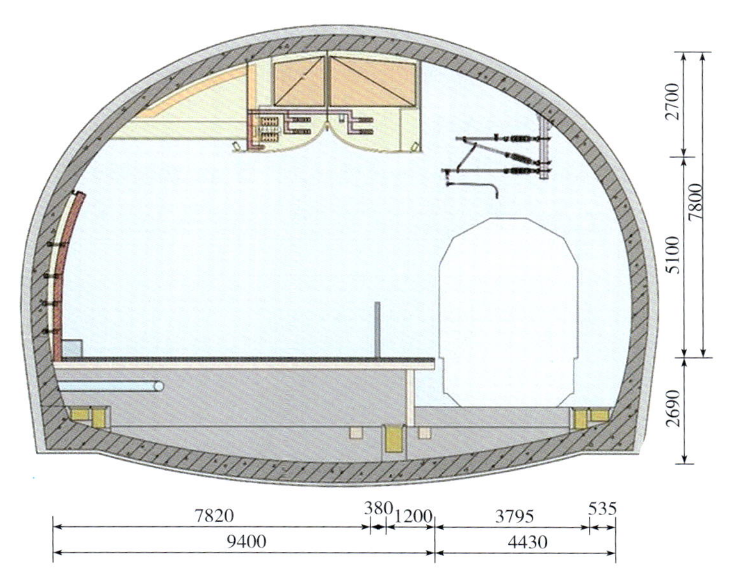

b）群洞方案尺寸设置：站台隧道（尺寸单位：mm）

c）透视图

图 3-16　方案六：三层三纵的群洞方案

（2）群洞的总断面较整体大洞减小，从而减少了开挖方总量，减少了支护措施，降低了工程总造价。

（3）群洞方案的车站主要空间相互独立，形成天然的防火分区，有利于避免火灾烟气蔓延；还可降低中洞高速列车气动效应和轮轨噪声对两侧到发线站台旅客同步影响。

（4）群洞式空间布局避免了不同方向客流的相互干扰，也有利于客流方位识别的单一性，实现站内客流交通组织的高度刚性和高效有序流动。

综上所述，八达岭长城站的地下站房建筑布局最终选择为方案六：三层三纵群洞建筑方案。

3.3.2　车站站台设计

根据车站总体建筑形式设计，站台层为三洞格局，中洞为正线洞室，两侧洞各设置 1 条到发线和 1 座侧式站台。站台两端布置少量设备用房，中部为乘车区。

每个侧站台均设置 2 个 10m 宽的进站口，2 个 10m 宽的出站口，以及 2 个 6.5m 宽的疏散出口及两个 5m 宽的紧急事故救援出入口。

车站站台进站口设置 6.5m 宽（1 部 2m 宽楼梯，2 部 1m 宽扶梯）的楼扶梯通道与进站通道层相接；站台出站口设置 6.5m 宽（1 部 2m 宽楼梯，2 部 1m 宽扶梯）的楼扶梯通道与出站通道层相接。

站台东西两端均布置有照明配电室、民用通信机房。站台中部设置有通往进出站层的垂直电梯、强电间、弱电间。

1）站台方案研究

本站根据客流数据，基础方案（图 3-17）的站台宽度为 6.2m，站台设置安全门，安全门距站台边 1.2m。

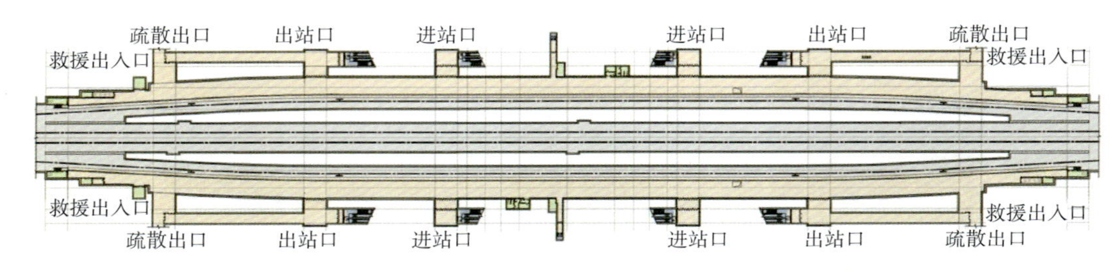

图 3-17　基础方案：站台平面

因车站埋深大，进出站行程较远，乘客在站台等候时间较长，本着以人为本的设计理念，为改善空间环境，充分考虑乘客空间心理感受，以及节假日、奥运期间和旅游客流相互叠加、相互诱增形成的集中超大客流在站台的安全性和舒适性，对站台宽度进行深入研究。提出以下三种加宽方案：

（1）加宽方案一

站台从大小里程端疏散出口范围加宽，加宽长度为 376m，每个侧站台面积增加约 1128m²，如图 3-18 所示。

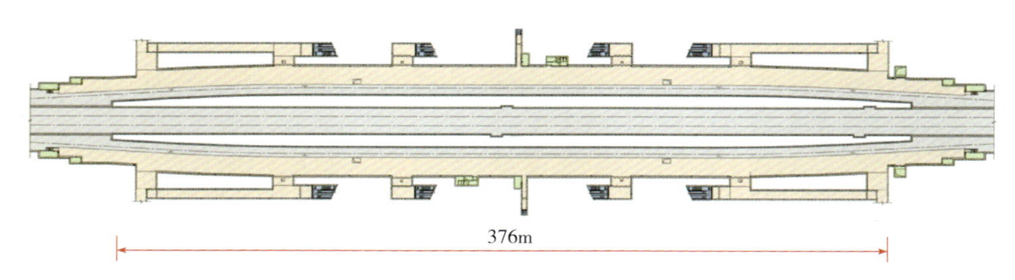

图 3-18　站台加宽方案一：站台平面

（2）加宽方案二

站台从大小里程端出站口范围加宽，加宽长度为 237m，每个侧站台面积增加约 711m²，如图 3-19 所示。

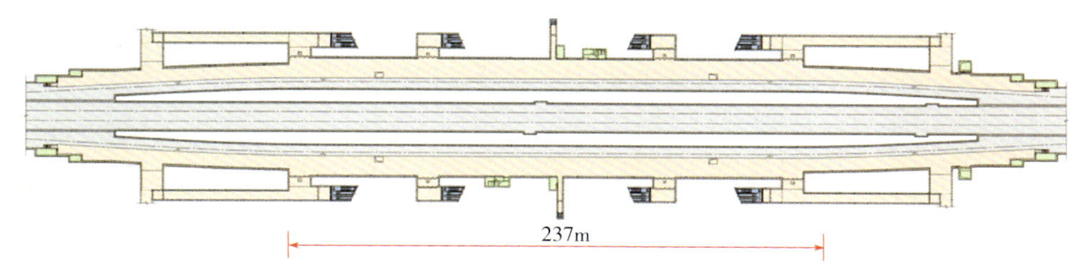

图 3-19　站台加宽方案二：站台平面

（3）加宽方案三

有效站台范围内全部加宽，加宽长度为 450m，每个侧站台面积增加约 1350m²，如图 3-20 所示。

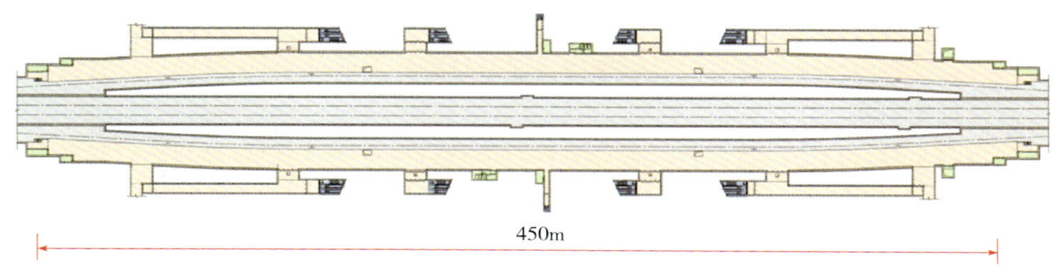

图 3-20　站台加宽方案三：站台平面

2）站台安全性分析

根据《铁路旅客车站建筑设计规范》（GB 50226—2016）中车站等级分类标准要求，通过计算车站最高聚集人数和高峰小时发送量，确定车站规模。八达岭长城站铁路高峰小时人数见表 3-1。

八达岭长城站铁路高峰小时人数计算表　　表 3-1

指标	景区游客总量（万人次）		铁路承担客流（万人次）		铁路日均发送量（万人次）		铁路高峰小时人数（人次）	
	近期	远期	近期	远期	近期	远期	近期	远期
全年	900	1000	416	525	1.14	1.44	1481	1870
高峰月	135	140	45	48	1.50	1.60	2250	2400
黄金周	40	40	12	15	1.71	2.14	3400	4000
高峰日	10	10	2.2	2.2	2.20	2.20	4400	4400

注：早高峰 9：00—10：00，下车人数为“铁路高峰小时人数”，上车人数取下车人数 1/6；晚高峰 16：00—17：00，上车人数为“铁路高峰小时人数”，下车人数取上车人数 1/4。

八达岭长城站铁路高峰日远期高峰小时人数为 4400 人次，为中型车站。根据《铁路旅客车站建筑设计规范》（GB 50226—2016），中型站侧式中间站台的宽度为 7.5 ～ 9m，出入口宽度为 4m。站台位于曲线地段时，站台端部最小宽度不宜小于 5m。

八达岭长城站站台有效长度为 450m，中部为长约 200m 范围的水平段，两端为曲线段。车站旅客出入口位于站台外侧，平行于站台设置，与站台为两个独立的隧道结构。依据《铁路旅客车站建筑设计规范》(GB 50226—2016),除去出入口宽度,八达岭长城站侧站台宽度不小于3.5m即满足中型车站的站台宽度需求。

八达岭长城站基础方案站台安全门内宽5m及三个加宽方案站台安全门内宽7.4m均满足规范要求。

3)站台舒适性分析

从车站站台环境的功能来说,需合理设计、安排、组织空间。空间的设计首先要保证人能安全、高效、便捷地进行活动,还需满足人心理上的安全、舒适。站台根据旅客的行为,可划分为两个区域:等待区和通行区。参考美国《公共交通通行能力和服务质量手册》,对站台不同宽度方案进行舒适性对比分析。表3-2、表3-3中所列为步行服务水平及等待服务水平等级化分。

步行服务水平分级标准 表3-2

服务等级		A	B	C	D	E	F
单位宽度人流量	人/(m·min)	更少～23	23～33	33～49	49～66	66～82	82～更多
	人/(m·s)	更少～0.383	0.383～0.550	0.550～0.817	0.817～1.100	1.100～1.367	1.367～更多
行进速度	m/min	更快～79	79～76	76～70	70～61	61～34	34～更慢
	m/s	更快～1.317	1.317～1.267	1.267～1.167	1.167～1.017	1.017～0.567	0.567～更慢
占地面积	m^2/人	更大～3.3	3.2～2.3	2.3～1.4	1.4～0.9	0.9～0.5	0.5～更小
假设通道宽度	m	1	0.6	0.6	0.6	1	1～0.6
行人间距	m	更大～3.3	5.3～3.8	3.8～2.3	2.3～1.5	0.9～0.5	0.5～更近
状态描述		(1)实际上对行进速度的选择没有限制;(2)行人可以毫不费力地通过;(3)横穿和逆行都不受限制;(4)通过人数为最大容量的25%	(1)正常地行进速度只是偶尔受到限制;(2)行人在前进过程中只是偶尔会碰到一些干扰;(3)横穿和逆行有时会产生冲突;(4)通过人数为最大容量的35%	(1)行进速度受到部分限制;(2)行人在前进过程中受到的限制是可以自我调整的;(3)横穿和逆行受到限制需要大量调整以避免冲突;(4)通过人数为最大容量的40%～65%	(1)行进速度受到限制而有所下降;(2)行人在前进过程中必然会发生碰撞;(3)横穿和逆行会产生多种多样的冲突,因此受到严重制约;(4)在达到临界人流密度时,行人的流动可能会经常出现停滞	(1)行进速度受到限制,并常常下降至停滞状态,行人需要时常调整步伐,在行进过程中不可能不发生冲突;(2)横穿和逆行可能性微小,因此不可避免地产生严重冲突;(3)人流量趋于最大	(1)行进速度下降到原地踏步的程度,行人几乎无法通过;(2)横穿和逆行是不可能的;身体的碰撞时常发生并且无法避免;(3)人的流动只是偶尔发生,人流经常处于几乎完全中断或者停滞的状态

排队等待服务水平分级标准 表 3-3

服务等级			A	B	C	D	E	F
占地面积		m^2/人	更大～1.2	1.2～0.9	0.9～0.6	0.6～0.3	0.3～0.2	0.2～更小
正方形站位间距		m	更大～1.10	1.10～0.95	0.95～0.77	0.77～0.55	0.55～0.45	0.45～更小
矩形站位	前后间距	m	更大～1.2	1.2～1	1～0.85	0.85～0.5	0.5～0.3	0.3～更小
	左右间距	m	更大～1.00	1.00～0.90	0.90～0.71	0.71～0.60	0.60～0.3	0.3～更小
状态描述			可以在不干扰队内其他人的情况下，停留或者自由通过排队区域	为避免干扰队内其他人，停留或者通过排队区域都要受到一定的限制	停留或者通过排队区域都要受到限制，并对队内其他人构成干扰。但密度还处于舒适范围内	能够彼此不接触站立在排队区域，队内行人通行受到严重限制，只能结队前行。长期处于该密度下将令人感觉不舒适	停留在排队区域时，身体接触不可避免，队内不可能通行。长时间处于该密度下将感觉严重不舒适	排队的所有人都有直接身体接触，队内不可能通行。在此密度下令人极度不舒适，在大规模人群中有潜在的恐慌可能

京张高速铁路平日为 8 辆编组，奥运期间为 16 辆编组。平日 8 辆编组早高峰满员 600 人全下，上车人数取下车人数的 1/6, 100 人；晚高峰 600 人全上，下车人数取上车人数的 1/4，150 人。及奥运期间 16 辆编组早高峰满员 1200 人全下，上车人数取下车人数的 1/6, 200 人；晚高峰 1200 人全上，下车人数取上车人数的 1/4，300 人。两方案均考虑选取平日及奥运期间早晚高峰时段进行站台舒适度对比。

列车车门在站台上的排布如图 3-21 所示。乘客在下车时车门处发生一次滞留。动车车门宽约 1m，考虑在车门处乘客的流出系数为 1 人 /（m · s），当 16 辆编组列车满员 1200 人全部下车时，每节车厢车门处的乘客行走至车站出站口的时间（乘客行进速度取 1.2m/s）见表 3-4、表 3-5。根据站台上乘客行进的线状图（图 3-22）可看出，站台上同时最多 4 股客流行进。

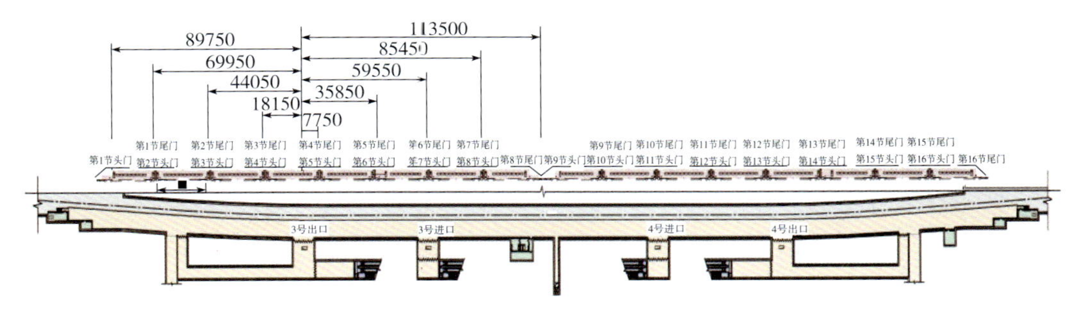

图 3-21 站台列车车门排布示意（尺寸单位：mm）

第 1 ～ 4 节车厢乘客行进情况 表 3-4

项目		第 1 节车厢头门		第 1 节车厢尾门 第 2 节车厢头门		第 2 节车厢尾门 第 3 节车厢头门		第 3 节车厢尾门 第 4 节车厢头门	
部位	—	列车门	站台	列车门	站台	列车门	站台	列车门	站台
状态	—	滞留	行进	滞留	行进	滞留	行进	滞留	行进

续上表

项目		第 1 节车厢头门		第 1 节车厢尾门 第 2 节车厢头门		第 2 节车厢尾门 第 3 节车厢头门		第 3 节车厢尾门 第 4 节车厢头门	
人数	人	38	75	75	75	75	75	75	75
速度	m/s		1.200		1.200		1.200		1.200
流出系数	人/(m·s)	1.000		1.000		1.000		1.000	
车门宽度	m	1.000		2.000		2.000		2.000	
行走长度	m		94.760		74.950		49.050		23.150
时间	s	38.000	78.967	37.500	62.458	37.500	40.875	37.500	19.292

第 4 ～ 9 节车厢乘客行进情况 表 3-5

项目		第 4 节车厢尾门 第 5 节车厢头门		第 5 节车厢尾门 第 6 节车厢头门		第 6 节车厢尾门 第 7 节车厢头门		第 7 节车厢尾门 第 8 节车厢头门		第 8 节车厢尾门 第 9 节车厢头门	
部位	—	列车门	站台	列车门	站台	列车门	站台	列车门	站台	列车门	站台
状态	—	滞留	行进	滞留	行进	滞留	行进	滞留	行进	滞留	行进
人数	人	75	75	75	75	75	75	75	75	75	75
速度	m/s		1.200		1.200		1.200		1.200		94
流出系数	人/(m·s)	1.000		1.000		1.000		1.000		1.000	1.2000
车门宽度	m	2.000		2.000		2.000		2.000		2.000	
行走长度	m		12.750		40.860		64.550		90.450		
时间	s	37.500	10.625	37.500	34.050	37.500	53.792	37.500	75.375	37.500	118.500

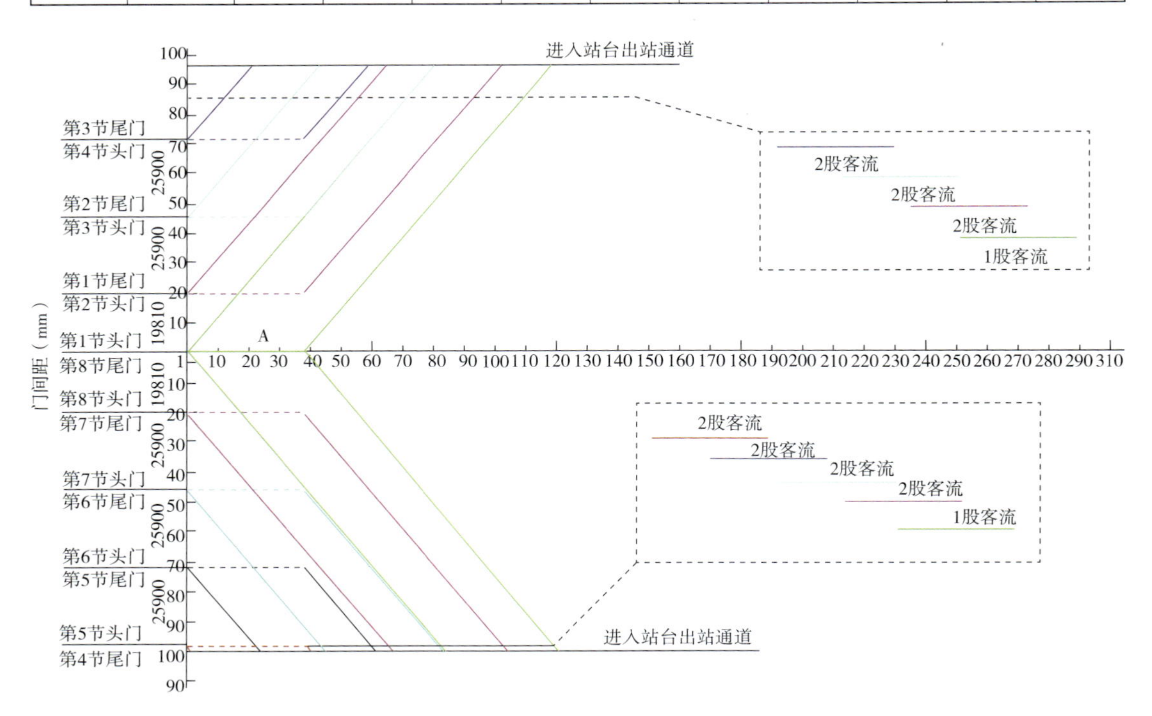

图 3-22 站台乘客行进线状

（1）基础方案

基础方案有效站台宽6.2m，站台设置安全门，因本线采用客运专线模式全部开行动车组（北京枢纽以外），运行通道内全部动车组旅客列车，开行八达岭长城站（延庆）的市郊旅游动车组。枢纽内两线格局，兼顾开行动车底走行、部分京通普速旅客列车及枢纽内少量摘挂列车和小运转列车。车型种类较多，安全门开门无法满足多种车型停靠要求。为满足乘客上下行安全，安全门退站台边1.2m。安全门内侧除去安全门厚度，净宽4.65m。结合上述行人通行和等待服务水平标准可得出：

①平日8辆编组及奥运期间16辆编组早高峰站台宽度舒适度等级见表3-6、表3-7。

站台通行区宽度计算表 表3-6

项目	车　门　处				站台通行区		
	每个车门宽度	每个车门通过人数	车门数	流出系数	人流量	疏散系数	通道宽度
单位	m	人	个	人/（m·s）	人/s	人/（m·s）	m
数量	1	38	4	1	4	1	4
提示				服务等级D		服务等级D	

站台等待区宽度计算表 表3-7

项目	车　门　处			通　道　处		通道总宽度
	单个安全门宽度	每个安全门处等待人数	安全门间距	乘客占地面积	等待通道宽度	
单位	m	人	个	m^2/人	m	m
数量	2.4	13	23	0.9	0.65	4.65
提示				服务等级C		

②平日8辆编组及奥运期间16辆编组晚高峰站台宽度舒适度等级见表3-8、表3-9。

站台通行区宽度计算表 表3-8

项目	车　门　处				站台通行区		
	每个车门宽度	每个车门通过人数	车门数	流出系数	人流量	疏散系数	通道宽度
单位	m	人	个	人/（m·s）	人/s	人/（m·s）	m
数量	1	19	4	1	4	1.1	3.65
提示				服务等级D		服务等级D	

站台等待区宽度计算表 表3-9

项目	车　门　处			通　道　处		通道总宽度
	单个安全门宽度	每个安全门处等待人数	安全门间距	乘客占地面积	等待通道宽度	
单位	m	人	个	m^2/人	m	m
数量	2.4	75	23	0.31	1	4.65
提示				服务等级D		

基础方案站台在早高峰时通行区满足 D 级服务水平，等待区满足 C 级服务水平；晚高峰通行区及等待区满足 D 级服务水平。通行区乘客在早、晚高峰时段行进速度受到限制而有所下降；行人在前进过程中必然会发生碰撞；横穿和逆行会产生多种多样的冲突，因此受到严重制约。在达到临界人流密度时，行人的流动可能会经常出现停滞停留。等待区早高峰时段停留或者通过排队区域都要受到限制，并对队内其他人构成干扰，但密度还处于舒适范围内，而晚高峰时段乘客能够彼此不接触站立在排队区域，队内行人通行受到严重限制，只能结队前行，长期处于该密度下将令人感觉不舒适。

（2）站台加宽方案

站台加宽方案有效站台宽 9.2m，安全门退站台边 1.8m。安全门内侧除去安全门厚度，净宽 7.05m。结合上述行人通行和等待服务水平标准可得出。

①平日 8 辆编组及奥运期间 16 辆编组早高峰站台宽度舒适度等级见表 3-10、表 3-11。

站台通行区宽度计算表　　表 3-10

项目	车　门　处				站台通行区		
	每个车门宽度	每个车门通过人数	车门数	流出系数	人流量	疏散系数	通道宽度
单位	m	人	个	人 /（m · s）	人 /s	人 /（m · s）	m
数量	1	38	4	1	4	0.62	6.45
提示				服务等级 D		服务等级 C	

站台等待区宽度计算表　　表 3-11

项目	车　门　处			通　道　处		通道总宽度
	单个安全门宽度	每个安全门处等待人数	安全门间距	乘客占地面积	等待通道宽度	
单位	m	人	个	m^2/ 人	m	m
数量	2.4	13	23	0.9	0.65	7.05
提示				服务等级 C		

②平日 8 辆编组及奥运期间 16 辆编组晚高峰站台宽度舒适度等级见表 3-12、表 3-13。

站台通行区宽度计算表　　表 3-12

项目	车　门　处				站台通行区		
	每个车门宽度	每个车门通过人数	车门数	流出系数	人流量	疏散系数	通道宽度
单位	m	人	个	人 /（m · s）	人 /s	人 /（m · s）	m
数量	1	38	4	1	4	0.8	5
提示				服务等级 D		服务等级 C	

站台等待区宽度计算表　　表 3-13

项目	车门处			通道处		通道总宽度
	单个安全门宽度	每个安全门处等待人数	安全门间距	乘客占地面积	等待通道宽度	
单位	m	人	个	m^2/人	m	m
数量	2.4	13	23	0.65	2.05	7.05
提示				服务等级 C		

站台加宽方案在早高峰时通行区满足 C 级服务水平，等待区满足 B 级服务水平；晚高峰通行区及等待区满足 C 级服务水平。通行区乘客在早、晚高峰时段行进速度受到部分限制；行人在前进过程中受到的限制是可以自我调整的；横穿和逆行受到限制需要大量调整以避免冲突；通过人数是最大容量的 40% ～ 65%。等待区早晚高峰时段停留或者通过排队区域都要受到限制，并对队内其他人构成干扰，但密度还处于舒适范围内。

（3）舒适度对比

基础方案站台宽度与站台加宽方案的站台宽度舒适度情况见表 3-14。

站台方案对比　　表 3-14

项目	单位	基础方案	站台加宽方案
站台宽度	m	6.2	9.2
安全门退站台宽度	m	1.2 相向行走乘客需侧身通过	1.8 满足相向行走乘客互不干扰
安全门内侧站台宽度	m	4.65	7.05
早高峰站台排队等待区所需宽度	m	0.65	0.65
晚高峰站台排队等待区所需宽度	m	1.00	2.05
早高峰站台通行区所需宽度	m	4	6.45
晚高峰站台通行区所需宽度	m	3.65	5
排队等待区服务等级	—	早高峰 C 级，晚高峰 D 级	C 级
通行区服务等级	—	D 级	C 级

站台加宽 3m 后，站台的整体服务水平从 D 级提升到 C 级，有了较大提升。不仅使到达站台的乘客能安全、高效、便捷地进行活动的同时，使乘客心理上感到更安全、舒适。

对站台上乘客行进速度进行分析，通过线状图（图 3-23）可看出，站台从距离出入口约 60m 处开始同时 4 股客流在站台上行进，因此站台加宽范围三个方案中的方案一，站台从大小里程端疏散通道口范围加宽，加宽长度 376m 舒适度最高。

综上所述，车站站台从大小里程端疏散通道口范围加宽 3m，加宽长度 376m，比基础方案站台舒适度有了显著提高，因此最终设计采用了该方案。

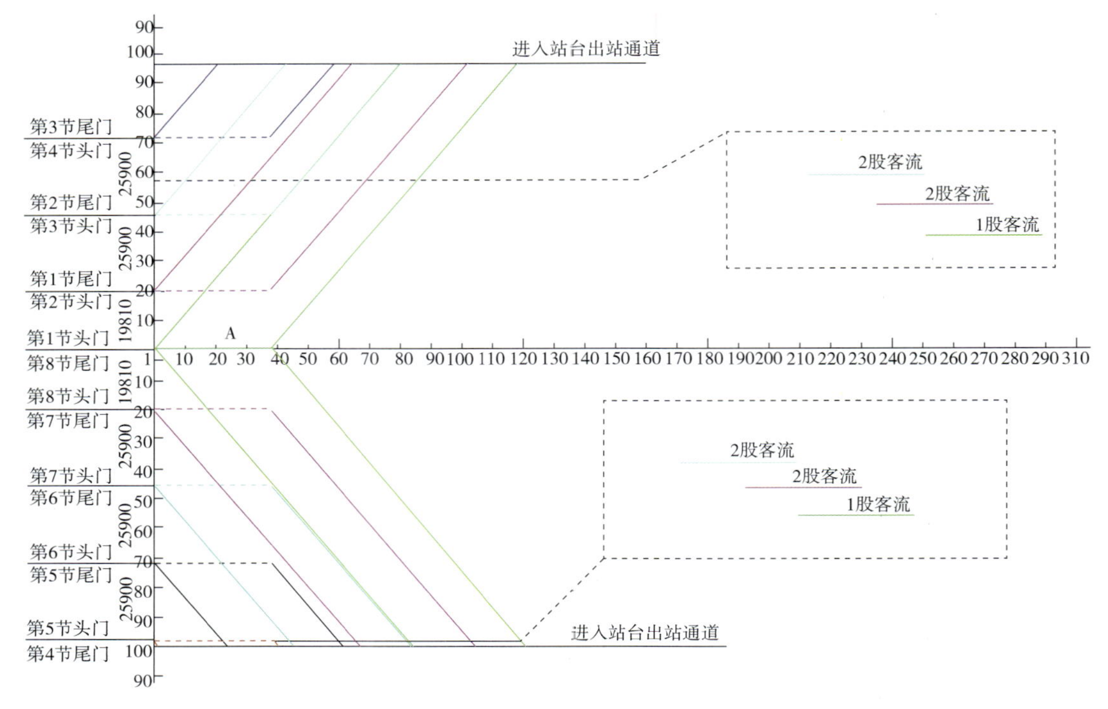

图 3-23　站台乘客行进线状图

3.4 八达岭长城站的流线设计

八达岭景区每年都吸引了大量中外游客，日客流高峰明显。庞大的客流量决定了车站流线设计的重要性，八达岭景区的客流特征对京张高铁八达岭长城站的交通客流及进出站交通组织和应急疏散的流线设计，都有重要影响。

3.4.1 车站客流特征

车站作为服务铁路旅客的重要设施，是铁路综合交通最重要的节点。八达岭长城站的客流，主要是八达岭景区的旅游客流，因此根据八达岭景区客流的特征可以分析得到长城站的客流规律和车站空间设计需求。

1）八达岭景区的客流分布特征

据统计，2016 年八达岭景区接待游客总计 860 万余人次，平均每日接待游客 2.3 万人次；2017 年八达岭景区接待游客总计 930 万余人次，平均每日接待游客 2.5 万人次；2018 年八达岭景区接待游客总计 990 万余人次，平均每日接待游客 2.7 万人次；2019 年 6 月 1 日起，八达岭景区开始实施全网络实名制预约售票，并试行单日游客总量控制，每日最大流量为 6.5 万人次；2020 年受疫情影响，八达岭景区对游客流量进行限制，每日八达岭长城游客流量控制在 1.95 万人次以下，为景区单日最佳承载量的 30%。如果不发生群发疫情事件，景区接待游客数量仍将呈逐年递增趋势。与此同时，随着京张高铁对交通出行便利程度和体验感的提升，乘坐高铁抵达八达岭景区的游客占比，也将有所提高。

从一年内游客数量分布情况来看（图 3-24），八达岭景区接待游客数量存在明显的季节性特征，每年 11 月至次年 3 月游客数量较少，平均日接待游客数量为 1.8 万人次；五一、十一假期以及暑假期间是游客数量分布的高峰期，平均日接待游客数量为 5.2 万人次，十一假期日接待游客数量最高可达 9.7 万人次。

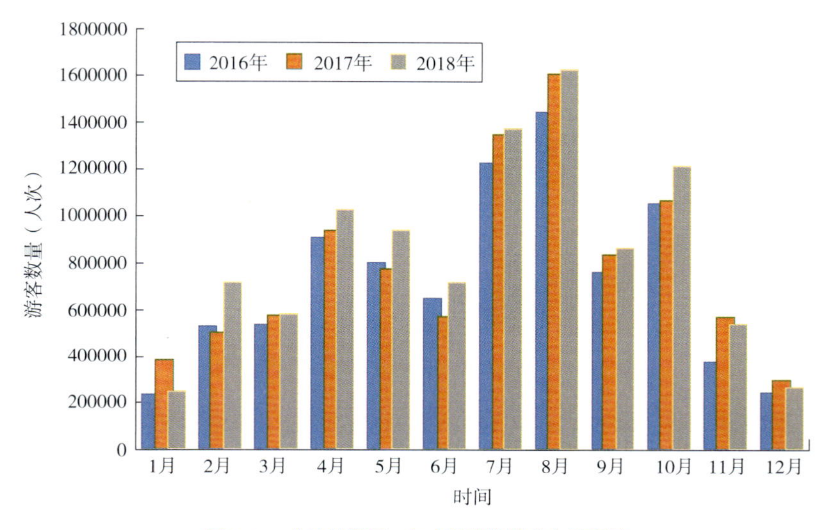

图 3-24 八达岭景区一年内游客数量分布示意图

从非节假日期间一周内游客数量分布情况来看，八达岭景区每日接待游客数量也有波动（图 3-25），周一是每周接待游客数量的高峰日，日平均接待游客数量为 4.3 万人次，而周二、周三景区接待游客数量明显少于一周内的其他时间。

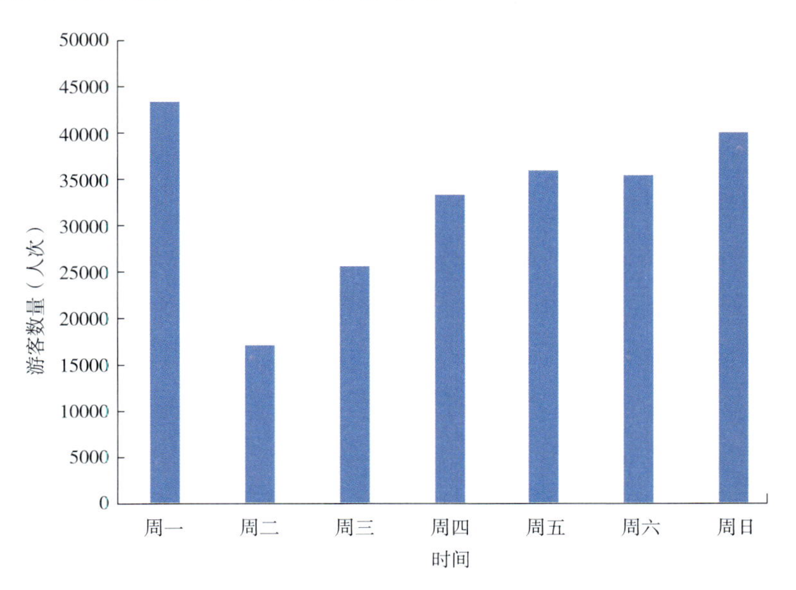

图 3-25 八达岭景区一周内游客平均数量分布示意图

2）八达岭景区游客出行意愿

通过对游客发放问卷的方式收集游客到达八达岭景区交通方式以及选择高铁出行的意愿程度。调查结果表明，47.78% 的游客表示将首选乘高铁前往八达岭景区，37.22% 的游客表示倾向于选择高铁，9.44% 的游客表示没有明显倾向，5.56% 的游客表示倾向于选择其他交通方式，如图 3-26 所示。

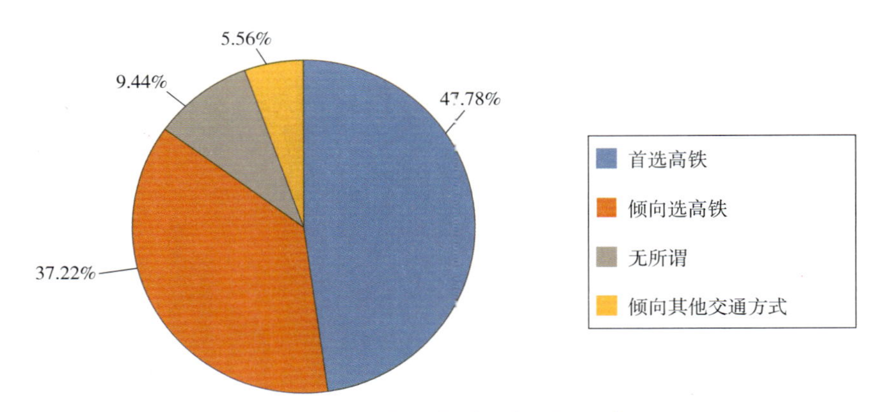

图 3-26　八达岭景区游客出行意愿占比示意图

按八达岭景区日均接待游客总数 2.3 万人次计，约有 1.09 万人将首选高铁出行，约有 0.85 万人倾向于选择高铁出行；节假日及暑假期间随着游客数量的增长，这一数据也会随之发生变化，按小长假及暑假日均接待游客数量 5.2 万人次计，约有 2.48 万人将首选高铁出行，约有 1.94 万人倾向于选择高铁出行。

3.4.2　进出站流线设计

根据八达岭长城站群洞式地下站房建筑方案的总体构思，进一步细化进出站通道的客流交通组织和空间设计要点。

1）叠层进出站通道

进出站流线的组织，应当避免多条不同方向客流产生交叉干扰，使流线平稳顺向运行，提高客流进出站效率，降低事故发生风险。并且应当尽可能缩短流线长度，保证流线连续贯通。通常情况下，地下车站进出站通道往往混合使用，导致进出站客流混合交叉，客流行进存在一定冲突，速度慢、效率低。因此，当站内集中客流较大时，为避免人流交叉带来的拥堵和迟滞，常采用进出站客流分离的设计策略。

由于八达岭景区主要客流按照乘坐高铁考虑，八达岭长城站日进出旅客和高峰值明显，因此进出站通道采用的完全分离的叠层进出站通道设置，具有必要性和重要意义。如图 3-27、图 3-28 所示的八达岭长城站叠层进出站通道纵剖面图和横剖面图，叠层通道隧道净宽 7m，总净高 13.35m，中间设置混凝土隔板，形成上、下两个通道，上通道用于出站客流，下通道用于进站客流。

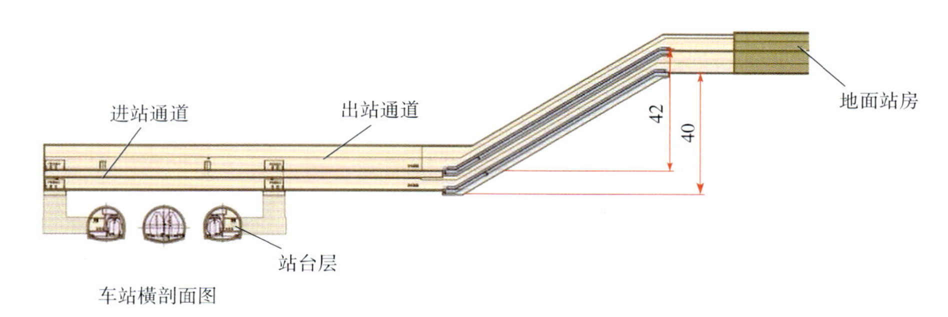

图 3-27　叠层进出站通道纵剖面示意图（尺寸单位：m）

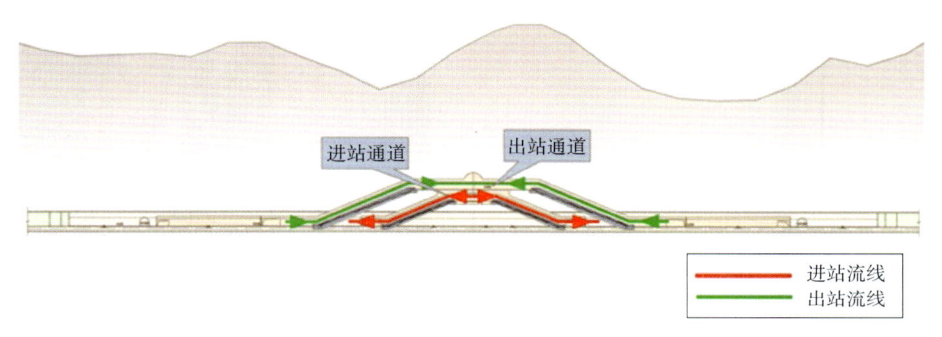

图 3-28　叠层进出站通道横剖面示意图

（1）进站流线

八达岭长城站进站安检空间设置在地面站房的地下一层，通过斜行进站通道下至地下站台层乘车。在斜行进站通道内，设置了一组斜行电梯及扶梯（3 部 1m 宽扶梯和 1 部载重 1t 的斜行电梯）与地面站房的地下一层相接，一级提升，提升高度为 40m。

进站斜行通道下至地下进站层水平通道，位于站台层纵向中段的正上方，横跨站台层垂直穿越，与站台层隔 4.55m 厚的岩板。进站通道净宽 7m，如图 3-29 所示。进站通道进入站厅层后，在水平进站通道的南北两侧各设置 2 组楼扶梯（1 部 2m 宽楼梯和 2 部 1m 宽扶梯）与站台层相接，提升高度为 13.65m。

一次提升的长大扶梯和斜行电梯为旅客提供了安全、便捷、高效、快速的进、出站服务，缩短了进、出站时长和便捷性，增加了客流的组织效率。并且一次性提升的斜行电梯体现了对旅客的人文关怀，为特殊人士提供了平等的乘车环境，如图 3-30 所示。

（2）出站流线

出站通道与进站通道叠合布置，位于通道上方，宽 10m。在站厅层的南北两侧各设置 2 组楼扶梯（1 部 2m 宽楼梯和 2 部 1m 宽扶梯）与站台层相接，提升高度为 20.1m。接站台的 1～4 号出站通道口如图 3-31 所示。

乘客到达后，通过站台两侧的横向楼扶梯通道上至出站层，经过出站水平主通道，行至斜行出站通道。斜行出站通道连接水平出站主通道与地面出站口，斜隧道内设置一组斜行电梯及扶梯（3 部 1m 宽扶梯和 1 部载重 1t 的斜行电梯）与地面站房出站口的地面一层相接，实现

了一级提升，提升高度达到 42m。出站通廊和出站长大扶梯如图 3-31 所示。

在水平出站主通道的东西两侧设置站内设备及管理用房洞石区，内布置有通风空调机房、环控电控室、照明配电室、综合变电所等。

另外，在地下站房进出站通道之间设置疏散楼梯间，可直通地面，当一条通道发生紧急情况时，可通过防火门进入另一条通道疏散至地面。

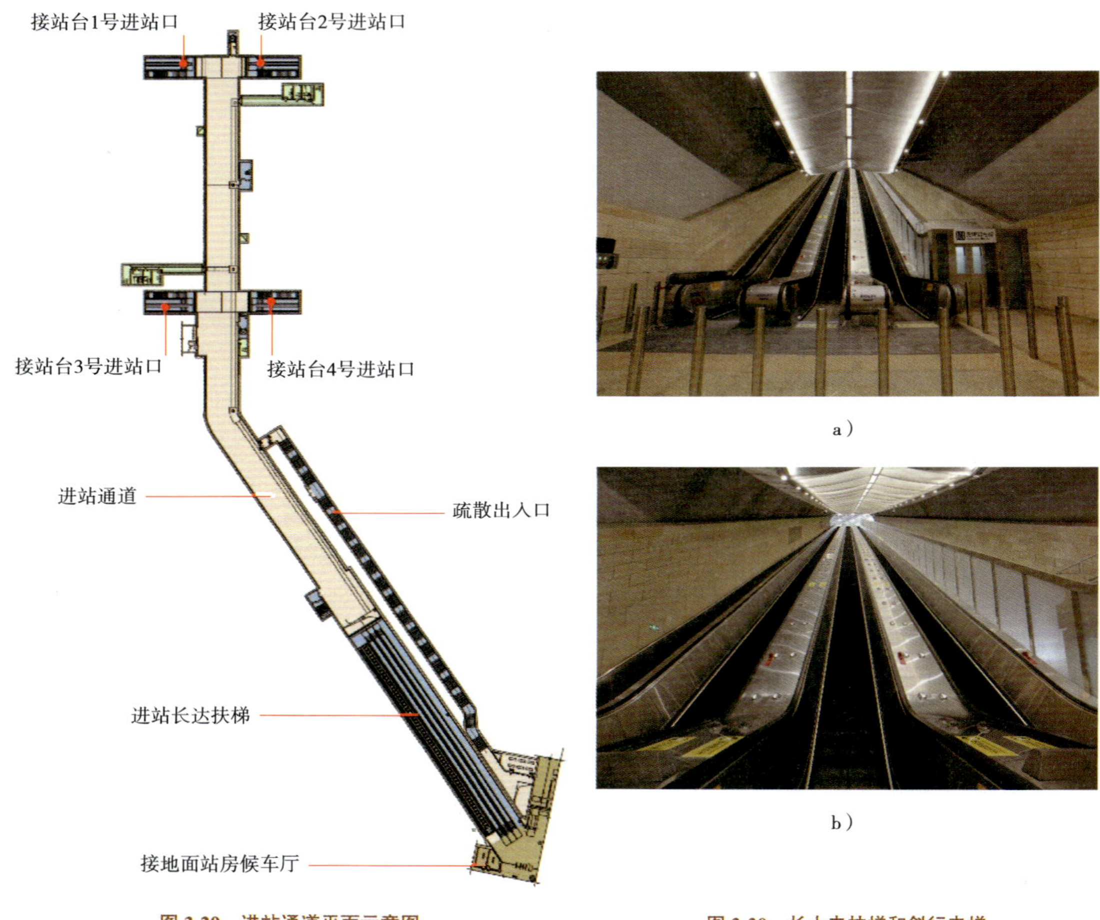

图 3-29　进站通道平面示意图

图 3-30　长大电扶梯和斜行电梯

2）站台层流线

站台层采用 3 洞布局，即 1 个中洞 +2 个侧洞。中洞为正线通过车洞室，2 个侧洞均设置 1 条到发线及其侧式站台 1 条。站台中部为乘车区，两端布置有少量设备用房，站台隧道中部宽 9.2m，东西两端局部 4.2m 宽。每侧站台均设置两个 10m 宽的进站口和出站口，进站口与出站口均匀布置在站台外侧，保障了上下车客流迅速有序的到达进出站口，如图 3-32 所示。

车站站台进站口和出站口各设置 1 部 2m 宽楼梯和 2 部 1m 宽扶梯，进、出站楼扶梯通道分别与进、出站层相接，站台中部设置有直通地面的垂直电梯。

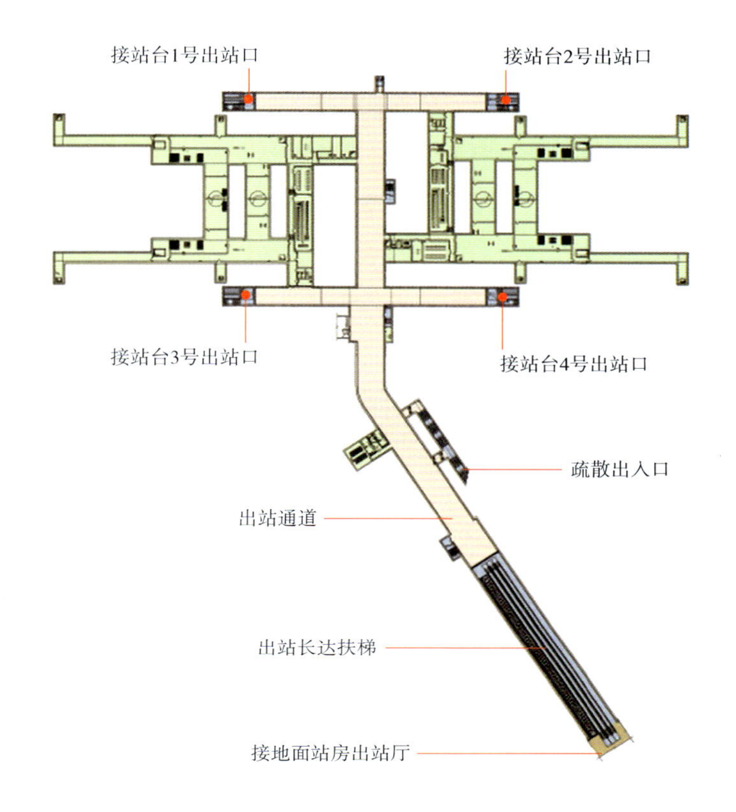

图 3-31 出站通道平面示意图

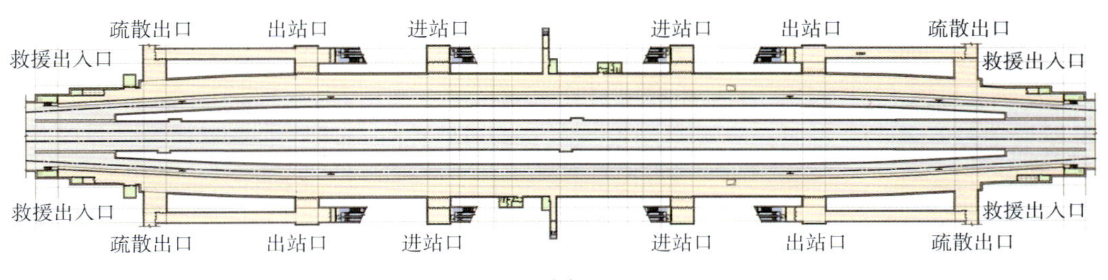

图 3-32 站台层平面图

3.4.3 防灾疏散救援流线设计

八达岭长城站是全封闭的深埋暗挖岩质地下车站，特殊的空间构造造成了防灾救援疏散的困难与复杂性，仅有有限的出入口供乘客和救援人员通过。并且高铁车站一般乘客量大且时间集中，容易在出入口、疏散通道、进出站通道产生拥堵，增加滞留时间。京张高铁八达岭长城站地下站台到达地面的垂直高度达 62m，如何优化和加强深埋地下车站的防灾疏散通道设计，是发生火灾时的客流疏散和救援措施的关键技术问题。

1）环形救援廊道设计

为了解决八达岭长城站在火灾工况下的客流疏散和外部救援，设计师们充分利用施工期的临时通道，采用永临结合的方法，设置了立体环形的疏散救援廊道，提供了紧急情况下快速无死角的疏散和救援条件。环形救援廊道在地下车站两端的大跨度隧道内设置了过轨桥，使救援车辆可以环绕地下车站畅通无阻行驶。在地下车站站台层，每侧站台均设置了两个4.5m宽的疏散出口及两个5m宽的紧急事故救援出入口，分布在站台纵向的两侧，使站台乘客可以迅速抵达疏散出口。两个疏散出口与出站口相接，紧急事故救援出入口与环形疏散救援廊道相接，如图3-33所示。

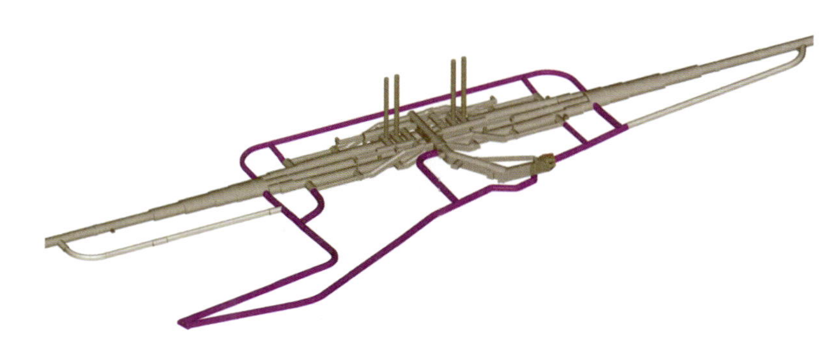

图3-33　环形疏散救援通道（图中紫色为环形救援廊道）

在发生火灾的情况下，环形救援廊道可以实现人车分离，人流通过进出站通道疏散，而车流通过环形救援廊道疏散，避免了人车混杂在一起，提高了救援效率，保障了乘客安全。

同时，建立智能化、可视化的地下车站防灾救援指挥系统，利用BIM、3D GIS、互联网+等技术，搭建信息化的监控平台，实时监测、采集、汇总监测信息，全面掌握灾害状态，提供及时准确的三维可视化灾害预警和报警功能，实现了智能化的烟气控制、疏散指挥、应急联动预案提供等目标。

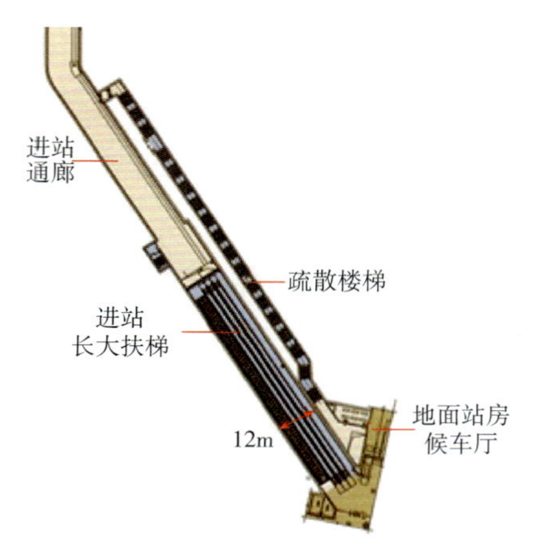

图3-34　独立疏散楼梯的设计

2）独立疏散楼梯的设计

在正常进出站的非紧急工况下，客流通过叠层进出站通道进出车站，叠层进出站通道内设置了长大的电扶梯和斜行电梯，可以实现人员的快速进出站。

当进出站主通道发生火灾的紧急工况下，为了降低火灾烟气的影响，设置了独立的疏散楼梯通道，如图3-34所示。疏散楼梯通道与进出站主通道平行布置，中间预留岩墙，防止火灾烟气扩散，实现了紧急和非紧急工况的人流分离。

3.4.4　流线设计的车站案例分析

1）福田站的流线设计

福田站地下层共有转换层、候车层和站台层三部分。车站地下一层为交通转换层，旅客出入口共有 16 个。该层南段通过通廊与深圳地铁 1 号线相接，北端为地下车库，与写字楼的地下车库相连。中部为交通转换大厅，与地下商业街及深圳地铁 2 号、3 号、11 号线相接，东面与下沉式公交车站与出租车场相连。站厅设置了 5 处电动扶梯通往地下二层候车区。车站地下二层为候车大厅层，北端是地下车库；南部和北部为设备区，中部为进站大厅，客运办公区域位于南部设备区附近，地铁线路轨行区与车站垂直相交，位于贵宾候车室及专用通道与北部设备区之间。南端有 A1、A2 出站口，北端 B 出站口。车站地下三层为铁路站台层，设有站台屏蔽门；短站台设置 2 部进出站台层扶梯，长站台设置 4 部。

2）于家堡站的流线设计

于家堡站交通枢纽设计为地下三层、地面一层，由出租车及社会车辆停车场、地铁车站 B1、Z1 和 Z4 线土建预留工程、公交中心以及其控制中心组成。枢纽地下一层主要为轨道交通 B1、Z1、Z4 三条线的车站站厅层、公共换乘厅、出租车场以及部分设备用房。此外，地下一层站厅层还设有城际铁路售票、候车、出站厅；地下二层布置有站台公共区、楼扶梯以及各线设备用房，主要为 B1 和 Z4 线车站的站台层、Z1 线车站的设备层及社会停车场；地下三层主要为 Z1 线车站的站台层。

3）美兰站的流线设计

美兰站是海南东环铁路的一座客运站，分上下两层。地下一层为站厅层，地下二层为站台层，站厅层到站台层设置了 4 个步梯和 4 部电梯，旅客由站厅层的自动检票口进入，下到站台层乘车。东环铁美兰机场火车站站房总建筑面积 2.69 万 m^2，站房与美兰机场航站楼之间有一条长 320.7m 的换乘通道。

4）八达岭长城站的流线设计

虽然福田站、于家堡站、美兰站均为地下车站，但相比而言，八达岭长城站的流线设计结合场地和群洞建筑特点，采用了新的布局方式。

（1）进出站通道

采用进出站通道叠层设计，实现了进出站客流在进出站台前端的完全分离，完全隔离和避免了不同方向客流的彼此交叉混行，提高了通行速度和安全性。

（2）长大电扶梯和斜行电梯

进出站斜通道是乘客进出地下站台的枢纽通道，八达岭长城站采用一次性提升的长大电扶梯和斜行电梯，提升高度达到 40 余米，避免乘客转乘电扶梯环节，不但方便了乘客进出站，而且极大缩短了进出站时长。斜行电梯也为特殊人士提供了平等高效的乘车环境和更优的无障碍条件。

（3）立体环形疏散救援通道

考虑地下车站防灾救援的特殊性，以及深埋岩质地下车站的隧道开挖形态和建造特点，设置了立体环形的疏散救援廊道，提供了紧急情况下快速无死角的应急车辆救援条件。

3.5 八达岭长城站的环境设计

八达岭长城站位于距地表 102m 深的地下岩体中，旅客候车空间、站台空间均处于地下，地下空间总建筑面积约 47000m^2，是目前世界埋深最深的高铁客站。如此大体量、深埋深且人员密集的地下建筑，存在大量需要解决的技术难题。设计从旅客空间环境的改善与乘降心理感受的角度出发，引入铁路绿色三星站房评价体系，打造绿色环保、便捷宜人的高铁乘降空间。

作为世界埋深最深的高铁客站，通过上下叠合的进出站平通道、斜通道（长大扶梯）与地面出站厅及地下候车厅连接，从而形成了一系列形式单一、距离冗长的密闭隧道空间。如何弱化地下密闭空间沉闷、单调的空间感受，提升环境品质，是八达岭长城站室内空间环境设计的重难点与成败的关键。设计结合以往地下客站及地铁工程经验，从室内声环境、温环境、风环境及光环境四方面进行了深入研究。

3.5.1 声环境

建筑声学环境是站内环境的重要组成部分，直接影响到站内人员之间的语言交流、广播清晰程度，关系到旅客及工作人员的舒适程度。八达岭长城站作为深埋洞群式岩质地下车站，其建筑空间环境封闭、距地面高差大，物理环境、心理环境与地面建筑及浅层地下建筑差别大。这些物理环境特性和技术因素决定了常规建筑声学设计方法和控制参数不能有效满足八达岭长城站对建筑声环境设计依据的要求，现行建筑设计规范、设计标准、设计方法等不能简单用于本车站的建筑声学环境控制。八达岭长城站主体为地下双层四洞分离式群洞穹顶车站，站台层由三条单洞隧道组成。这样的地下狭长空间声环境，极易出现混响时间过长、语言清晰度极低等严重声学缺陷。为此，专项研究采取了如下的处理措施。

（1）国内外案例调研

对国内外类似火车站、地铁站的调研旨在吸取各案例的精华，总结各案例的经验教训，包括调查资料、现场声学测试等。拟调研的车站场所空间包括德国柏林中央火车站、北京火车站、北京宣武门地铁站、深圳福田地下高铁站等。

（2）计算机模拟分析

通过计算模拟分析可以在较短时间内较为准确地预测出车站内的声环境，拟分析的空间包括站台层及进、出站通道层，拟分析的声学参数包括混响时间、语言清晰度、声压级分布等。计算机的模拟结果包括统计学混响时间、房间体积和平均自由程。软件可以通过彩色图片来显示声压级 SPL、A 声级 SPL〔A〕、混响时间 RT30、清晰度指数 STI、侧向声能 LE 等声学指标。通过详细记录指定的接收点的回声图，可以在时域和频域，精确检测声音传播，如图 3-35 所示。

（3）声学方案提炼

根据地下空间的物理特性以及八达岭站作为文化载体的特点，拟提炼出三种不同的声学方案，包括创新材料的研发、表达传统风格图样的方案设计等。模拟软件采用CATT，其用以模拟声学行为有关的室内封闭声场及室外开放声场、半封闭半开放的混合声场。CATT能精确地模拟声学传播的物理行为，包括物理界面的镜面反射和漫反射，墙体吸收和空气吸收，遮蔽物衍射，以及墙体透射。声源的指向性参量可以通过参量文件进行精确设定。声源可以是点声源，也可以是线声源。

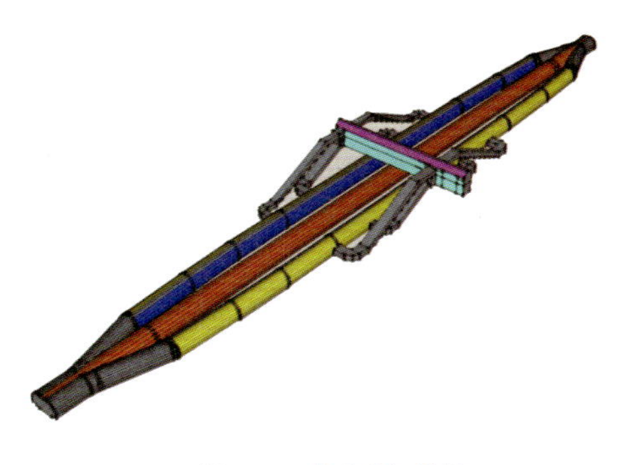

图3-35　车站声场模拟

通过复杂地下空间声环境仿真模拟、隧道洞壁吸声降噪技术和群洞布局的隔噪效果等措施，拟将地下站声学环境，站台区噪声强度控制在80dB以内，将500Hz频率声音混响时间控制在1.5s以内，语言清晰度RASTI指数控制在0.45以上，足够满足旅客正常语言交流及站内广播的清晰播放。经过多方比选论证，室内装修最终选择了“吸音砂岩板”与“吸音涂料”组合的降噪方案。为达到建筑艺术与室内声环境的和谐统一，设计对两种吸音材料在空间内多种布局方式进行了分析模拟，最终确定了3m高墙裙与局部空间吸音涂料的内装方案。

3.5.2　温环境

铁路隧道内空气温度是随时间和空间变化的三维非稳态问题。图3-36表示隧道内空气主要热量的得失途径。

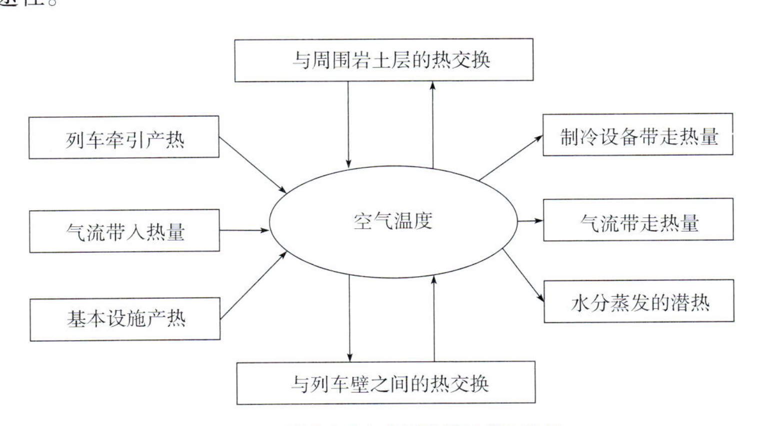

图3-36　隧道内空气主要热量的得失途径

由图3-36可知，影响空气温度的许多因素都是随时空变化的。高速列车在不同运行模式下，其产生热量不同，其中以制动时为最大；空气流动状态与流速的变化对空气温度有较大的影响，使得不同区域温度场出现较大差异，即使在同一横断面上，由于热空气向上，使得该断面的温度场出现分层。故隧道内空气温度分布为三维非稳态的对流扩散模型，但为简化计算，假设隧道系统内空气温度场是沿隧道方向的一维对流换热，忽略该方向的空气间导热。

隧道内的空气通过对流换热与隧道壁面进行热量交换，隧道壁不但受气流影响，还要受日温度波动和年温度波动的影响，以及深层土壤温度的影响。由于隧道壁轴向存在温差，必然会有传热现象发生。另外，由于地下水的渗透，隧道壁面会形成一层水膜。这层水膜的蒸发使隧道壁面发生热量交换，所以隧道壁为非稳态的三维热传导问题。但沿隧道方向的传热相对壁面径向导热，温度梯度可以忽略，故只考虑隧道径向的一维传热。综上所述，隧道壁的传热物理模型为具有复合壁的深埋圆管的一维非稳态导热。

通过数值模拟计算八达岭长城站客流量，预测车站远期晚高峰小时的客流量。隧道内列车运行最高速度为 250km/h，停站时间按 90s 计算。TVF 风机远期兼做轨排风机，每端各 2 台，每台风量为 75m³/s。考虑最不利工况，以下对八达岭长城站及相关区间隧道不同制式下的温度结果进行了计算分析。

站台采用半高站台门，隧道与站台相连通，救援通道、施工通道、进出站斜行通道都用来通风泄压，考虑 8 辆编组列车和 16 辆编组列车在不同制式下的正常运营情况，利用数值模拟计算分析车站温环境，假设车站全部通道，包括救援通道、施工通道、进站通道和出站通道均开启。

（1）考虑 8 对 16 辆编组（其中 2 对越行）、4 对 8 辆编组

远期各区间隧道风量、区间隧道温度和车站车轨区域温度见表 3-15，图 3-37 列出远期右线和左线的隧道温度分布。

远期 12 对（8 辆、16 辆混跑）正常工况模拟计算结果 表 3-15

序 号	区间隧道及车轨区域	区间风量（右线 / 左线）（m³/s）	区间温度（℃）
1	北京方向区间	103.3 / 143.7	29.1 ～ 38.1
2	长城站站台及车轨区	—	28.1 ～ 30.6
3	张家口方向区间	211.5 / 84.3	29.1 ～ 31.8

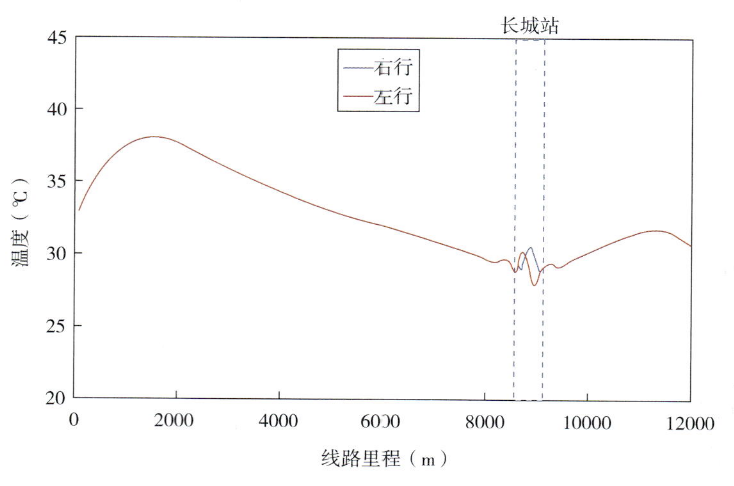

图 3-37 远期 12 对（8 辆、16 辆混跑）开启所有通道正常运行隧道温度分布

根据全线区间的正常运营通风模拟结果显示，区间和车站轨行区内的温度都不超过 40℃，满足设计要求。

经统计，进站通道温度在 28.9 ～ 29.8℃范围内，而出站通道温度在 27.9 ～ 29.3℃范围内。

（2）考虑 12 对全部为 16 辆编组（其中 2 对越行）

远期各区间隧道风量、区间隧道温度和车站车轨区域温度见表 3-16，列出远期右线和左线的隧道温度分布如图 3-38 所示。

远期 12 对（全部 16 辆编组）正常工况模拟计算结果 表 3-16

序　号	区间隧道及车轨区域	区间风量（右线 / 左线）（m^3/s）	区间温度（℃）
1	北京方向区间	147.1 / 128.5	31.3 ～ 39.0
2	长城站站台及车轨区	—	32.8 ～ 35.2
3	张家口方向区间	206.3 / 89.4	32.4 ～ 36.0

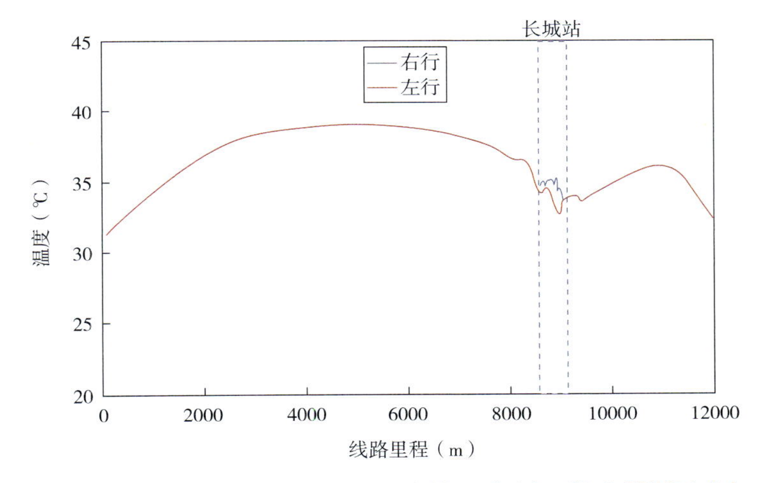

图 3-38　远期 12 对（全部为 16 辆编组）开启斜行通道列车正常运行隧道温度分布

根据全线区间的正常运营通风模拟结果显示，区间和车站轨行区内的温度都不超过 40℃，满足设计要求。

经统计，进站通道温度在 30.0 ～ 31.2℃范围内，而出站通道温度在 29.3 ～ 30.0℃范围内。进站通道最高瞬时风速 7.9m/s，平均风速 1.0 ～ 1.4m/s；出站通道最高瞬时风速 8.3m/s，平均风速 0.9 ～ 1.5m/s。

3.5.3　风环境

由于地理条件的限制，高速铁路设计中将出现越来越多的地下隧道和地下车站。列车在隧道中高速运行时会产生明显的空气动力学效应，如列车活塞风、隧道压力波、洞口微气压波、气动噪声等，进而影响列车行车与设备的安全性以及旅客乘车的舒适性。当高速铁路车站修在地下时，高速过往的列车产生的活塞风还会影响车站乘客以及设备的安全性。

京张高铁八达岭长城站及相关区间隧道长 12km，位于地下约 100m 深处，车站有效站台长 450m，车站总长 470m。由于正线采用隔墙与站台隔开，可单独当作一个隧道段考虑。车站每个侧站台设 2 个进站口到达进站通道层，2 个出站口到达出站通道层。进站通道层与地面站房地下一层相接，出站通道层与地面站房地面层相接，进出站通道层各设置一部斜行电梯。车站中心处线路埋深约 102.55m。八达岭长城站平面总图如图 3-39 所示。由于规划原因，八达岭长城站无法设置泄压活塞风井，由于隧道内列车最高速度 250km/h，在隧道内产生较高压力和风速，同时影响进、出站斜行通道的空气流动。为了减小斜行通道内风速，可采用施工通道和救援通道进行泄压通风。

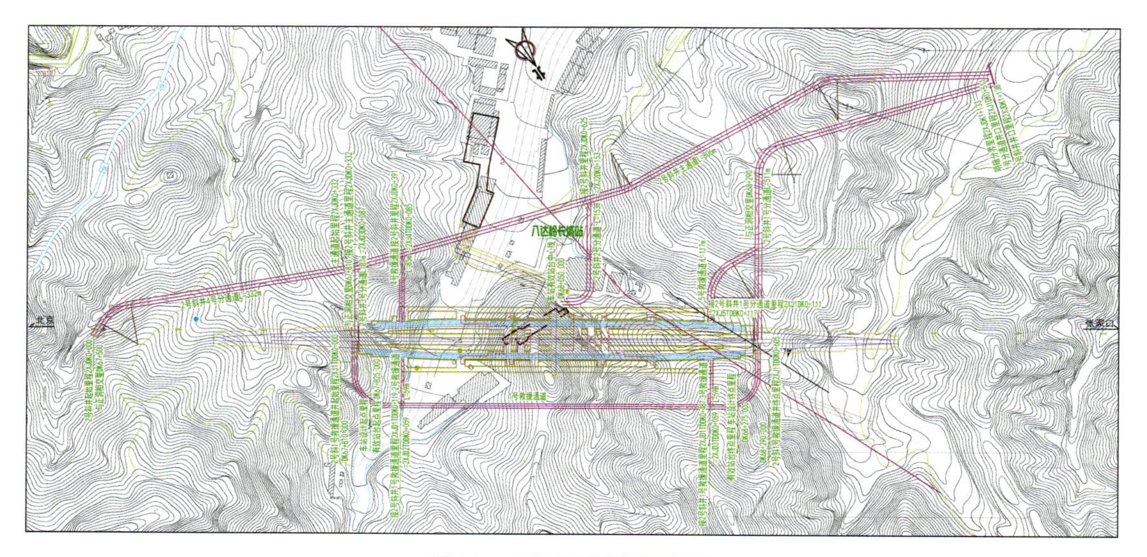

图 3-39　八达岭长城站平面总图

国内目前在高铁地下车站通风方面的研究极少，特别是采用站台门制式时人行通道内的风速缺乏关注。八达岭长城站作为深埋地下高铁站，为掌握地下车站及进出站斜行通道内的风速变化情况，建立一维隧道通风网络模型，对正常运行时隧道斜行通道内的风速进行分析，以确定隧道通风设计方案是否满足要求，为八达岭车站区间隧道通风设计提供依据。本节所研究的内容可促进我国高速铁路隧道和地下车站的快速发展，积极响应城市化发展战略，提高国内高铁地下车站环控系统设计和施工技术水平，实现高铁系统的节能、安全和舒适目标，具有良好的经济和社会效益。

高速列车通过隧道时，隧道内的空气受到列车的排挤、摩擦而形成流动，被排挤的空气一部分沿隧道向前流动，另一部分空气则通过列车与隧道之间的环状空间向列车后方流动，环状空间的长度越长，在环状空间中的流动气流阻力越大，同时列车前端的空气压力越高，列车尾部空气负压也将达到最大值。此时，填补列车尾部移动后形成空间的一部分空气来自环状空间，另一部分空气则来自列车驶离的车站，该部分空气所形成的气流称为“活塞风”，这一现象称为列车的“活塞效应”。

列车运行时隧道内气流的流动实际上是不稳定的三维湍流流动，非常复杂。高速列车是一个长宽比很大的细长物体，且近地运动，由于黏性作用，紧贴列车壁面和隧道壁的空气保持相对静止的状态，气体部分的空气以不同的流态运动，使得在同一时间内，隧道内的空气流动可能存在紊流、过渡流和层流三种状态。若为单洞双线隧道，则气流更加复杂，尤其是列车交会过程中由于空气流通截面的突然变化，使得流动参数的变化更加剧烈，流态极其复杂。另外，空气与列车壁面和隧道壁面存在摩擦和传热等不可逆因素，更增加了分析的难度。对高速列车长大隧道系统进行三维数值模拟，目前的计算机技术存在较大的困难，因此有必要对其进行简化和假设。在对高速列车隧道系统进行通风设计时，注重的是隧道内某一截面的空气速度或流量的大小，而且隧道的曲率半径足够大，沿隧道轴向方向的变化较沿径向方向的变化大，所以可以把高速列车长大隧道系统的气流流动按一维管内流动处理。把高速列车隧道和通风竖井简化成圆管，隧道内的气流流动看作管内流动，把高速列车简化为圆柱体，列车周围气流为环状流动。

本节通过数值模拟的方法计算八达岭长城站的客流量，并且预测车站远期晚高峰每小时的客流量。考虑 8 辆编组列车和 16 辆编组列车在不同制式下的正常运营，隧道内列车运行最高速度为 250km/h，停站时间按 90s 计算。TVF 风机远期兼作轨排风机，每端各 2 台，每台风量为 75m^3/s。考虑最不利工况，分析通道面积、形成车速、发车对数和进、出站通道门对风速的影响。

1）通道面积的影响

由于通道内有行人，行人也会占据一定的通道空间，使通道断面积减小。设计中，也可以通过安装吊顶等控制通道的通风面积，同时改变进出站通道的面积，模拟计算结果见表 3-17 和图 3-40。从计算结果来看，随着进出站通道面积的增加，通道内风速降低。因此，应该尽量保持较大的通道面积，安装的吊顶应尽量不影响气流流动。

通道面积对通道最大风速的影响 表 3-17

通道面积（m^2）	通　道	最大风速（m/s）	通道面积（m^2）	通　道	最大风速（m/s）
30	出站	−11.9	60	出站	−8.4
	进站	−12.2		进站	−8.1
40	出站	−10.4	70	出站	−7.5
	进站	−10.2		进站	−7.5
50	出站	−9.3	80	出站	−6.8
	进站	−9.2		进站	−6.9

2）行车车速的影响

列车运行速度直接影响活塞风的大小，而活塞风的大小又决定了进出站通道内的风速大小。通过改变列车在隧道内的运行速度（140 ～ 300km/h），模拟计算结果见表 3-18 和图 3-41。从计算结果来看，随着列车运行速度的提高，进出站通道内风速呈现线性增大趋势。

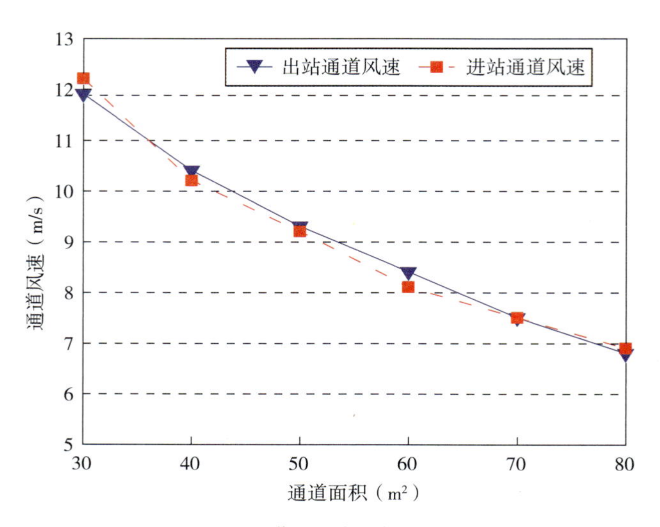

图 3-40　通道面积对通道风速的影响

列车运行速度对通道最大风速的影响　　表 3-18

列车运行速度（km/h）	通道名称	最大风速（m/s）	列车运行速度（km/h）	通道名称	最大风速（m/s）
140	出站	-5.3	220	出站	-7.9
	进站	-5.2		进站	-7.9
160	出站	-6.0	250	出站	-9.0
	进站	-5.7		进站	-9.0
180	出站	-6.6	300	出站	-10.3
	进站	-6.3		进站	-10.2
200	出站	-7.3			
	进站	-7.2			

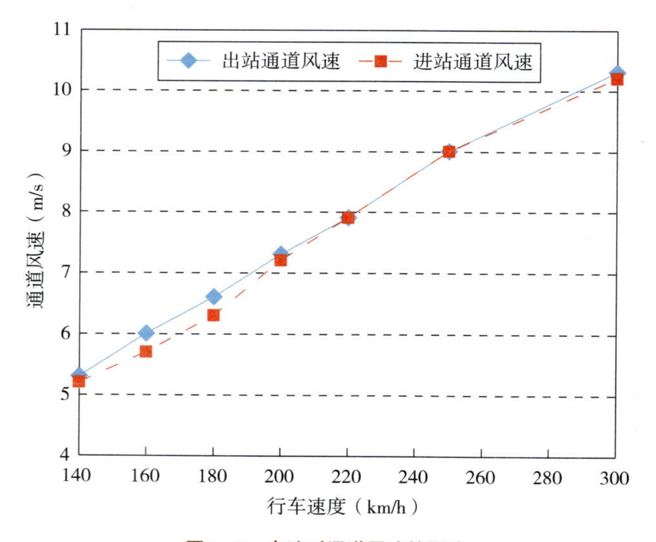

图 3-41　车速对通道风速的影响

3）发车对数的影响

列车发车密度会影响隧道内的会车，同时对进出站通道内的风速大小有一定影响。以全部为 16 辆编组列车为例，实际大里程端限速 200km/h 和小里程端限速 250km/h，改变不同的发车对数和越行对数，模拟计算结果见表 3-19 和图 3-42。从计算结果来看，当发车对数 10 对以下时，进出站通道最大风速基本不随发车对数变化，最大值在 7.5m/s 左右。当发车对数增加至 10 对以上且越行对数增加时，通道内风速会有所增加，但增加量并不大。整体来看，发车对数对进出站最大风速的影响并不显著。

列车运行对数对通道最大风速的影响 表 3-19

列车对数	通道名称	最大风速（m/s）	列车对数	通道名称	最大风速（m/s）
4 对（全部停站）	出站	−7.5	10 对（6 对停站，4 对越行）	出站	−8.3
	进站	−7.2		进站	−7.8
6 对（4 对停站，2 对越行）	出站	−7.5	12 对（10 对停站，2 对越行）	出站	−8.3
	进站	−7.2		进站	−7.9
8 对（6 对停站，2 对越行）	出站	−7.6	12 对（8 对停站，4 对越行）	出站	−9.4
	进站	−7.2		进站	−8.8
10 对（8 对停站，2 对越行）	出站	−7.5			
	进站	−7.2			

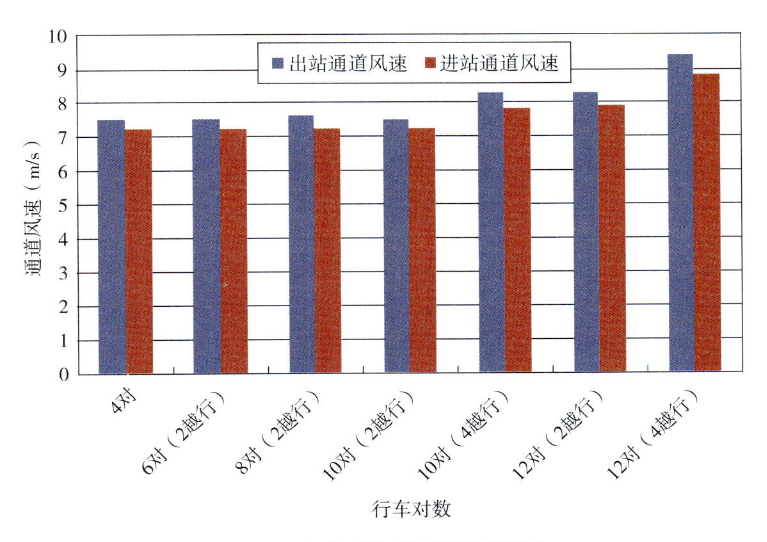

图 3-42 行车对数对通道风速的影响

4）门的影响

通过对国内其他地下高铁站的调研发现，作为气流泄压通道时，通道上门的面积和开启个数决定了通道内的局部阻力大小，从而直接影响通道内的风速。在现方案的地面站房与地下连接通道确定的情况下，研究开启不同个数的出入口门和通道内加设门（以阻挡通道内的气流）对通道风速的影响。

针对地面站房出入口的门，之前的研究都是将进站和出站大厅的门全部打开，从结果来看，由于门的设置有效地减小了通风面积，增加了气流的阻力，有利于减小通道内的风速。考虑在不影响人员通行的情况下，如果进一步关闭出入口的部分门，可能会进一步降低通道内的风速。当地面站房的进出站口的门只开启一半时，计算结果见表3-20。进站通道风速变化不大，因进站通道本身气流阻力较大；而出站通道风速由原来的8.3m/s降低到了5.7m/s，有明显的下降。在允许的情况下，可适当减小出站厅的门的开启数量。

如不能改变地面站房的门的开启状态，则可考虑在进出站通道水平段内加装门，该门完全覆盖通道断面，开启门后有一定气流流通面积，门的流通面积和门的个数都会影响通道内的气流阻力，从而影响通道内的气流速度。加装不同个数的门和在不同流通面积下的通道风速结果见表3-20和图3-43。加设门后，随着门有效开启面积增加（即气流流通面积的减小），进出站通道的风速显著降低。在通道内只加一扇面积为18m^{2}的门，即可将进出站通道的最大风速降低至6m/s左右，但此时门处的风速也非常高，最大可达18m/s。可进一步考虑增加门的数量，当通道内增设2扇25m^{2}的门时，通道最大风速可降至6.7m/s，而门位置处风速降至14m/s。

门对通道最大风速的影响　　表3-20

门的开启情况	通道名称	最大风速（m/s）
进出站房的出入口门只开一半	出站	-5.7
	进站	-7.8
进出站通道各加1个门，开启面积6m^2	出站	-2.6
	进站	-2.1
进出站通道各加1个门，开启面积12m^2	出站	-3.8
	进站	-4.8
进出站通道各加1个门，开启面积18m^2	出站	-5.3
	进站	-6.2
进出站通道各加1个门，开启面积25m^2	出站	-6.5
	进站	-7.2
进出站通道各加2个门，开启面积各25m^2	出站	-5.5
	进站	-6.7

综上所述，加设门可有效降低通道内风速，但根据质量守恒，在门位置处的风速也会相应升高；当增加门的数量后，门位置处风速可降低；增设门有利有弊，需合理设计。

3.5.4 光环境

八达岭长城站位于地下岩层之中，灯光照明在很大一部分上影响游客的舒适程度，也在建筑物整体美观上发挥作用，既要发挥灯光的应有作用又要满足新时代条件下节能减排的要求。为落实绿色办奥运的重要指示精神，扎实推进京张高铁建设“精品工程、智能京张”及畅通融合、绿色温馨、经济艺术、智能便捷的客站建设工作要求，打造保护环境和节约能源的示范工程，全面提升节能减排管理现代化水平，本节将对地下车站的光环境设计理念和思路进行分析并采取技术对策。

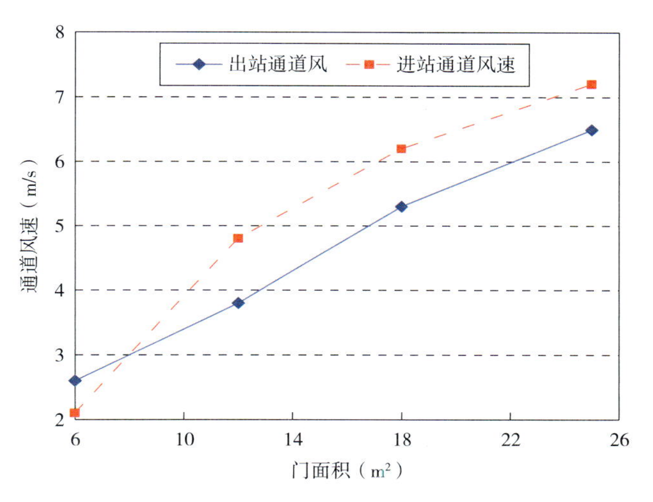

图 3-43 加设门的面积对通道风速的影响

1）设计原则

车站地下隧道空间截面相似、造型简单，相互连接穿插，空间连续但转折较多。由于地下空间采用全时段照明，照明设计的核心是功能、视效、节能三大要素的统筹考虑。根据地下空间特点及旅客行为模式，设计制定以下原则：

（1）根据旅客行进速度，设置不同的照度，行进速度快及空间转折区域照度高，速度低的区域照度低。

（2）根据相联系的其他区域的环境设置照度，以配合视觉的适应，由于室外空间高亮度，因此临近地面的照度高，接近地下的照度低。

（3）适当提高整个地下空间的照度，并在局部大幅度提高照度和色温，以减轻地下缺少自然采光给人带来的沉闷和压抑感。

（4）采用"点""线""面"的组合照明形式，与土建本体质朴、厚重、简洁的风格形成对比，突出地下超级工程本身的伟大。根据以上设计原则，照明设计使用了形式统一的定制灯具贯穿始终，和吊顶结合为一体，造型纯粹简洁，又紧扣京张线的"人"字主题；通过不同功能区灯具形式、照度及色温的细节调整优化了空间视觉效果，也达到了绿色节能的良好效果。

2）发光面照明主要难点

发光面照明主要难点有两个方面：

（1）灯板高均匀度和较低亮度的矛盾。大面积灯板照明，地面照度合适时（200 ～ 300lx），灯板亮度不高（15～20W/m^2），但均匀背光的LED密度有一定下限（30W/m^2），否则灯点太少，会有不均匀的明暗光斑。解决措施：适当减小灯板灯箱在空间中的面积占比和改善发光灯箱的光学设计。

（2）发光灯板效率低，功率密度可能超标。如不采用微棱镜或导光板构造（因防火要求无法大面积采用），灯板照明一般是透光柔光的介质产生的，会产生光的损耗，效率降低 30% ~ 60%。解决措施：选用合适的高透过率的透光材质（通过试验优选）改善发光灯箱的光学设计，如达不到节能要求，则可减低灯板的照度贡献，增加部分直接照明，降低整体功率密度。

本节对灯具形式和材质进行分析和选择。灯具形式选择线型灯带即格栅灯，该灯远看光线更加柔和；灯具向下照明的效率高；维护相对容易；远看大效果和发光面板类似，向上看有差异，整体质感不同。

3）面光灯类型

面光灯类型有三种，各种类型的面光灯特点见表 3-21。

面光灯类型及特点 表 3-21

面光灯类型	特　点
面光灯 A： A 级防火透光膜	可满足照明效果、防火要求，维护相对容易，空气流动对膜是否影响牢固性及清洁性，需要构造解决下维护问题
面光灯 B： 玻璃透光板	可满足照明效果、防火、牢固性要求，震动环境对玻璃自爆率影响的不确定性，玻璃安装成本较高维护困难，需要构造解决
面光灯 C： 金属网（背衬高效反光面板）	顶部发光面面积小，可以使用常见的灯板，亚克力材质，金属网可以起到滤光柔光的作用，避免直接看到光源经过光照的金属网，在不同角度有不同效果：远看是柔和发光，向上看可透视到光源维护相对容易，需要构造解决下维护问题远看和发光面板效果类似向上看有差异，整体质感不同

4）方案比选

本节对于几种照明方案进行方案比选，如表 3-22 所示。不同灯具的功率参数见表 3-23。

方 案 比 选 表 3-22

方　案	描　述	照度（lx）				*功率密度（W/m^2）	水平照度均匀度
		站台	休息区	候车区	轨道区		
方案 A	灯带照明，连续安装	237	102	348	128	1.33	最低
方案 B	面光灯照明，连续安装	234	149	302	142	6.29	中
方案 A+B	灯带 + 面光灯照明	471	251	650	270	7.62	可调整 2 种灯具功率比例

注：* 功率密度：理想的有效功率，未考虑不同灯具的出光效率，统一按照整灯 75lm/W 计算。

不同灯具功率表 表 3-23

灯具规模	灯带 1	面光灯
整灯光通量	1 875lm/m	995lm/m^2
功率 *（光效 75lm/W）	25W/m	13W/m^2

注：1. 灯带：采用线性灯具，出光面罩材质为高纯铝格栅或钢化玻璃，灯具出光效率较高，变化幅度小（0.750.85）。
2. 面光灯：形式较多，出光面罩材质常见的有机 PC 板，防火透光膜、玻璃透光板、金属穿孔板、金属网等，灯具效率幅度范围大（0.3 ～ 0.8）光源（LED）光效相同时，为达到整灯输出效率 75lm/w，面光灯一般比线型灯带效率低，实际灯具功率会更高。

通过三种方案比选可知：

方案 A：灯带照明，连续安装。此方案功率密度低，均匀度差，空间垂直照度低。

方案 B：面光灯照明，连续安装。此方案功率密度高，均匀度好，空间垂直照度低。

方案 A+B：灯带 + 面光灯。此方案可以提高照度水平均匀度和空间垂直照度。

综合各方面比较结果，认为“方案 A+B”为较适宜的选择。

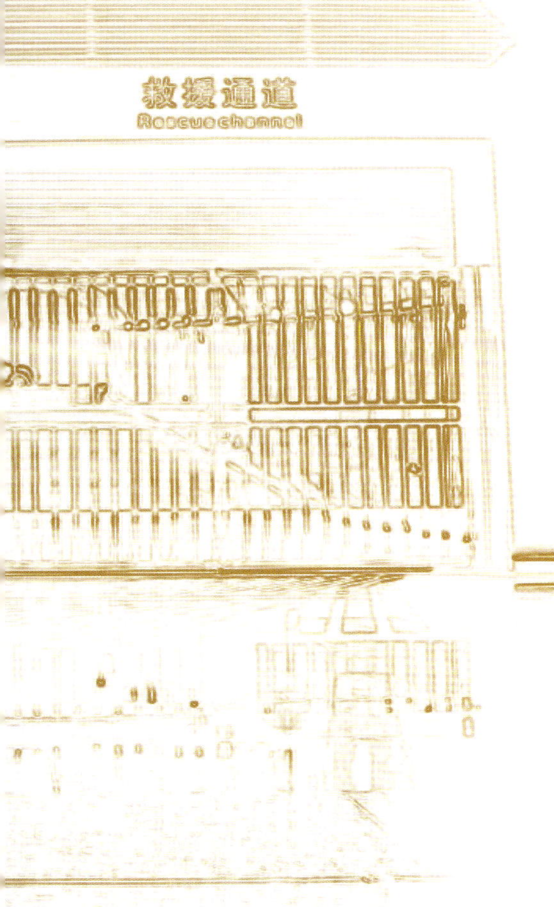

第4章

地下车站防灾疏散救援设计

DISASTER PREVENTION AND EVACUATION RESCUE DESIGN OF UNDERGROUND STATION

八达岭长城站轨面埋深达102m，旅游高峰时期，大量客流集中于深埋地下车站中，一旦发生火灾，需确保旅客能够快速疏散，同时救援车辆能够及时到达。从建筑形式及功能上，城际列车地下车站兼有地铁站与高铁站二者功能的特点，但又具有独特性，如单层狭长、建筑规模大、人流大、人员复杂等特点。因此，地下车站的防灾救援设计要比地铁站或地上车站更复杂。由于地下高铁车站埋深大，空间封闭，一旦发生火灾，高温烟气将很快威胁人的生命安全，很容易造成人员伤亡、财产损失和社会负面影响。所以需要对其进行防灾救援技术研究，为其他车站的防灾救援设计提供参考，为制定相关规范提供依据。

八达岭长城站设置了立体环形的疏散救援廊道，提供了紧急情况下快速无死角救援的条件，环形快速救援系统如图4-1所示。该系统施工期间作为施工斜井，提供了全方位多通道的施工作业面，实现了安全快速施工。八达岭长城站通过信息化的监控平台，实时监测、采集、汇总地下站、隧道各类监测设备的监测信息，实现对机电设备、客流监测信息分布获取、集中管理、综合运用，全面掌握灾害状态。提供及时准确的三维可视化灾害报警和预警功能，建立防灾救援智能指挥系统，如图4-2所示。

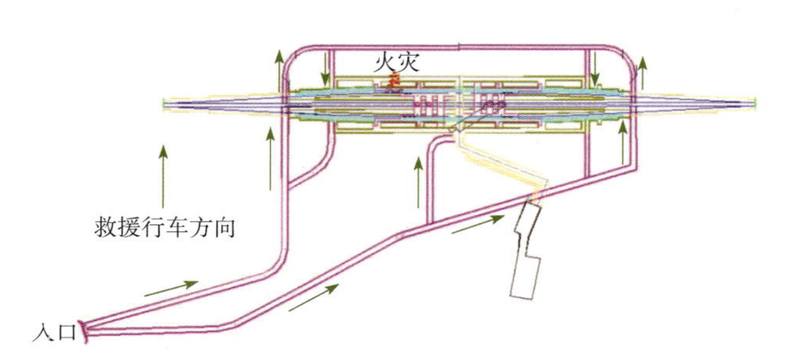

图4-1　环形快速救援系统

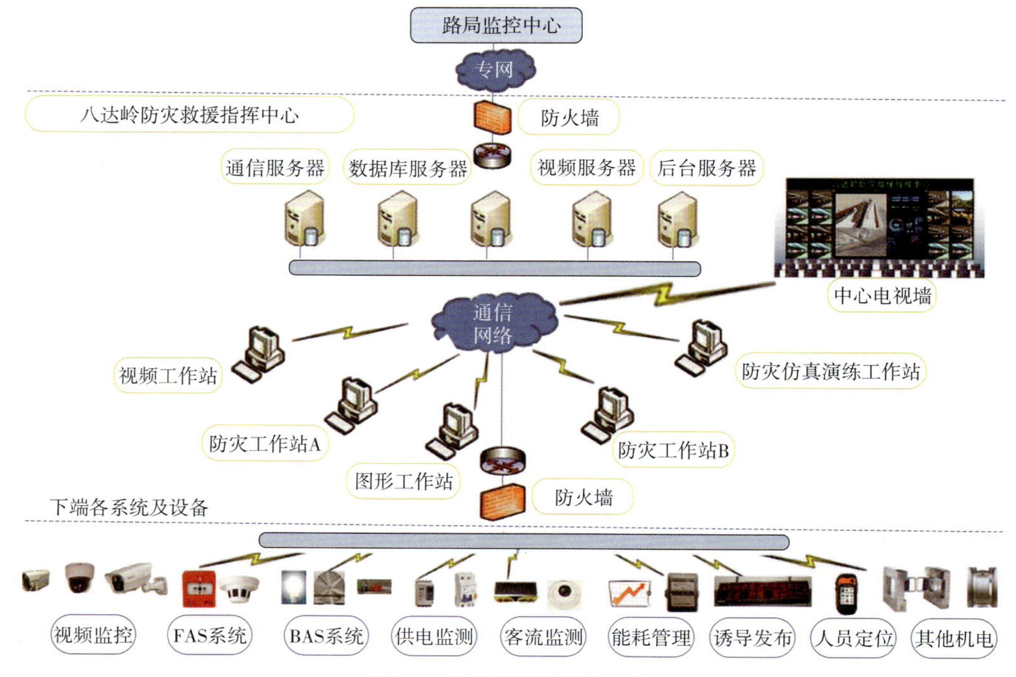

图4-2　防灾救援智能指挥系统

4.1 防灾疏散救援设计的原则和存在的问题

4.1.1 防灾疏散救援设计原则

根据新八达岭隧道及八达岭长城站的特点，确定防灾疏散救援设计的总原则如下：

（1）统一设计原则。八达岭长城站是位于新八达岭隧道内的地下车站，因此八达岭长城站的防灾救援设计必须和新八达岭隧道统一考虑。

（2）预防为主，防消结合。

（3）防灾设计能力按同一时间内发生一次火灾或其他灾害考虑。

（4）隧道及车站内发生火灾，保证 6min 内疏散乘客。

（5）隧道及车站的建筑结构满足防灾设计要求。

（6）隧道及车站的防灾系统与全线、周边市区总体防灾系统联网。

（7）列车在隧道内发生火灾时，列车停靠车站疏散旅客。

4.1.2 防灾疏散救援设计存在问题

国内外在深埋地下车站防灾疏散救援方面已经进行了一定的研究，取得了一些成果，但仍存在以下五个急需要解决的问题。

（1）地下车站火灾数据库建立。

（2）深埋地下高铁车站火灾烟气流动规律及控制方法。主要包括：

①地下高铁车站火灾场景设置；

②地下高铁车站火灾烟气扩散和分布规律；

③基于火灾烟气扩散和影响的防火分区方法和烟控技术。

（3）深埋地下高铁车站火灾客流疏散和救援技术制定。主要包括：

①地下高铁车站疏散通道设置；

②地下高铁车站火灾疏散路径设计；

③地下高铁车站火灾救援技术制定。

（4）深埋地下高铁车站防灾监控、预警和消防设施配置标准。

（5）深埋地下高铁车站防灾救援预案编制。

对以上问题开展研究，对提高深埋高铁地下车站防灾救援技术，确保地下高铁车站的安全营运具有重要意义。

4.2 深埋地下高铁车站防火分区

防火分区是指在建筑物内部采取防火墙及其他防火分隔措施进行分隔，能在一定时间内防止火灾向同一建筑物的其余部分蔓延的局部空间。

划分防火分区的目的就是在建筑物发生火灾时，将火灾限制在建筑物的一个局部空间内，不使火势随意蔓延，不使烟气四处流窜，减少火灾损失，同时为人员安全疏散、消防扑救提供有利条件。

4.2.1 防火分区划分原则

防火分区划分应考虑建筑物的使用性质、重要性、火灾危险性、建筑物高度、消防扑救能力以及火灾蔓延的速度等因素。防火分区划分应遵循以下基本原则：

（1）根据建筑物内不同区域的危险性，将具有起火危险性大、火灾荷载多，火灾燃烧时间长等特性的部分与其他部分分隔开。

（2）根据建筑物内不同区域的使用功能，将不同功能区域划分不同防火分区。

（3）防火分区面积应控制在合理的范围。防火分区范围太大会造成火灾和烟气急剧或大规模地传播；防火分区面积太小则会增大工程造价，并可能影响灾害时人员迅速疏散。

（4）将火灾区域与满足疏散时间要求的区域划分不同防火分区。

（5）为扑救火灾而设置的消防通道，其本身应受到良好的防火保护。

（6）设有自动灭火系统的防火分区，其允许面积可以适当扩大。

4.2.2 地下高铁车站防火分区划分

根据功能、区域的不同对八达岭长城站站台层、进出站通道、站厅层和救援通道等区域的防火功能分区进行了划分。

（1）根据功能、区域等对八达岭长城站共划分了 11 个防火分区。

（2）站台层防火分区划分：公共区与轨行区划分为 1 个防火分区，车站左右站台共划分为 2 个防火分区。站台层防火分区划分如图 4-3 所示。

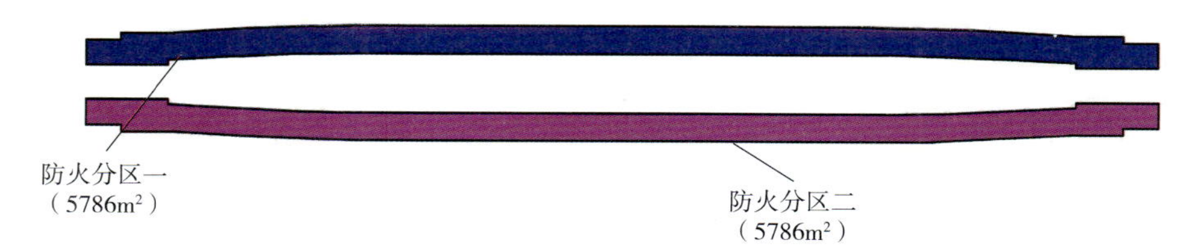

图 4-3 站台层防火分区划分示意图

（3）进站通道防火分区划分如图 4-4 所示。

（4）出站通道防火分区如图 4-5 所示。

（5）地面站厅防火分区划分如图 4-6 所示。

（6）八达岭长城站消防救援通道划分为一个防火分区，通道内不设置防火分隔，通道与站台或进出站通道联络处采取防火墙＋防火门或防火门的防火分隔措施，设置如图 4-7 所示。

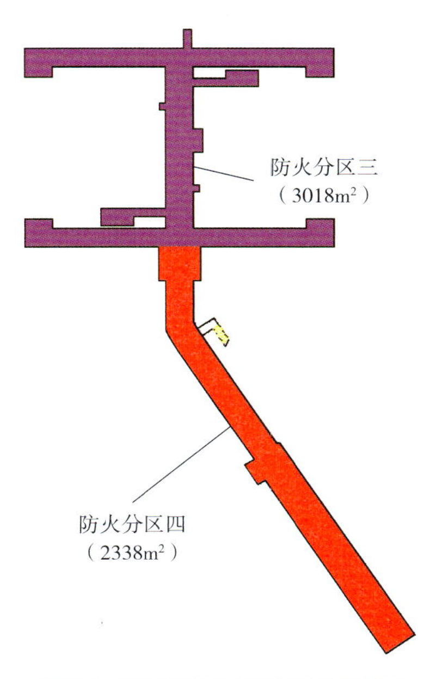

图 4-4 进站通道防火分区划分示意图

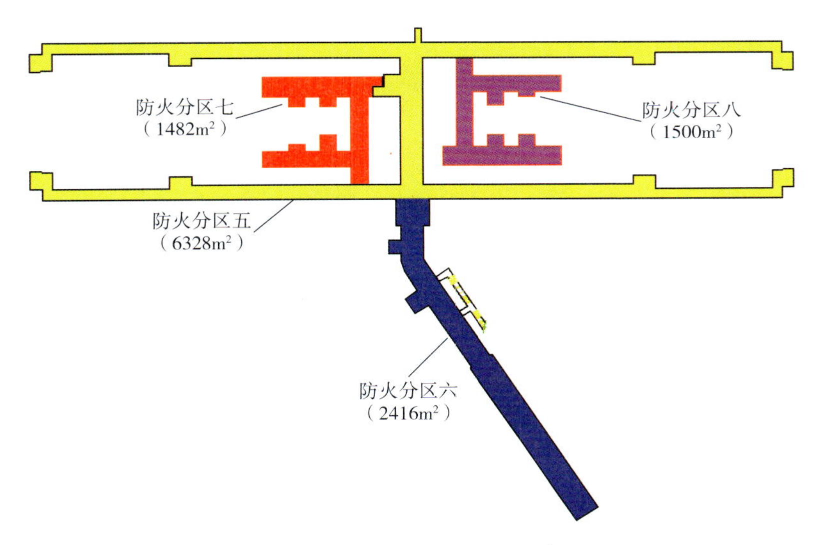

图 4-5 出站通道防火分区划分示意图

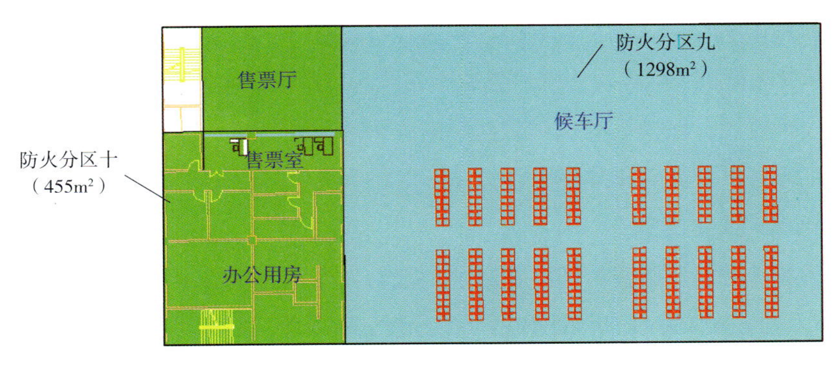

图 4-6 地面站厅防火分区划分示意图

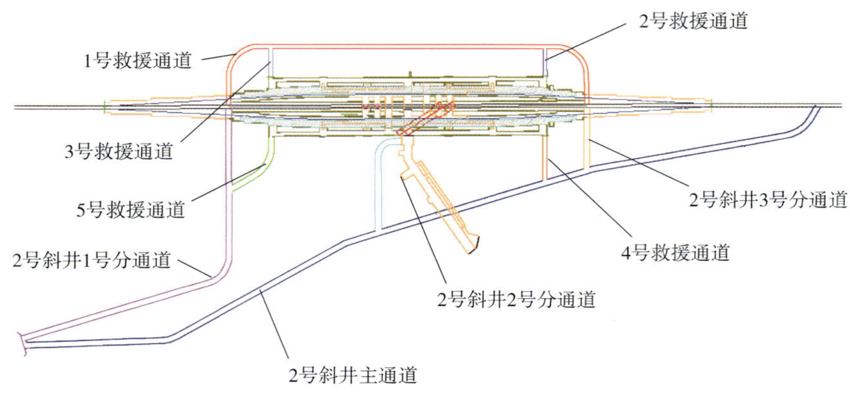

图 4-7　消防救援通道示意图

4.3　地下高铁车站防灾设计及预案

4.3.1　地下高铁车站火灾数据库

（1）地下车站火灾一旦发生，涉及的人数多，造成的人员损伤、社会影响和经济损失巨大。

（2）通过调研统计分析，给出了地下车站火灾原因统计，如图 4-8 所示。

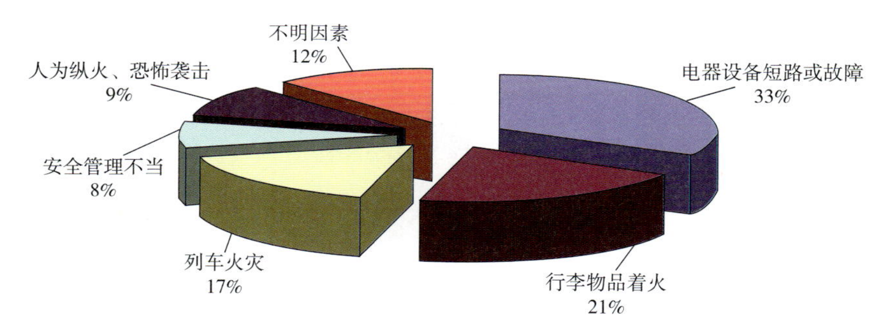

图 4-8　地下车站火灾原因分析

（3）编制了地下车站火灾数据库软件，可实现地下车站火灾数据的查询、修改等功能，为更好地进行防灾救援疏散设施的设计提供了参考。该软件系统包括两方面的模块，相应要求实现的功能分述如下：

①数据库管理模块。该模块实现对数据库的载入以及数据源的添加、删除和更改等操作。

②统计分析模块。该模块实现对数据库的查询、排序、统计等操作。可方便地以各种方式对数据库进行复杂的查询和排序操作，并可以将查询、排序结果以一定的格式输出到终端（屏幕、打印机等）或文件中。

通过对该系统的定量调查，初步确定了系统的规模和建设的工作量，通过对成本和效益之间的关系以及对系统要解决的问题和目标的分析，对系统建设的可行性（技术问题、软硬件问题）进行了预测。从理论和实践上证实了该系统的可行性和实用性。

系统采用 Windows 标准的视窗界面（图 4-9），整个系统的界面由主窗口、多文档子窗口（分割窗口）和多个对话框组成。

图 4-9　地下车站火灾数据库系统用户界面

本地下车站火灾数据库系统用户界面友好，操作直观、灵活、方便，用户无须经过专门的培训，在说明书的简单指导下即可熟练地进行查询、排序、添加、删除、修改等操作。

本系统具有非常直观、灵活、方便的操作方式，系统运行界面如图 4-10 所示。如果用户要进行一般的查询操作，则只需用鼠标操作就能得到所需的结果，而不需要从键盘输入任何参数。对于有特殊要求的查寻，查询时可采用自定义查询法，该方法首先需要用户通过对话框来构造查询条件，然后执行该查询条件即可得到用户需要的记录集。用户自定义的查询条件可以存盘，以备下次使用，也可局部修改后再使用。这种查询方法支持用户根据需要构造相当复杂的查询条件。

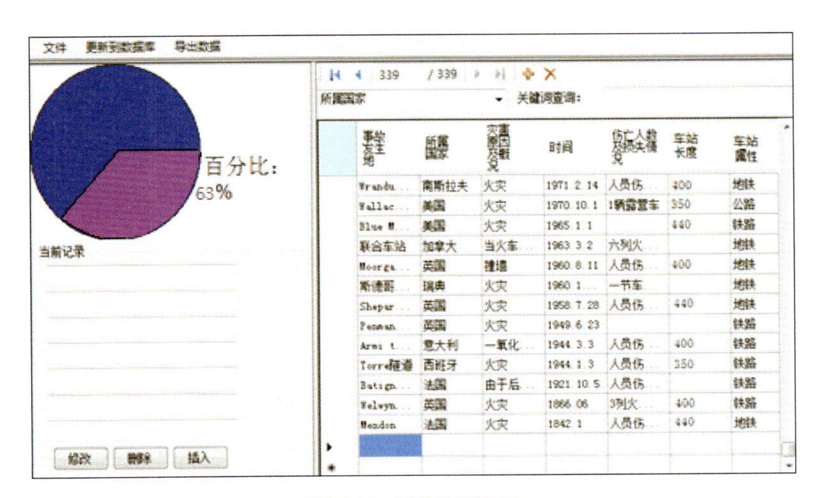

图 4-10　系统运行界面

4.3.2 动车组列车轰燃及火灾规模

列车发生火灾时，会严重威胁列车上的乘客安全，列车上一般搭载几百到上千乘客，无论是列车在运行过程中或在车站中发生火灾，都是人员安全的最大威胁。所以对动车组列车的火灾展开研究是很必要的，尤其对动车组列车的火灾轰燃、蔓延及火灾规模进行研究是很重要的。

1）动车组列车火灾轰燃研究

轰燃的出现标志着火灾充分发展阶段的开始。关于轰燃的定义，一般有以下三种：一是室内火灾由缓慢燃烧的局部火向快速燃烧的大火的转变，转变完成后，室内所有可燃物表面都开始燃烧；二是，室内火灾由燃料控制燃烧状态向通风控制燃烧状态的转变；三是，在室内顶棚下方积聚的未燃气体或蒸气突然着火而造成火焰迅速扩展。轰燃的出现是燃烧释放的热量在室内逐渐积累与对外散热共同作用的结果。

（1）轰燃发生的判据

关于火灾发生轰燃的临界判据国内外学者做了大量研究。多数试验结果表明，轰燃现象发生时，地面所得到的热辐射通量为 20kW/m^2，室内上部烟气层的温度大约为 600℃。对近年来各学者发表的研究成果分析总结，得到的轰燃判据见表 4-1。

轰燃发生时的温度和热通量判据 表 4-1

作　者	温度（℃）	热通量（kW/m^2）
Hagglund	600	—
Fang	450 ～ 650	17 ～ 33
Budnick 和 Klein	673 ～ 771 和 634 ～ 734	15
Lee 和 Breese	650	17 ～ 30
Babrauskas	600	20
Fang 和 Breese	706 ± 92	20
Quintiere 和 McCaffrey	600	17.7 ～ 25
Thomas	520	22
Parker 和 Lee	—	20

虽然各学者关于火灾轰燃发生的临界条件研究结果不尽相同，600℃和 20kW/m^2 比较接近不同数据的平均值。现在广泛被人认可和应用的定量描述轰燃临界条件主要有两种方式：一是顶棚下附近烟气温度接近 600℃为临界条件；二是地板平面的辐射热通量达到 20kW/m^2。

此外轰燃发生时对室内火灾行为的观察结果通常表现为：火焰从通风开口逸出，或沿顶棚延伸。也可以作为辅助判据。

（2）轰燃的影响因素

从20世纪70年代起，不少科研工作者开始对轰燃影响因素进行研究。欧洲的国际建筑研究与创新委员会（CIB）下的消防研究部率先发起了一项由八国共同参与的小尺寸轰燃试验研究，该项目共256个单独试验，分别考虑了房间大小、火源位置、火源高度、开口大小、燃料荷载密度、燃料连续性、内衬材料和火源强度8个因素对轰燃发生的影响。经过长时间的研究，目前对于轰燃的影响因素总结为可燃物的燃烧特性、通风条件及内衬与装修材料特性三类。

①可燃物的燃烧特性。

可燃物的热释放速率是轰燃发生的主要影响因素，与可燃物的其他燃烧性能参数相比，它能更好地体现火灾规模的大小和危险程度，其与火焰的高度、辐射热通量有直接的关系，火灾的发展和轰燃的发生与之密切相关。热释放速率不仅被看作是材料或建筑构件在大尺寸燃烧性能中的关键指标，而且也是评价产品燃烧性能及危险性的一个最重要的变量。研究表明，当地面处接受的热通量达到20kW/m^{2}以及可燃物的燃烧速率或热释放速率超过40g/s时就能发生轰燃。如果室内可燃物的热释放速率足够小，就不会引起轰燃的发生。

研究还表明，轰燃与可燃物的位置、面积、堆积高度等也有关系。若火源靠近墙壁或墙角、堆积高度大时，达到轰燃所需要的临界热释放速率将会减小；墙面和顶棚都布置有可燃物时，比仅在墙面有可燃物时的火焰蔓延速率快，且轰燃的危险性大；房间的可燃装修面积越大、部位越靠上，发生轰燃的可能性越大，且发生轰燃越早，火灾危险性越大。

②通风条件。

轰燃控制是燃料控制向通风控制转变的过程。火灾发生的室内和室外的通风不好，对燃烧来讲表现为供氧不足，因此燃烧受通风控制，通风控制燃烧是受限空间的开口大小处在一定范围、火区发展达到一定规模时出现的现象；当通风足够大时，火灾室内和室外通风自由，空气供给充足，室内燃烧和开放空间的燃烧已无本质上的差别，此时燃烧受燃料控制。排烟、送风条件对轰燃的影响都很大，且两者相互关联。在燃料因素固定的情况下，排烟量与送风量之比大于某一数值，轰燃就不会发生。

③内衬与装修材料特性。

材料的热惯性是其热传导率k、密度ρ和比热容c的乘积，是综合表示材料导热能力和吸热能力的指标。内衬、装修材料的热传导率小，绝热性能好，燃烧产生的热量向室外散失少，室内温度升高快，则达到轰燃时的火源体积将大大减小；比热容小，则吸收热量的能力小，温度升高快，在同样情况下会向室内辐射更多的热量，因而更加危险。壁面温度的无量纲数U_c存在一个最大值，该值与壁面材料的热惯性成反比，即热惯性越小，壁面温度越高，越容易发生轰燃。如果内衬、装修材料可燃，则增加了室内的火灾荷载，使轰燃发生的可能性大大增加。

2）动车组列车火灾规模研究

火灾规模与火灾中可燃物组成成分及燃烧是否充分等因素有关，火灾场景不同，火灾的热释放速率也不相同。由于列车火灾全尺寸试验的开展非常困难，有关客运列车火灾热释放速率的公开数据很少。欧洲九国联合开展的“隧道火灾499”项目进行了大规模隧道实体尺寸火灾试验，测试了不同车辆火灾的最大热释放速率和隧道内最高温度见表4-2。

不同车辆的火灾热释放速率　　表4-2

车 辆 类 型	小轿车	货车	载重货车（HGV）	铁路客车车厢
最大热释放速率（MW）	3～5	15～20	50～100	15～20
最高温度（℃）	400～500	700～800	1000～1200	800～900

通过现场试验结果与数值计算结果对比分析，获得不同列车类型下的火灾规模及火灾增长速率见表4-3。

不同类型列车火灾规模　　表4-3

列 车 类 型	火灾规模（MW）	火灾燃烧速率
城际快车	5～10	慢速
特快	10～15	慢速
客车	15～20	慢速

新建北京至张家口城际铁路，运行列车为动车组，建议列车火灾规模为15MW，火灾增长速率为慢速。

通过对动车组列车火灾的研究，得到了动车组车厢轰燃以及相邻车厢轰燃的结论：

（1）动车组单节起火车厢轰然时间为8～10min。

（2）动车组相邻车厢轰然时间为20～30min。

（3）动车组列车火灾规模建议取为15MW。

4.3.3　八达岭长城站防灾救援预案

（1）确定了站台层、进站通道层、出站通道层火灾时防排烟方法、人员疏散方案和社会救援组织。结合对客运专线深埋地下车站的火灾烟流扩散和人员疏散、监控设备及消防设施配置的研究成果，针对八达岭长城站制订了防灾预案，包括通风防排烟控制方法、人员疏散方案和社会救援组织。

八达岭长城站站台层分为左线站台和右线站台，左右线洞室独立，为侧式站台。其中左线站台为上行列车（张家口至北京方向）停靠站台，右线站台为下行列车（北京至张家口方向）停靠站台。每侧站台结构对称，且采用双竖井半横向式通风，划分为2个防烟分区。站台层防烟分区划分如图 4-11 所示。列车火灾位置根据防烟分区划分为 4 个场景如图 4-12 所示。每侧站台的通风排烟模式如图 4-13 所示。

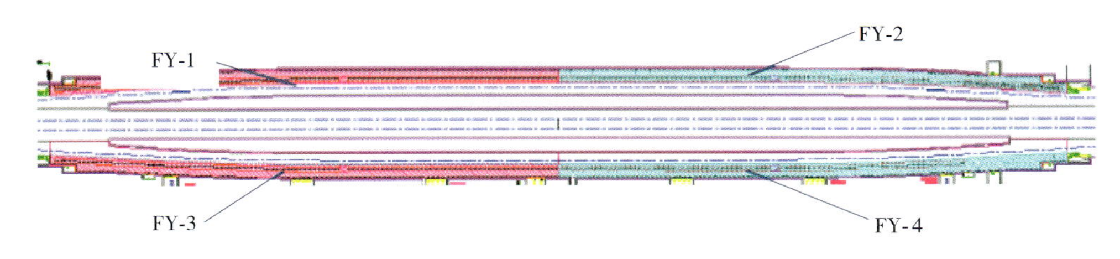

图 4-11　站台层防烟分区划分

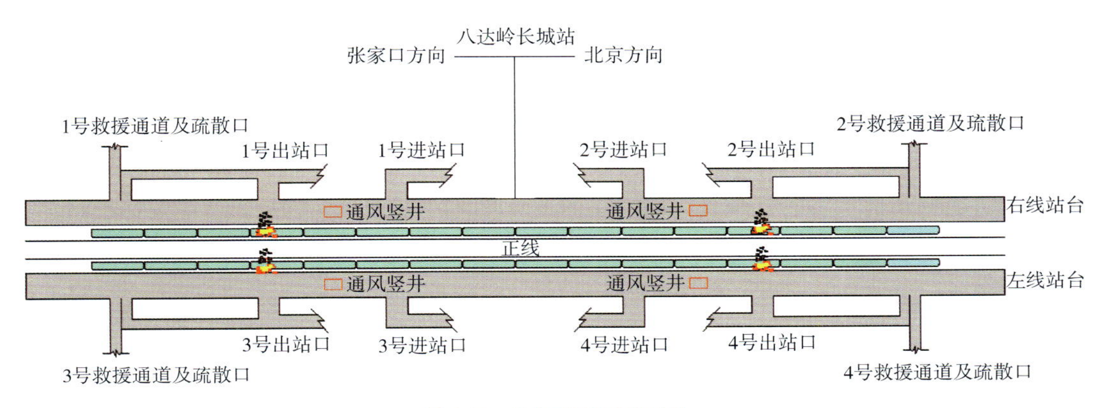

图 4-12　站台层列车火灾场景

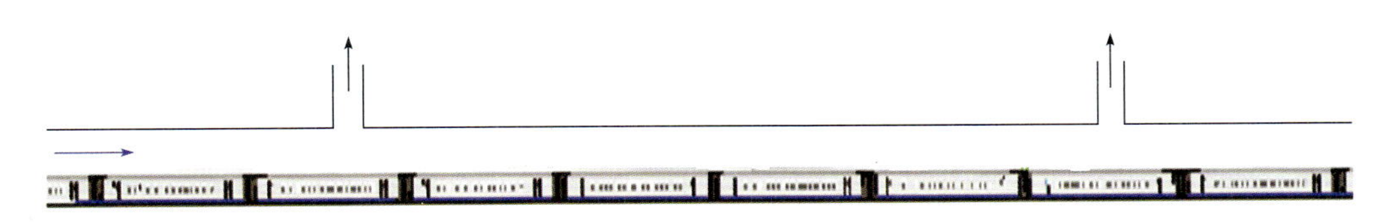

图 4-13　站台通风排烟模式示意图

（2）制订了不同火灾场景的防灾救援预案卡片。具体分为站台火灾防灾救援预案；进站通道防灾救援预案和出站通道防灾救援预案。

以站台救援方案为例，站台层防灾机电系统配置如图 4-14 所示。

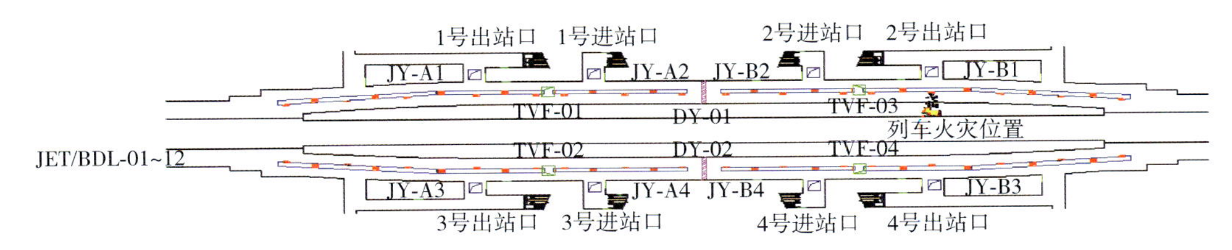

图 4-14　站台层防灾系统配置示意图

TVF- 站台层排热兼排烟风机；JY- 站台层前室加压送风机；JET/BDL- 隧道射流风机；DY- 挡烟垂壁

4.4 地下车站烟流扩散及控制技术

1）烟气控制方式

烟气控制方式指的是各种能减轻或消除火灾烟气危害的方法。烟气控制的实质是控制烟气合理流动，使烟气不流向疏散通道、安全区和非着火区。

地下车站火灾烟气的控制方式有“防烟”和“排烟”两种。“防烟”是防止烟的进入，是被动的；“排烟”是通过改变烟的流向，使之合理排出车站，是主动的。两者互为补充。

（1）防烟措施主要有两种：①限制烟气的产生量；②设置机械加压送风防烟系统。防烟的具体方式有隔断或阻挡、机械防烟、烟气稀释等。

（2）排烟措施主要有两种：①自然排烟；②设置机械装置进行机械排烟。

通过对八达岭长城站站台层列车火灾和进出站通道旅客行李火灾烟流分布扩散规律的研究，发现进出站通道旅客的行李火灾规模较小，火灾危险性较小，而站台层列车火灾规模大，烟气温度高、能见度低，危险性高，对旅客和车站工作人员安全威胁大。因此，需针对站台层烟道排烟效果进行详细研究。

排烟口的尺寸、面积、布置间距及排烟风速是影响烟道排烟效果的重要因素。对于排烟口的尺寸和面积，目前铁路、地铁和建筑相关规范中没有明文规定；对于排烟口布置间距，《地铁设计规范》（GB 50157—2013）中规定区间隧道和全封闭车道内排烟口的位置与最远排烟点的水平距离不应大于30m（排烟口间距不应大于60m），《道路隧道设计规范》（DG/TJ 08-2033—2008）中规定当排烟口设置在隧道顶部，间距不宜大于60m；对于排烟风速，《地铁设计规范》（GB 50157—2013）中规定排烟干管采用金属管道时，管道内的风速不应大于20m/s，采用非金属管道时不应大于15m/s，排烟口的风速不宜大于10m/s。《铁路隧道防灾疏散救援工程设计规范》（TB 10020—2017）中规定排烟道内的设计风速不宜大于18m/s。《公路隧道通风设计细则》（JTG/T D70/2-02—2014）中规定排烟道内的设计风速不宜大于15m/s，排烟口的设计风速不宜大于10m/s。

2）研究结论

通过对八达岭地下深埋地下车站烟流扩散规律及控制技术的研究，得到如下结论：

（1）列车发生火灾烟流自由扩散范围大，如不采取任何控烟或排烟措施，烟气可从站台层蔓延到站厅层；进出站通道发生行李火灾，烟气未蔓延至站台层，虽然烟气能够蔓延侵入到站厅，但因火灾规模小，处于可控状态，对人员造成不了危害。

（2）车站危险来临时刻为列车起火车厢轰燃，人员应在起火车厢轰燃前疏散完毕，安全疏散时间需要8min。

（3）排烟系统的设计需满足，在起火后12min内人员能够安全疏散。

（4）给出了八达岭长城站站台的合理排烟口布置形式为排烟口间距 15m，尺寸 1m × 1.6m。在此排烟口布置形式下，满足列车相邻车厢轰燃时人员安全的排烟风速为不小于 8m/s。

（5）初步明确了八达岭长城站进出站通道加压送风风速，建议加压送风的风速取 3m/s。

4.5 地下车站客流疏散与救援技术

目前国内外关于客流疏散和救援技术的研究主要针对地铁车站，针对深埋地下高铁车站的研究较缺乏，本研究所依托的八达岭长城站面积大，车站进、出站通道较长，所容纳乘客人数较多，建筑疏散路径较为复杂，地铁车站客流疏散与救援技术的研究成果显然不能完全适用。因此，有必要依托八达岭长城站，对地下车站的客流疏散和救援技术进行研究。

火灾对人员的危害主要是火灾产生的烟气，表现为烟气的热作用和毒性，另外对于疏散而言烟气的能见度也是一个重要的影响因素。所以在分析火灾对疏散的影响时，一般从烟层高度、温度、毒性气体的浓度、能见度等方面进行分析。

1）地下车站客流疏散的原则

（1）全部人员疏散至安全区域所需安全疏散时间不能超过 6min。

（2）客流疏散过程中，人员不允许穿越火源区域。

（3）客流疏散过程中，人员以最近的出口和最短的时间离开火灾区域或通道。

2）地下车站客流疏散模型和时间

人员在地下高铁车站中的疏散时间主要为疏散行动时间，即从疏散开始至疏散结束的时间。疏散行动时间预测模型主要有行为模型和水力模型两种。行为模型计算方法不仅考虑建筑空间的物理特性，而且考虑每个人对火灾信号的相应及其个体行为；水力模型计算方法为将人流作为一个整体进行分析，完全忽略人的个体特征。该模型假设：①疏散人员具有相同的特征，且具有足够的身体条件疏散到安全地点；②疏散人员是清醒的，在疏散开始的时刻同时井然有序地进行疏散，且在疏散过程中不会中途返回选择其他疏散路径；③疏散过程中，人流的流量与疏散通道的宽度成正比进行分配；④人员从每个可用的疏散出口疏散且在同一疏散路径，所有人员的疏散速度一致并保持不变。水力模型更符合铁路车站内人员疏散的特点，研究即以此模型为基础开展。

行人在紧急疏散过程中行为受心理压力影响，其运动行为会发生变化，主要体现之一就是期望速度的改变。从社会力模型的构成分析，行人的心理压力主要对其运动自驱力产生影响，而期望速度恰是自驱力中计算过程中的重要环节。因此，从分析心理压力影响因素并对及其规律进行识别入手，修正自驱力计算过程中的期望速度，可进一步构建考虑心理压力的人员疏散模型。

结合水力模型和《地铁设计规范》（GB 50157—2013），考虑人员疏散的心理恐慌压力，提出了计算人员疏散时间的方法，得出了安全疏散时间。

（1）初步提出了考虑人员心理恐慌的城际铁路地下车站人员疏散时间 T 的计算方法：

$$T=\frac{Q_1}{80v_1}+\frac{1.5Q_2}{A_1(N-1)+A_2B} \tag{4-1}$$

式中：Q_1——列车乘客数，人；

Q_2——站台上候车乘客和站台上工作人员，人；

A_1——自动扶梯通过能力，人 /（min · m）；

A_2——人行楼梯通过能力，人 /（min · m）；

N——自动扶梯台阶数；

B——人行楼梯总宽度，m；

v_1——人员下车速度，人 /s。

（2）火灾车厢停靠在进站通道出口时最不利于人员疏散，此时疏散安全出口只有 3 个，人员的必需安全疏散时间为 325s。

（3）进出站通道的进出站转换通道上游出口附近发生火灾最不利于人员疏散，此时人员疏散距离最长，人员的必需安全疏散时间为 335s。

（4）通过对人员安全疏散的计算，建议站台层疏散通道宽度取为 6.5m。

（5）通过对人员安全疏散的计算，建议进出站通道结构宽度为 5.5m。

4.6 地下车站监控与消防设施配置技术

（1）地下车站预警管理系统的组织机构包括管理机构、功能部门、指挥中心和救援队伍等内容。其运行包括日常监控和危机管理。

（2）通过对类似地下车站调研，建立了地下高铁车站防灾预警系统的设计原则，提出了地下高铁车站防烟应急疏散自动平滑门及高压细水雾灭火系统的设计方案。

（3）地下车站消防设备应联动控制，制定了八达岭长城站消防系统初步配置方案，消防配置见表 4-4。

八达岭长城站消防系统初步配置　　表 4-4

消防系统	系统组成		应用场所
火灾监控设备	火灾探测器	点型光电感烟探测器	公共场所、办公房屋、设备用房、防火分隔
		点型光电差温探测器	设备用房、不适合采用烟感的场所、防火分隔
		线性感温电缆	电缆进出线集中处的电缆槽
	综合视频监控系统	监控摄像头	公共场所、设备用房等
		视频监视终端	消防控制室

续上表

消防系统	系统组成	应用场所
火灾消防设备	消火栓	公共场所、设备用房等
	高压细水雾灭火系统	除设备机房、卫生间、楼梯间，均设自动喷洒头保护
	灭火器	灭火器设置消火栓箱下部
	柜式七氟丙烷气体灭火系统	监控室、综合变电所、环控电控室、站台层通信机房
	手动火灾报警按钮、消防电话	公共场所、设备用房等
	消防广播系统	公共场所、设备用房等
	防烟应急疏散自动平滑门	公共场所、设备用房等

4.7 防灾综合监控平台系统设计

地下八达岭长城站车站级各类监控、管理子系统众多，存在信息不集中、数据交互性差的问题，主要表现在：

（1）各信息子系统众多，各司其职、相对独立，信息交互共享性差，存在“信息孤岛”。

（2）在防灾监测方面，没有集成和互联所有的防灾及预警信息。对防灾人员来说，防灾监测信息没有统一的汇聚点和一体化界面展示。

（3）在车站没有建立细化到防灾分区、分块的排烟、烟气控制、人员疏散的防灾预案。

（4）在防灾联动控制方面，防灾预案一般是文字和流程化管理制度，防灾预案范围较小，没有做到全程信息化、流程化。

（5）在防灾仿真培训演练方面，没有采用信息化的手段在灾害尚未发生前就做到各类灾害事件疏散和救援的仿真、推演。

鉴于地下八达岭长城站复杂的建筑结构，建立一个一体化防灾综合监控平台系统，实现与已有的各个防灾相关系统进行数据对接；研究深埋高铁地下站防灾救援联动控制预案，防灾仿真培训、应急事件演练是十分必要。

4.7.1 设计思路与原则

1）设计思路

八达岭隧道及地下车站防灾救援疏散土建工程已很完善，完全能够满足应急情况的需要；机电设备系统设置基本完备。因用于防灾救援的各系统独立设计，信息共享和协同控制能力差，强化设计旨在为提升八达岭隧道及地下车站的防灾疏散救援能力和效率，对现有防灾救援设施进行补强。通过新设防灾综合监控平台系统有效地进行运营安全监控，信息联动，制订信息化的防灾联动预案，全面提高防灾救援疏散智能化水平。具体内容如下：

（1）消防控制室功能强化设计

在消防控制室原设计基础上，设置一套“基于三维可视化的防灾综合监控及仿真演练平台”（简称“防灾综合监控平台”）。把各类防灾信息进行了综合、集中、三维可视化展示，实现车站消防控制室的日常智能化综合监控功能；提升车站消防控制室灾害救援、疏散与联动控制响应的效率，可有效应对复杂结构的地下车站防灾问题。

（2）环形救援廊道增强设计

环形救援廊道内补充设置广播系统、视频监控系统、诱导标识系统以提升防灾救援疏散时的系统能力；无线信号引入纳入公网覆盖工程统筹解决。

（3）北京局应急指挥中心系统扩容

北京局既有应急指挥中心系统已经实现了局内各专业应急信息融合显示功能，可以保证各级领导在不影响正常行车指挥前提下，了解现场情况、科学处理突发事件。防灾综合监控平台监测及视频数据复示至北京局应急指挥中心系统，实现本系统与应急指挥中心功能的融合。

（4）防灾救援联动控制预案设计

建立八达岭长城站救援联动控制预案，能够在灾害发生时科学指导防灾、减灾、疏散处置；实现站内防灾救援预案推演、疏散救援协调控制，提供站外救援车辆及人员指挥调度信息服务，并将科学的联动控制预案植入防灾综合监控平台系统。

（5）三维可视化防灾仿真培训、演练示范

防灾综合监控平台提供车站三维可视化防灾仿真培训、演练示范功能，可有针对性地进行防灾仿真培训、应急事件演练，把复杂地下结构图形化、三维化，利用 VR 等技术，进行可视化的 3D 仿真培训演练，为了充分利用既有资源，该功能同时部署在车站消防控制室和北京局应急指挥中心。

2）设计原则

（1）集成、互联的原则

设在车站消防控制室的防灾综合监控平台，有效解决了各防灾系统众多、分散、防灾信息不集中的问题，保持了原有各系统仍能各自实现自身功能，防灾综合监控平台系统不取代原有系统。

（2）独立运行、融合统一的原则

设在车站消防控制室的防灾综合监控平台系统独立运行，不干涉既有防灾救援疏散各系统工作；防灾综合监控平台系统作为北京局应急指挥系统的一个独立接入对象，与应急指挥系统有机结合。

（3）既有防灾管理模式不变的原则

将防灾救援联动控制预案植入综合监控平台，使平台具备防灾联动协调控制能力，实现科学高效的防灾联动应急机制。

（4）资源共享原则

充分利用已有的应急资源，将演练、培训功能同时部署在北京局应急指挥中心，共用大屏、培训席位等资源。

4.7.2 系统集成与互联方案

1）集成与互联模式

防灾综合监控平台系统对各相关既有系统的接入可分为集成、互联、界面集成三种方式。

（1）集成：即将某系统的全部或部分设备及功能纳入综合监控平台系统中。

（2）互联：即与某系统通过数据接口或硬线接口连接，获取数据或测控信号，综合监控平台系统并不包含互联系统自身的设备及功能。

（3）界面集成：即将某系统的人机界面功能纳入综合监控平台系统中，界面集成不含被集成系统的现场级设备、后台设备，仅包含被集成系统的部分人机界面功能。

借鉴目前国内轨道交通综合监控系统设计经验，可对监控机理相似的系统采用深度集成方式进行设计，即环境与设备监控系统（BAS）可以集成到统一的监控平台上，作为综合监控系统的一部分，同时保留 BAS 单独子系统设备作为应急备用。

2）集成与互联对象

（1）与车站级控制系统

与车站级控制系统集成与互联关系见表 4-5。

与车站级控制系统集成与互联关系　表 4-5

序号	既有系统名称	系统功能	集成与互联关系
1	综合视频监控系统	综合视频监控主要包括：车站视频、环形通道及周边视频，通过高清摄像机对车站、环形通道等进行视频实时监控。平台可对各种视频流进行统一编码压缩，能够进行流媒体转发、解压上墙，以及对外提供视频流服务	界面集成
2	BAS	在车站设置保障正常运营的照明设备、通风空调设备、给排水设备、安全门系统、自动扶梯等机电设备。这些系统和设备相互间设有联动控制和监视	集成
3	火灾报警系统（FAS）	通过设置现场的火灾探测器，感知火灾发生、自动监测、自动判断、自动报警，实现火灾早期预警和通报。FAS 主机能够与气体灭火主机控制、门禁系统及电梯之间联动，在火灾确认后能够进行灭火及自动控制	界面集成
4	广播系统	属于客站智能控制系统中的子系统，主要满足防灾综合监控平台在各类应急事件情况下，对车站各广播进行应急事件联动发布、诱导通知等	互联
5	综合显示发布系统	属于客站智能控制系统中的子系统，主要满足防灾综合监控平台在各类应急事件情况下，对车站 LED 信息屏进行应急联动诱导发布，还包括对环形救援廊道的进出人、车流控制发布日常与应急发布诱导等。这些诱导和发布控制均在防灾联动预案的统一指挥下，针对分时、分块、分区发布不同诱导信息	互联

续上表

序号	既有系统名称	系统功能	集成与互联关系
6	客站应急管理系统	属于客站智能控制系统中的子系统，满足防灾综合监控平台应急情况的集成监视与联动需求。通过该系统互联，实现应急值守、应急资源、监控预警和应急处置流程等管理与监测数据共享。在应急情况下对该子系统站内设备提供协调控制建议和方案，做到设施统一调度，实现车站应急的一体化指挥与处置	互联
7	客站设备智能监控与能源管理系统	属于客站智能控制系统中的子系统，实现对站内运营环境、设备运行状态、能效消耗情况等数据进行实时监测，对客站环境监测、设备故障、预警报警状监测，应急情况下能够综合各类信息及客站作业信息，对客站设备提供协调控制建议和方案，平台接入部分设备运用和维护的管理数据	互联
8	车站智能感知系统	满足防灾综合监控平台互联要求，接入该系统的统计、分析、预测站内旅客人数、聚集密度数据，实现非法侵入、异常聚集与扩散等异常行为的智能化分析、评价与决策等数据	互联
9	隧道防灾救援监控系统	八达岭隧道设置防灾救援监控系统对防灾通风风机、正洞两端消防泵、正洞和斜井的照明等设备进行监控	界面集成

（2）与调度所既有系统

与调度所既有系统集成与互联关系见表 4-6。

与调度所既有系统集成与互联关系　　表 4-6

序号	既有系统名称	系统功能	集成与互联关系
1	自然灾害监测系统	实现风、雨、雪、异物侵限等信息的监测，预警	互联
2	地震监测预警系统	实现地震信息的监测、预警	互联
3	隧道报警电话系统	系统主要利用在高铁隧道内设置报警电话、报警主机等设备，实现消防控制室与隧道内的应急双向通话功能	界面集成

4.7.3　与各系统集成与互联方式

1）与车站既有系统的集成与互联方式

采用网络互联方式将各系统作为一个完全独立的系统考虑，各系统设有专用的服务器、工作站和组网设备，通过局域网联网技术，与防灾综合监控平台系统互联，以实现跨系统间的集成。

2）与调度所既有系统的互联方式

防灾综合监控平台采集调度所既有互联系统的防灾类报警数据、监测数据。其互联方式为：配置通讯采集服务器，设置专门网络通道和安全防火墙，既有系统能够向采集服务器报送数据，八达岭长城站防灾综合监控后台服务器从采集服务器读取数据，设置“一进一出”机制，防灾综合监控平台与既有系统之间不能访问，充分保障安全性。八达岭长城站防灾综合监控后台服务器得到数据后向车站系统转发数据。

4.7.4 与既有系统的数据接口方式

防灾综合监控平台系统与车站、调度所各相关子系统的接口采用以原有系统的接口标准为原则，设置交互通信采集服务器，优先采用与各系统服务器 / 软件系统进行对接。数据的接口、通信协议以原有系统厂家为准，接口可以采用数据库、网络通信、WebService 等多种方式，各系统厂家需要提供综合监控平台系统所需要的各类数据。

4.7.5 防灾综合监控平台新增子系统

防灾综合监控平台新增 4 个子系统及相关硬件，并集成全部功能，具体见表 4-7。

防灾综合监控平台新增子系统　表 4-7

序号	新增子系统	系 统 功 能
1	北京局应急指挥中心复示终端	在调度所应急指挥中心设置八达岭长城站防灾综合监控的复示终端工作站，能够满足路局日常对长城站的全方位数据综合监控，在灾害情况下对站内情况进行全方位掌握，提供防灾救灾参考。分别能够进行防灾综合监控数据、视频数据的应急中心监测
2	廊道视频监控系统	环形廊道增加摄像机设备，进行视频监视及远程监控
3	廊道广播 / 诱导标识	环形廊道增加广播设备，进行诱导通知，增加静态诱导标识，给救援指挥提供路线诱导
4	仿真培训演练系统	建立 3D 仿真培训演练系统，可实现对日常与突发事件的各类仿真演练功能模拟，提前做到对防灾情况事前联动预案及处置培训、演练。车站消防控制室、调度所应急指挥中心均设置工作站，服务器设置在防灾综合监控机房

4.7.6 防灾综合监控平台系统构成

为八达岭长城站消防控制室新设防灾综合监控平台，系统后台服务器等设备安装在防灾综合监控机房，前端显示级工作站设备安装在消防控制室内。系统构成如图 4-15 所示。

1）防灾综合监控机房设备

（1）设置 2 台通信服务器：用于采集既有系统服务器、既有系统平台 / 控制柜数据，环形廊道新增设备由通讯服务器直接与设备进行信息采集。

（2）设置 2 台数据库服务器：用于防灾综合监控平台系统的数据库存储。

（3）设置 1 台视频管理服务器：用于车站、隧道视频码流标准化，转码 / 流媒体服务、视频分发服务。

（4）设置 1 台三维图形管理服务器：用于提供 3D 和 GIS 数据后台服务。

（5）设置1台仿真培训服务器：用于防灾综合监控仿真培训系统的后台数据处理与服务。

（6）设置1台IP广播控制主机：用于对救援通道广播的控制及信息发布。

（7）设置2台防灾综合监控工作站：用于运行防灾综合监控系统软件，实现前述的防灾综合监控功能。设置1台视频工作站：用于对车站、救援廊道的视频图像进行实时监控。

（8）设置1台仿真培训工作站：用于在车站进行防灾仿真演练、培训。在消防控制室设置1套电视墙设备。

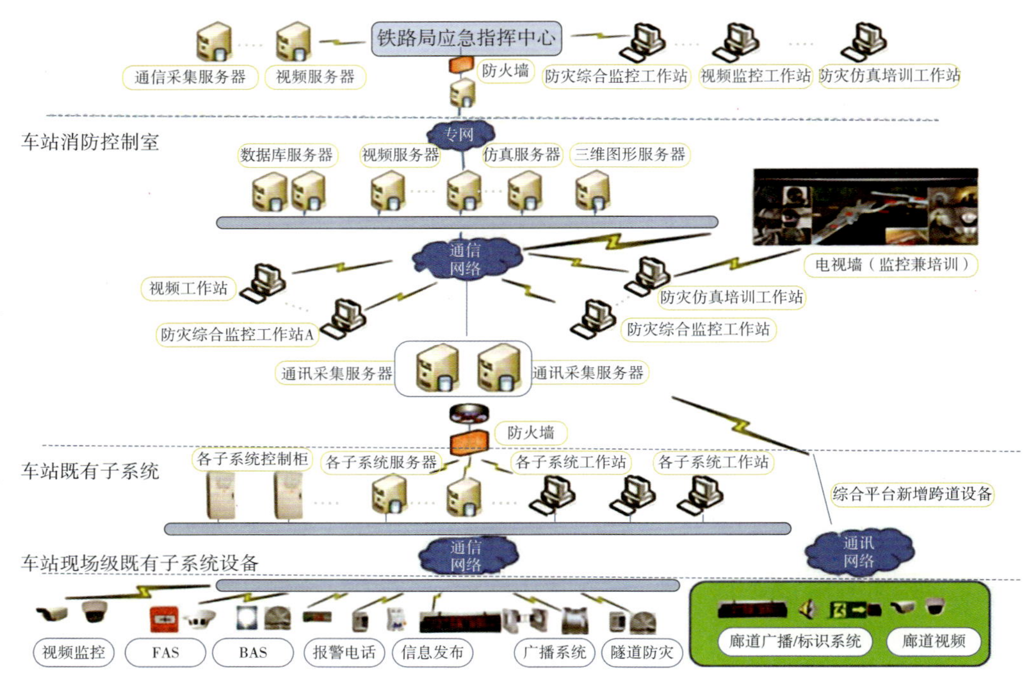

图4-15　防灾综合监控平台系统构成

2）北京铁路局应急指挥中心设备

在北京铁路局应急指挥中心设置防灾综合监控复示终端工作站1台，视频监控终端工作站1台，仿真培训终端工作站1台，并设置通讯采集服务器和视频管理服务器各1台，负责与站消防控制室进行数据采集和通信，所需传输通道由通信数据网提供。

4.7.7　北京铁路局应急指挥中心扩容

北京铁路局应急指挥中心网络是“基于网络的设备终端集成（KVM）延长器系统”，目前该系统接入了各专业业务系统。将防灾综合监控平台系统作为一个专业业务系统接入应急指挥中心，实现平台系统与应急指挥中心的有机结合。

（1）系统终端：配置2台KVM发送器互为主备机，并接至应用侧接入交换机。

（2）接入交换机：配置1台接入层交换机，通过千兆电口接入防灾综合监控平台系统。

（3）网络通道：防灾综合监控平台系统复示终端连接 KVM 发送器，KVM 发送器网络接口通过传输网接入综合视频 KVM 侧交换机，将平台系统复示终端 KVM 信号接入北京局应急指挥中心 KVM 网络，实现在调度所应急指挥中心调看。

京张高铁

CHAPTER 5

第5章

地下车站超大跨结构设计

SUPER LONG SPAN STRUCTURE DESIGN OF UNDERGROUND STATION

近年来，随着我国铁路、公路等交通工程的蓬勃发展，出现了越来越多的特大跨、超大跨隧道。学者们通过室内试验、数值模拟、理论分析、现场试验等多种手段对特大、超大跨隧道的支护结构设计优化进行了大量的研究。张宇等对岩洞跨度界定与跨度效应进行了探讨。周丁恒等研究了大跨度连拱隧道支护体系的受力特点。柴柏龙等和陈耕野等通过对大跨度隧道的现场监测，研究了大跨度隧道开挖过程的力学特征。李利平等通过三维地质力学模型试验研究了超大断面隧道软弱破碎围岩的破坏机理。肖丛苗等提出基于塑性区理论分析、经验类比和数值模拟的综合评价方法，建立对某地下实验大厅大跨度支护结构稳定性的三位一体的评价体系。刘洪洲等通过模拟试验研究了大跨度扁平隧道施工的力学响应。谭忠盛等以桃花峪隧道工程为背景，研究了大跨隧道合理支护体系及施工技术。

超大跨隧道的支护结构按常规理论方法设计经济性差，且对于超大跨隧道支护结构设计方法各行业尚未有明确定义。超大跨隧道由于受岩体结构尺寸效应的影响，易出现较大规模的塌方，如果采用传统经验公式法，结构衬砌及支护结构设计显然不经济且施工难以实现；若在超大跨隧道支护结构设计中充分利用围岩自身的承载拱效应，发挥围岩与支护结构的协同作用，则可实现超大跨隧道支护结构设计的技术经济最优化。目前关于围岩承载拱理论的研究较为完善，对承载拱形成的临界埋深、发展规律及压力拱的强度等均有较成熟的研究，而对于超大跨隧道结构的支护结构设计方法研究则相对较少。

本章结合京张高铁八达岭长城站工程，通过分析超大跨度隧道围岩的作用效应，研究隧道支护结构与围岩承载拱的相互作用关系，分析围岩自承载体系应力变化规律，提出了围岩承载拱圈厚度计算方法及隧道支护结构设计方法，为超大跨度隧道支护结构设计提供指导与参考。

5.1 隧道开挖跨度分级

随着地下空间的开发与利用，为满足使用功能，越来越多的大跨度、大断面地下工程开始修建，譬如水电站地下厂房、轨道交通地下车站，以及多线铁路车站隧道工程等。隧道开挖跨度与工程的使用功能和修建技术水平有关，需要对隧道开挖跨度进行分级，为设计和施工提供依据。目前各行业尚未形成统一的分级标准。

《铁路隧道设计规范》（TB 10003—2016）中明确了铁路隧道跨度的分级（表 5-1）标准，将开挖跨度大于 14m、开挖断面面积大于 140m^2 的隧道定义为特大跨度隧道，但对于超大跨度隧道并没有明确定义。一般情况下，三线铁路车站隧道最小开挖跨度将达到 18m，设置单侧 6m 站台后将达到 23m；四线铁路车站隧道跨度将达到 24m，设置 10m 岛式或双侧 6m 侧式站台后最小开挖跨度将达到 32m。

铁路隧道跨度分级 表 5-1

跨度分级	小跨度	中等跨度	大跨度	特大跨度
开挖跨度（m）	5 ～ 8.5	8.5 ～ 12	12 ～ 14	＞ 14
开挖断面面积（m^2）	30 ～ 70	70 ～ 110	110 ～ 140	＞ 140
适用范围	辅助坑道，120 ～ 160km/h 单线隧道	120km/h 双线隧道，200 ～ 350km/h 单线隧道	160 ～ 200km/h 双线隧道	250 ～ 350km/h 双线隧道，三线及以上车站隧道

《公路隧道设计细则》（JTG/T D70—2010）中明确了公路隧道跨度分级（表 5-2），将开挖跨度大于 18m 的隧道定义为特大跨度隧道，也没有明确超大跨度隧道。一般情况下，四车道高速公路隧道最小开挖跨度将达到 20m，六车道高速公路隧道最小开挖跨度将达到 27m。

公路隧道跨度分级 表 5-2

跨度分级	小跨度	中等跨度	大跨度	特大跨度
开挖跨度（m）	＜ 9	9 ～ 14	14 ～ 18	⩾ 18
适用范围	单车道公路隧道，服务隧道，人行横洞及车行横洞	双车道公路隧道，单车道公路隧道的错车带	三车道公路隧道，双车道公路隧道的紧急停车带	四车道公路隧道（单洞），连拱隧道

水电行业地下厂房洞室跨度一般较大，《水电站地下厂房设计规范》（NB/T 35090—2016）规定跨度大于 20m 的地下洞室为大跨度地下洞室。

各行业分级标准中均未定义超大跨度隧道，只定义常规跨度隧道，超大跨度隧道属于特殊情况下使用的隧道。将三线及以上铁路车站隧道（不含站台）和四车道及以上高速公路隧道（即开挖跨度大于 18m）定义为特大跨度或特大断面隧道。

5.2 超大跨隧道承载拱设计理论

新奥法、挪威法和新意法等支护理论都认为围岩具有自承载能力，并提出了充分利用围岩自承载能力的思路，但在具体的支护参数设计中，如何利用围岩的自承载功能，均没有提出具体方法，主要依靠经验法或者现场监测法。譬如新奥法支护理论，将监控量测作为支护结构动态设计的主要依据。

对于超大跨度（超大断面）隧道而言，围岩的变形具有一定的突变性，根据监控量测动态调整支护参数的设计方法具有很强的灵活性和经济性，在煤矿巷道和水电地下厂房中得到了广泛应用。由于高速铁路隧道安全性和可靠性的要求很高，一旦出现变形增大，再增加支护措施的难度和成本将十分巨大，因此，急需研究新的设计理念和设计方法。

5.2.1 隧道围岩承载拱的作用原理

围岩中的拱效应是隧道及地下工程区别于其他工程结构的主要特点。围岩中拱效应的产生与拱结构不一样，拱结构是拱形结构在荷载作用下即发挥能力承受压力。围岩的“承载拱”是随着开挖过程不断变化的，这是围岩自调节和自适应的结果。隧道开挖后，洞壁岩体失去了原有岩体的支撑，破坏了原有的受力平衡状态和荷载传递路径，在重力和初始应力场的作用下，围岩发生新的变形，应力、应变和能量进行自调整和自适应，并最终达到一个新的平衡状态。此时，由于围岩中各处变形的不均匀性，隧道周边一定范围内的围岩中将产生类似于拱结构切向压紧的作用，这就是隧道围岩“承载拱”效应。

隧道围岩“承载拱”的形成，改变了围岩中原有的荷载传递路径，能够把作用于拱体上方及拱体内部的压力传递到拱脚及周围稳定介质中去，并充分发挥岩土体材料良好的受压性能。

5.2.2 超大跨隧道围岩的作用效应

超大跨隧道结构尺寸越大，围岩的作用效应越明显。超大跨隧道围岩的作用效应主要包括断面尺寸放大效应、围岩缺陷放大效应、承载圈范围放大效应和施工工法敏感效应。

（1）断面尺寸放大效应

由图 5-1 中可知，在相同的围岩条件下，随着隧道断面尺寸的逐渐增大（断面①～④），围岩结构由整体块状结构逐步转变为层状结构、块状结构和碎裂结构。断面尺寸越大，隧道范围内围岩被构造切割的概率就越大，围岩就相对越破碎。

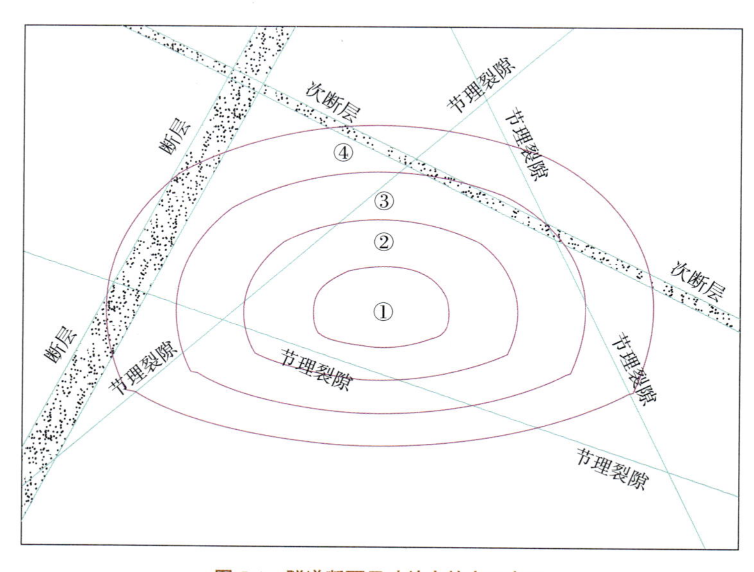

图 5-1 隧道断面尺寸放大效应示意图

①～④为隧道断面编号

（2）围岩缺陷放大效应

由图 5-2 中可知，在围岩倾斜节理面及水平节理面两种情况下，隧道顶部不稳定块体影响高度与跨度呈线性比例增长，块体的体积近似以跨度的平方关系增大，其所造成的隧道顶部弯矩也近似呈跨度的平方关系增大。这样随着跨度的增大，围岩缺陷放大效应将影响洞室稳定。

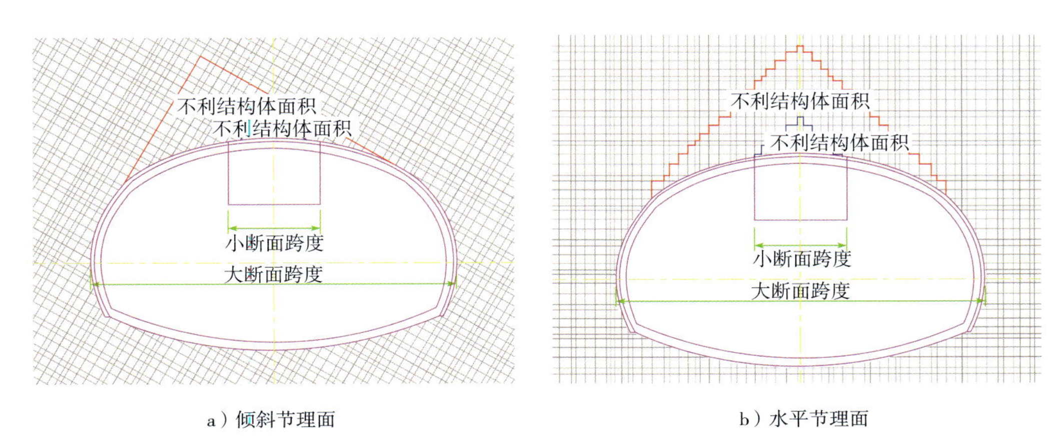

图 5-2 隧道顶部不稳定块体体积与跨度的关系

（3）承载圈范围加大效应

弹、塑性力学的计算结果表明，隧道承载圈范围与开挖断面尺寸、围岩类型、加固措施等因素有关，承载圈边界大约为 3 ～ 5 倍的洞室跨度。承载圈范围扩大效应如图 5-3 所示。

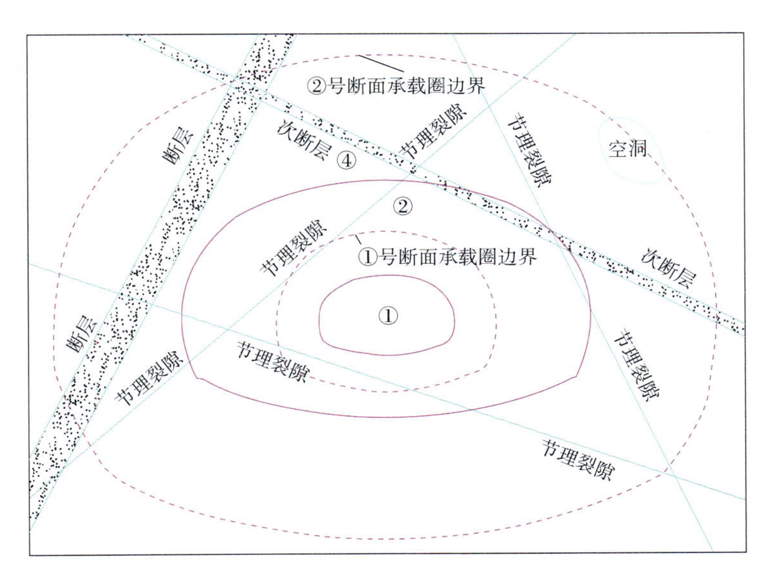

图 5-3 承载圈范围扩大效应示意图

由图 5-3 可以看出：①、②断面承载圈范围随着断面尺寸的增大而扩大，承载圈内包含不利构造、不良地质的可能性相应增加。

（4）施工工法敏感效应

随着隧道断面尺寸的增大，在地质构造的影响下，洞室稳定性受施工工法的影响也随之增大，如图 5-4 所示。

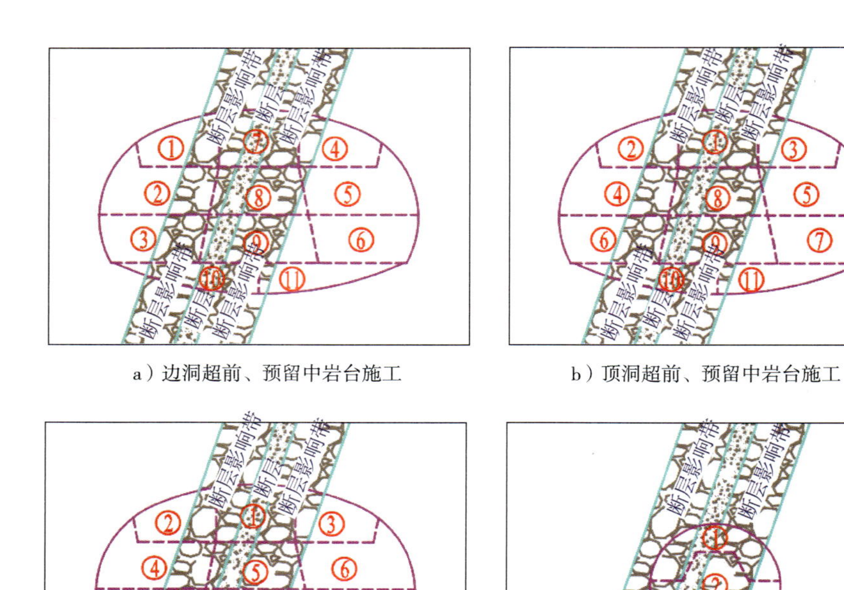

a）边洞超前、预留中岩台施工　　b）顶洞超前、预留中岩台施工

c）顶洞超前、逐层开挖　　d）台阶法或环形开挖台阶法

图 5-4　施工工法敏感效应示意图

图 5-4 a）～ c）均为超大断面隧道，图 5-4 d）为一般断面隧道。在同样被断层切割的情况下，图 5-4 a）的开挖工法为边洞超前、预留中岩柱，可能造成中岩柱不稳定，且最终开挖中岩柱时跨度将增大到边洞的 3 倍，相应施工风险迅速增大；图 5-4 b）的开挖工法为顶洞超前、预留中岩台，这样跨度逐次增加，施工风险相对分散，预留中岩台既可保证掌子面稳定，又预留了拱部支顶加固的条件；图 5-4 c）的工法为顶洞超前、逐层开挖，可能造成掌子面不稳定；图 5-4 d）所示的小断面则对工法的选择相对不敏感，可选择台阶法或环形开挖台阶法。

5.2.3　围岩承载拱形成机理及洞形设计

隧道开挖轮廓线的设计不仅要满足隧道建筑限界的要求，同时要兼顾隧道围岩的受力特征。从围岩受力的角度考虑，当围岩拱圈内只存在轴力，而剪力为零时，此时围岩承载拱稳定性最好、受力最优，通常称之为受力最优开挖轮廓线。隧道承载拱受力模型如图 5-5 所示。

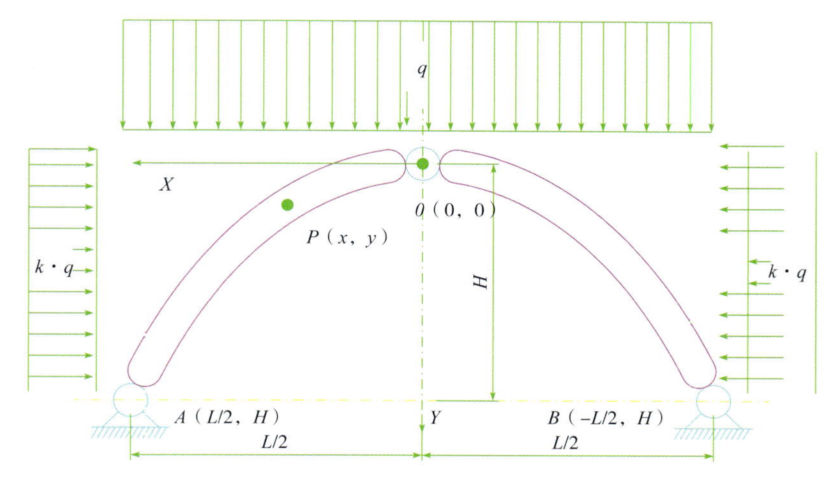

图 5-5 隧道承载拱受力模型

为了得到受力最优开挖轮廓线，假设隧道围岩初始应力场竖直应力为 q，水平应力为 $k\cdot q$，k 为竖直应力与水平应力之比。取拱顶 O 为原点，拱高为 H，拱跨为 L，p（x,y）为左半拱上任意一点，取 OP 为脱离体。当承载拱为受力最优开挖轮廓线，则 OP 上各力对于 P 点的力矩和为零，则有：

$$q\cdot x\cdot\frac{x}{2}+k\cdot q\cdot y\cdot\frac{y}{2}+R\cdot 0+R_0\cdot y=0 \tag{5-1}$$

化简得：

$$\frac{x^2}{\left(\frac{R_0}{\sqrt{k}\cdot q}\right)^2}+\frac{\left(y-\frac{R_0}{k\cdot q}\right)^2}{\left(\frac{R_0}{k\cdot q}\right)^2}=1 \tag{5-2}$$

式中：R_0——隧道拱顶处的轴力，N。

取拱脚 A 与拱顶 O 间的左半拱为脱离体，则拱上各力相对于点 A 的力矩和为零，有如下方程：

$$R_0\cdot H-k\cdot q\cdot H\cdot\frac{H}{2}-q\cdot\frac{L}{2}\cdot\frac{L}{4}=0 \tag{5-3}$$

得：

$$R_0=\frac{q\left(\frac{k}{2}\cdot H^2+\frac{L^2}{8}\right)}{H} \tag{5-4}$$

可以看出，在竖向应力为 q，水平应力为 $k\cdot q$ 的地应力场作用下，受力最优开挖轮廓线的水平轴半径为 $a=\frac{R_0}{\sqrt{k}\cdot q}$，竖直轴半径为 $b=\frac{R_0}{k\cdot q}$ 的椭圆，其水平轴与竖直轴之比为 $\sqrt{k}$。

因此，隧道受力最优开挖轮廓线是由隧道所处地应力场中垂直隧道轴向平面内的竖向应力 σ_v 和水平应力 σ_h 确定的椭圆，根据竖向应力和水平应力的比值即可确定椭圆承载拱的形状。当竖向应力较大时，最优承载拱为一竖椭圆；当水平应力大时，最优承载拱为一横椭圆；当水平应力与竖向应力相等时，最优承载拱为圆形，如图 5-6 所示。

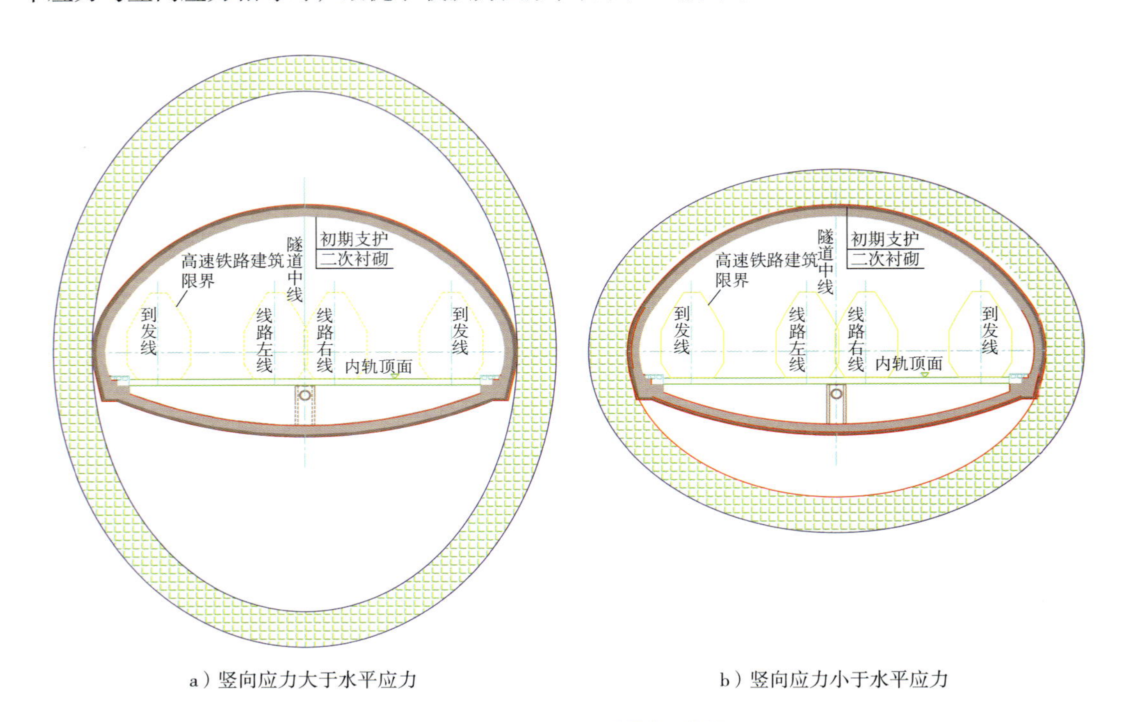

a）竖向应力大于水平应力　　b）竖向应力小于水平应力

图 5-6　不同应力场作用下的最优承载拱形状

综上所述，确定了椭圆长短轴之比后，最经济的“承载拱”应为包络开挖断面的最小椭圆。

5.2.4　围岩承载拱的圈层传递效应

根据承载拱内围岩的受力状态，可将围岩承载拱划分若干个圈层，靠近开挖面的圈层承载的荷载最大，围岩受力也最大，最先达到强度极限状态，并将荷载向深部圈层传递，围岩受力在承载拱各圈层内传递并最终达到变形协调和稳定状态。隧道设计计算时，将靠近开挖面最内侧的承载拱视为为主承载拱，这个承载拱的厚度虽然不大，但却承担了大部分的围岩荷载，故对于主承载拱可暂不考虑围岩自重的影响。

根据已有研究结果分析可知，虽然提出了围岩承载拱形状与隧道所处地应力场存在对应关系，但是承载拱的承载机理并未研究清楚。为了进一步研究承载拱内部应力的传递规律，可将承载圈分解为多个薄圈体系，每个承载薄圈均可承受围岩达到极限强度时的径向应力及切向应力，如图 5-7 所示。

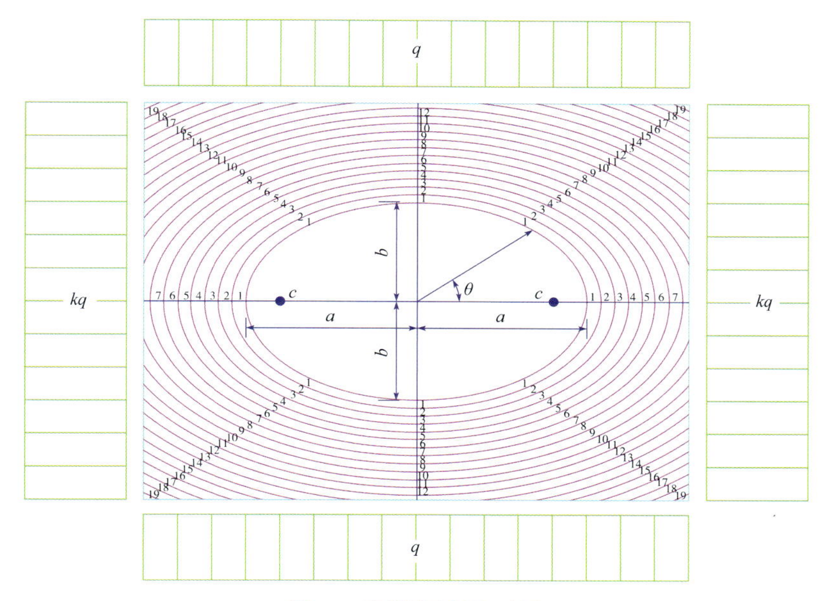

图 5-7　承载圈层分解示意图

q- 围岩竖向压力；k- 围岩水平侧压力系数；a- 椭圆长半轴长度；b- 短半轴长度；c- 椭圆半焦距；θ- 椭圆的离心角

在预应力锚杆、锚索等支护结构提供的承载力 σ_{r1} 的作用，使第 1 圈层有能力承担更多的径向荷载 $\sigma_{r1\text{-}2}$；第 2 圈层径向应力 $\sigma_{r1\text{-}2}$ 由第 1 圈层提供，使第 2 圈层较第 1 圈层能承受更多的径向荷载，并向第 3 圈层提供径向应力 $\sigma_{r2\text{-}3}$；以此类推，逐层向外传递，如图 5-8 所示。若围岩性质没有变化，径向应力提高的同时，承载圈层的切向应力逐渐增大 $\sigma_{\theta 1}<\sigma_{\theta 2}<\sigma_{\theta 3}<\cdots$，承载能力逐层提高，这就是圈层传递效应。

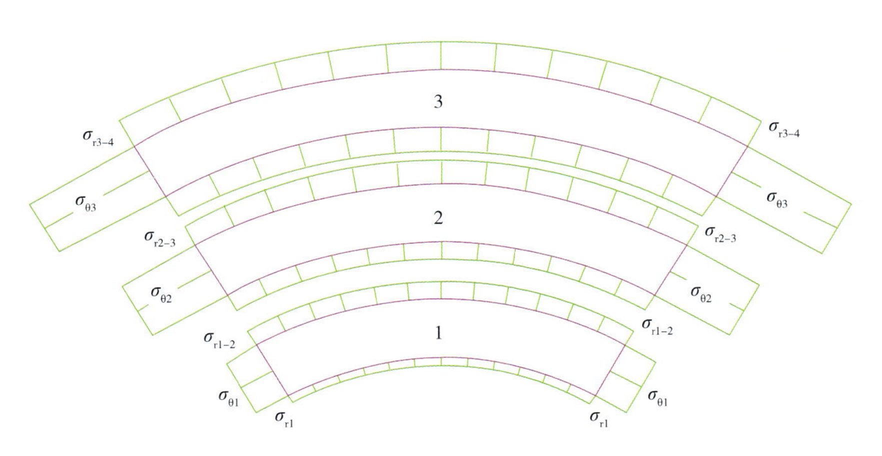

图 5-8　圈层应力传递示意图

5.2.5　围岩承载圈、塑性圈及加固圈的确定

隧道开挖后，原本由隧道内部岩体承担的初始应力向隧道外部围岩转移，隧道外部一定范围内的围岩切向应力增大，承担了来自隧道内部向外转移的应力。将切向应力增大的区域称

为承载圈，承载圈的边界确定为切向应力超过初始应力 5%，承载圈以外的区域为非承载区。根据支护结构的作用深度及承载圈内围岩的弹塑性状态，承载圈划分为加固圈、塑性圈和弹性圈。加固圈为锚杆、预应力锚索、注浆等支护结构作用范围内的区域。塑性圈是围岩应力超过岩体的弹性极限强度，围岩处于塑性状态的区域。弹性圈是围岩应力在岩体弹性极限强度以下，围岩处于弹性状态的区域。

以八达岭隧道为例，根据弹塑性理论，得到隧道椭圆孔口以外的应力分布，在此基础上分析隧道开挖时围岩承载圈变化，并将计算结果进行图形化分析，图 5-9 所示为隧道开挖时围岩圈椭圆短轴方向的应力情况，横轴为围岩应力 σ，竖轴为围岩厚度。

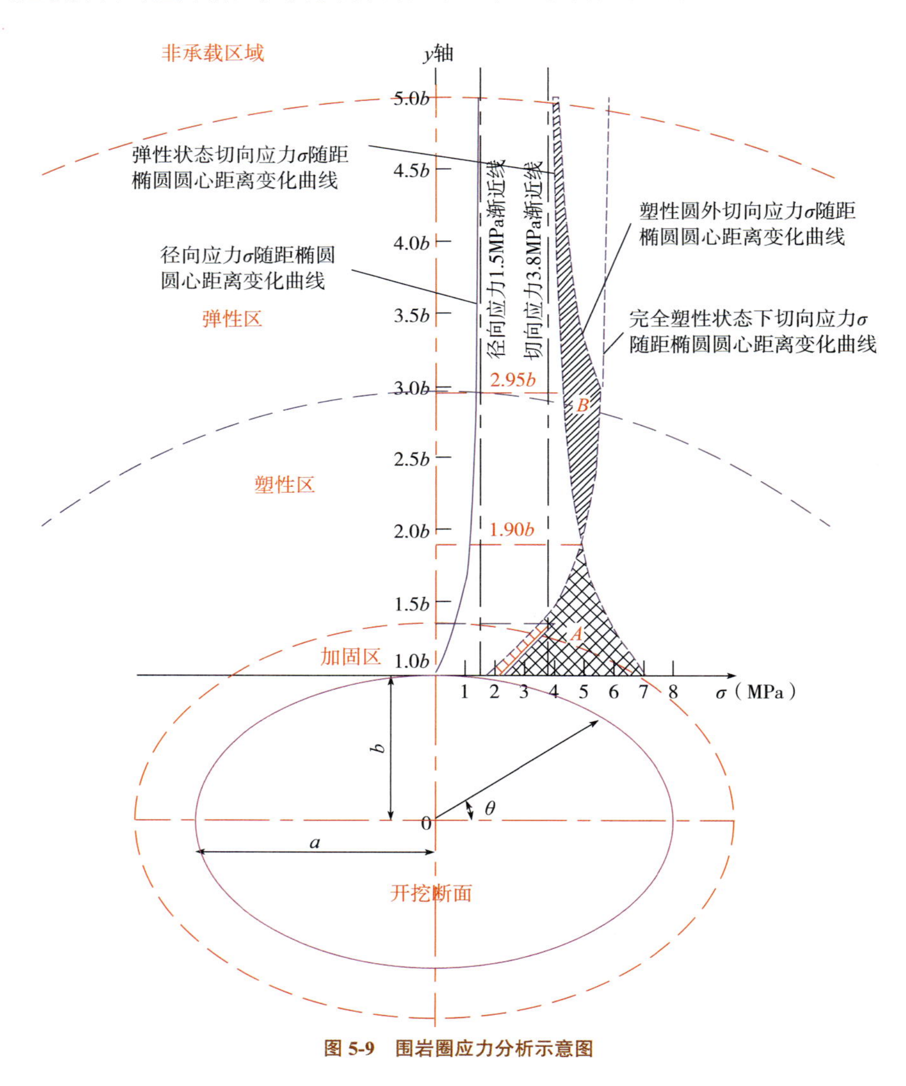

图 5-9 围岩圈应力分析示意图

从图 5-9 可以看出，开挖断面轮廓线位置在竖轴方向长度为 b，轮廓线以外至 1.90b 范围内的围岩圈所提供的切向应力小于弹性计算所需切向应力，因此该范围围岩均已进入塑性状态，图中网状阴影 A 的面积表示该范围内围岩总承载力较弹性状态降低的量值，塑性状态下切向应力与弹性状态下切向应力曲线交叉点约位于 1.90b；为使总围岩承载力相等，必须使塑性圈进一步扩大，以充分调动外部一定范围圈层的承载能力，当图中斜线阴影 B 与 S 面积相等时，进入稳定平衡状态，此时塑性圈边界将达到 2.95b 位置。承载圈厚度与加固圈和塑性圈的厚度密切相关，三者相互影响，采用锚杆、锚索等支护措施为围岩加固圈提供承载能力，在图 5-9 中体现为减小网状阴影 A 红色区域面积，B 面积相应减小，从而达到减小塑性圈及承载圈厚度的目的。

根据上述理论可以计算得到：超大跨隧道开挖断面长、短轴方向围岩的径向和切向应力分布，并确定其塑性圈、承载圈、加固圈范围，然后以其为椭圆长、短轴绘制区域图形，近似确定各圈层分布区域，如图 5-10 所示。在此基础上进行锚杆、锚索、喷射混凝土层设计。

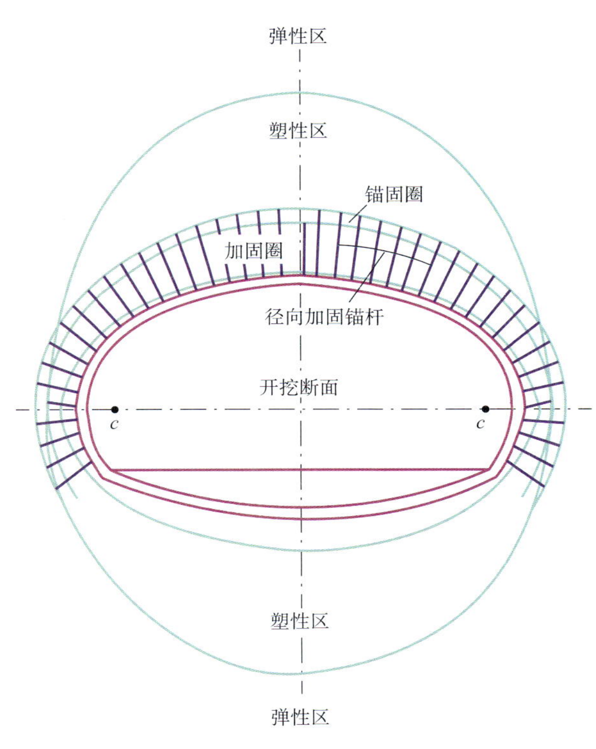

图 5-10　开挖后各区分布示意图

5.3 基于承载拱理论的隧道支护体系构件化设计

隧道支护体系构件化设计的基本原理是将隧道周边一定范围内的围岩圈作为一个拱形结构进行强度、刚度和稳定性计算，从而设计锚杆、锚索、喷射混凝土和衬砌等支护构件。围岩拱的形状根据初始地应力场及隧道建筑限界确定，围岩拱的厚度根据围岩所承受的拱轴力及围岩自身的强度确定。

5.3.1 围岩承载拱的厚度设计

围岩承载拱的厚度根据拱圈内围岩所承受的拱轴力及围岩自身的强度确定，而围岩所承受的拱轴力根据隧道所处地应力场和开挖跨度确定。

取拱圈上任意一点 $p(x,y)$，取 OP 脱离体进行受力分析，如图 5-5 所示。根据水平和竖直力的平衡，得到 p 点处的拱轴力 R。

$$R=\sqrt{R_x^2+R_y^2} \tag{5-5}$$

式中：R_x——拱轴力水平分量，N；

R_y——拱轴力竖向分量，N。

$$R_x=R_0-k\cdot q\cdot y=\frac{q\left(\frac{k}{2}\cdot H^2+\frac{L^2}{8}\right)}{H}-k\cdot q\cdot y \tag{5-6}$$

$$R_y=q\cdot x \tag{5-7}$$

将式（5-6）和式（5-7）代入式（5-5）中，得到：

$$R=\sqrt{\left[\frac{q\left(\frac{k}{2}\cdot H^2+\frac{L^2}{8}\right)}{H}-k\cdot q\cdot y\right]^2+(q\cdot x)^2} \tag{5-8}$$

则可得隧道边墙处拱轴力为：

$$R_{边墙}=\sqrt{\left(\frac{q\cdot L^2}{8\cdot H}-\frac{k\cdot q\cdot H}{2}\right)^2+\left(\frac{q\cdot L}{2}\right)^2} \tag{5-9}$$

隧道拱顶拱轴力为：

$$R_{拱顶}=\frac{k\cdot q\cdot H}{2}+\frac{q\cdot L^2}{8\cdot H} \tag{5-10}$$

可见，隧道承载拱内围岩承受的轴力主要受竖向地应力 q，水平地应力 $k\cdot q$，承载拱的跨度 L 和高度 H 的影响。

当隧道围岩承载拱内岩体的抗压强度为 σ_c，在毛洞状态下，不考虑锚杆、注浆、喷射混凝土和二次衬砌等支护措施，围岩的抗压强度可采用 Hoek-Brown 强度准则计算，则围岩承载拱所需的最小厚度为：

$$d=\frac{R}{\sigma_c} \tag{5-11}$$

式中 R 为拱轴力，由式（5-8）计算求得。则拱顶承载拱的厚度 d_1 为：

$$d_1=\frac{R_{\text{拱顶}}}{\sigma_c}=\frac{k\cdot q\cdot H}{2\,\sigma_c}+\frac{q\cdot L^2}{8H\cdot\sigma_c} \tag{5-12}$$

隧道两侧边墙最小承载拱厚度 d_2 可采用下式估算：

$$d_2=\frac{R_{\text{边墙}}}{\sigma_c}\frac{\sqrt{\left(\frac{q\cdot L^2}{8H}-\frac{k\cdot q\cdot H}{2}\right)^2+\left(\frac{q\cdot L}{2}\right)^2}}{\sigma_c} \tag{5-13}$$

可知围岩承载拱的厚度主要受岩体强度、隧道开挖跨度、支护措施提供的支护反力等因素影响。

八达岭长城站大跨段隧道最大开挖跨度为 32.7m、开挖高度为 19.5m、覆盖层厚度为 87.4m。结合现场地应力测试结果，采用上述公式，可得到大跨段隧道不同围岩强度所需要的最小承载拱厚度，见表 5-3。围岩强度与承载拱厚度之间的关系如图 5-11 所示。

大跨段隧道不同围岩强度所需要的最小承载拱厚度　　表 5-3

围岩强度（MPa）	拱顶承载拱厚度（m）	边墙承载拱厚度（m）	围岩强度（MPa）	拱顶承载拱厚度（m）	边墙承载拱厚度（m）
1	54.79	49.45	35	1.57	1.41
2	27.40	24.73	40	1.37	1.24
3	18.26	16.43	45	1.22	1.10
4	13.70	12.35	50	1.10	0.99
5	10.96	9.89	55	1.00	0.90
10	5.48	4.95	60	0.91	0.82
15	3.65	3.30	65	0.84	0.76
20	2.74	2.47	70	0.78	0.71
25	2.19	1.98	75	0.73	0.66
30	1.83	1.65	80	0.68	0.62

从以上计算结果可以看出：当围岩强度小于 5MPa 时，大跨段拱顶所需要的最小承载拱厚度大于 10m；随着围岩强度提高，承载拱厚度逐渐减小，当围岩强度达到 10MPa 时，所需要的最小承载拱厚度为 4.95 ～ 5.48m；当围岩强度达到 20MPa 时，所需要的最小“承载拱”厚度为 2.47 ～ 2.74m。

根据《铁路隧道设计规范》（TB 10003—2016）各级围岩的物理力学指标，可以估算出围岩的单轴抗压强度，计算结果如表 5-4 所示。由此表可计算得到各级围岩的承载拱厚度，计算结果见表 5-5。

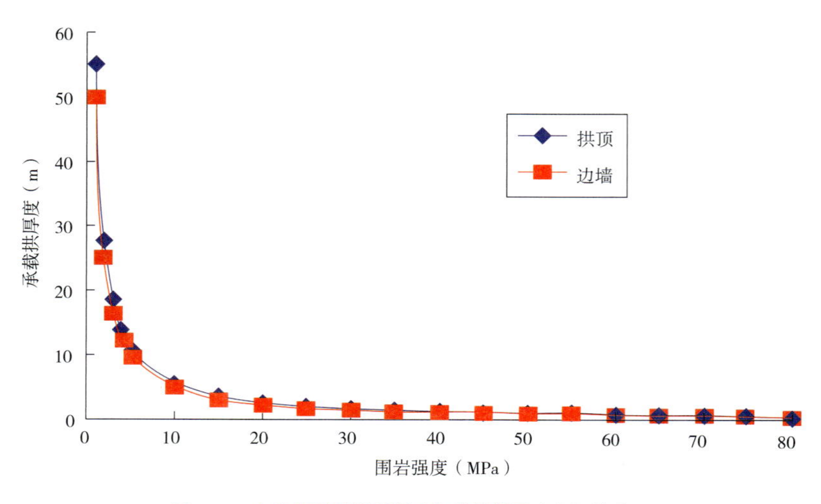

图 5-11　大跨段隧道围岩强度与承载拱厚度之间的关系

各级围岩物理力学指标　　表 5-4

围岩级别	重度（kN/m³）	弹性反力系数（MPa/m）	变形模量（GPa）	泊　松　比	内摩擦角（°）	黏聚力（MPa）	计算摩擦角（°）	围岩单轴抗压强度（MPa）
Ⅰ	26 ～ 28	1800 ～ 2800	＞ 33	＜ 0.20	＞ 60	＞ 2.1	＞ 78	＞ 15.67
Ⅱ	25 ～ 27	1200 ～ 1800	20 ～ 33	0.20 ～ 0.25	50 ～ 60	1.5 ～ 2.1	70 ～ 78	8.24 ～ 15.67
Ⅲ	23 ～ 25	500 ～ 1200	6 ～ 20	0.25 ～ 0.30	39 ～ 50	0.7 ～ 1.5	60 ～ 70	2.94 ～ 8.24
Ⅳ	20 ～ 23	200 ～ 500	1.3 ～ 6	0.3 ～ 0.35	27 ～ 39	0.2 ～ 0.7	50 ～ 60	0.65 ～ 2.94
Ⅴ	17 ～ 20	100 ～ 200	1 ～ 2	0.35 ～ 0.45	20 ～ 27	0.05 ～ 0.2	40 ～ 50	0.14 ～ 0.65
Ⅵ	15 ～ 17	＜ 100	＜ 1	0.40 ～ 0.50	＜ 22	＜ 0.1	30 ～ 40	＜ 0.30

大跨段各级围岩无支护时所需要的最小承载拱厚度　　表 5-5

围岩级别	围岩单轴抗压强度（MPa）	拱顶承载拱厚度（m）	边墙承载拱厚度（m）
Ⅰ	＞ 15.67	＜ 3.50	＜ 3.15
Ⅱ	8.24 ～ 15.67	3.50 ～ 6.65	3.15 ～ 6.00
Ⅲ	2.94 ～ 8.24	6.65 ～ 18.67	6.00 ～ 16.85
Ⅳ	0.65 ～ 2.94	18.67 ～ 83.94	16.85 ～ 75.76
Ⅴ	0.14 ～ 0.65	83.94 ～ 383.67	75.76 ～ 346.27
Ⅵ	＜ 0.30	＞ 182.65	＞ 164.84

计算结果表明：Ⅰ级围岩承载拱厚度一般小于 3.5m，Ⅱ级围岩承载拱最小厚度为 3 ～ 7m，Ⅲ级围岩承载拱最小厚度为 6 ～ 19m，Ⅳ级围岩承载拱最小厚度为 16 ～ 84m，Ⅴ级围岩承载拱最小厚度大于 75m。由此可见，Ⅰ级、Ⅱ级和部分Ⅲ级围岩，利用围岩自身的承载拱即可保持稳定，而Ⅳ级、Ⅴ级围岩需要采用支护措施以提高围岩的抗压强度，从而得到合理的承载拱厚度。

对于大跨度隧道而言，由于跨度大且同一个断面不同位置围岩级别会存在较大差异，因此同一个断面不同部位“承载拱”厚度会随着围岩级别的差异而调整，如图 5-12 所示。

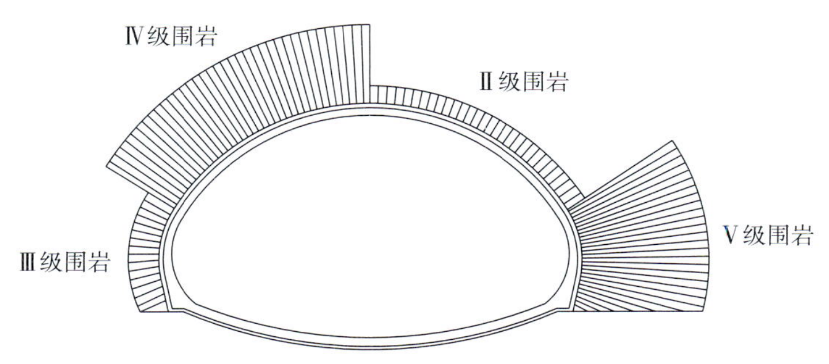

图 5-12　承载拱厚度随围岩级别调整示意图

5.3.2　基于隧道围岩承载拱理论支护体系的设计

隧道围岩承载拱理论基本原理是将隧道周边一定范围内的围岩圈作为一个拱形结构进行强度、刚度和稳定性计算，从而对预应力锚杆、预应力锚索、喷射混凝土和二次衬砌等支护结构进行设计。

隧道围岩承载拱形状根据初始地应力场及隧道建筑限界确定，承载拱厚度根据围岩所承受的拱轴力及围岩自身的强度确定。

当围岩的强度较大时，围岩自身的承载力即能满足拱圈稳定性的要求；当围岩的强度较小时，围岩自身的承载力不能满足拱圈稳定性的要求，则需要采用锚杆、喷射混凝土及二次衬砌等支护措施，使承载拱内围岩的应力均应小于围岩的抗压强度 $[\sigma_c]$，满足承载拱内围岩稳定性的要求。

承载拱的安全系数 K 计算公式为：

$$K=\frac{[\sigma_c]}{R/d} \tag{5-14}$$

将式（5-9）和式（5-10）代入式（5-14）中，可得到拱顶和边墙处围岩拱圈的安全系数分别为：

$$K_{拱顶}=\frac{d_b\cdot[\sigma_c]}{\sqrt{\left(\frac{qL^2}{8H}-\frac{kqH}{2}\right)^2+\left(\frac{qL}{2}\right)^2}} \tag{5-15}$$

$$K_{边墙}=\frac{8d_bH\cdot[\sigma_c]}{4kqH^2+qL^2} \tag{5-16}$$

基于隧道围岩承载拱理论的支护结构设计流程如图 5-13 所示。首先确定承载拱厚度、预应力锚杆参数，然后确定喷射混凝土、预应力锚索参数，最后确定二次衬砌等其他支护结构参数。

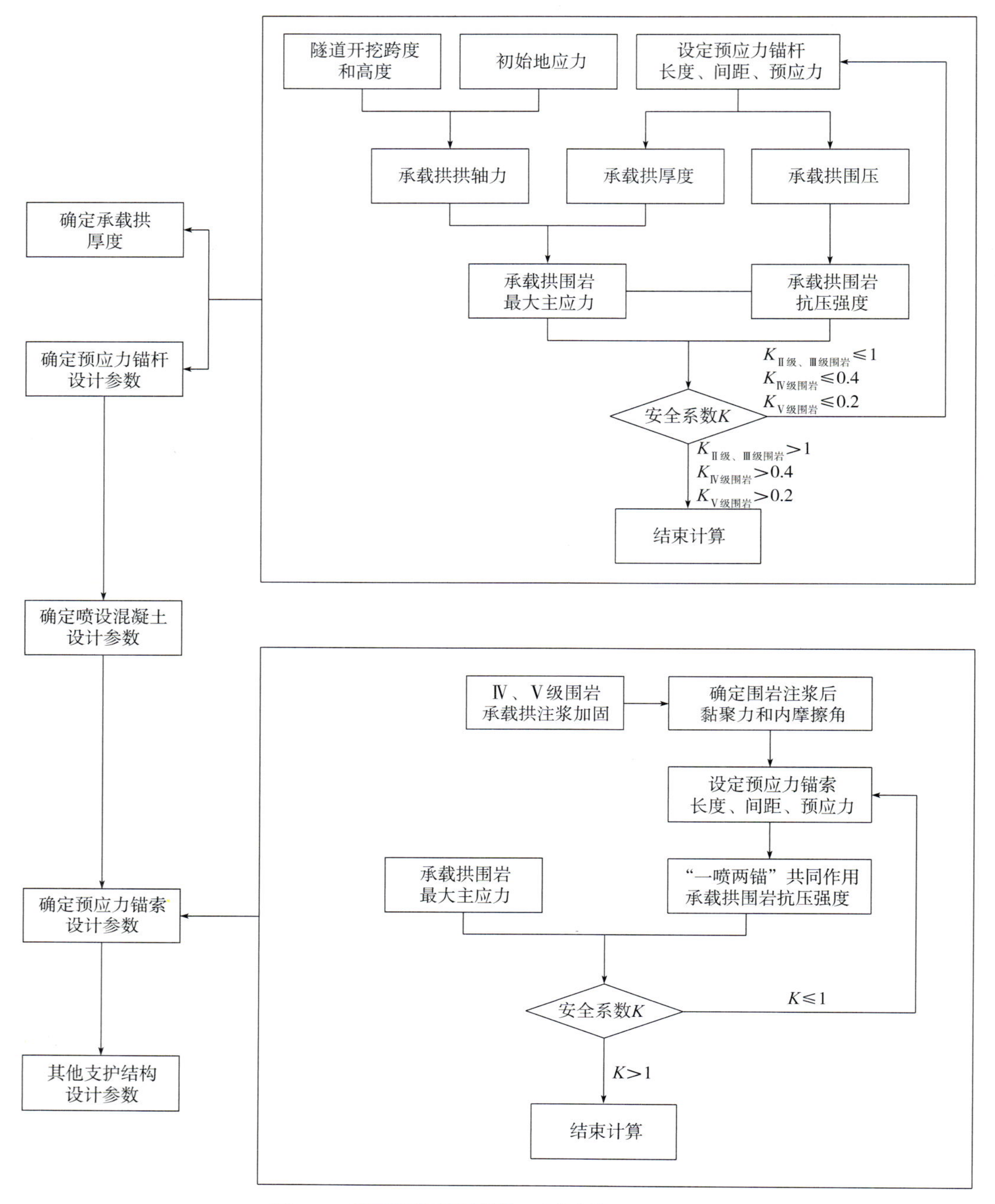

图 5-13　基于隧道围岩承载拱理论的支护结构设计流程

1）锚杆的设计

隧道结构体系中锚杆的作用主要包括：①通过锚杆两端的锚固力挤密围岩，形成承载拱；②通过锚杆材料自身的抗拉和抗剪性能，提高承载拱内围岩的黏聚力；③锚杆预应力作用在洞壁上，给围岩提供围压 σ_3，使承载拱内的围岩从单向受压状态转化为三向受压状态，从而提高承载拱内围岩的抗压强度。

锚杆通过两端的锚固力挤密围岩，形成承载拱，如图 5-14 所示。假设锚杆长度为 L_b，其中自由段为 L_1，锚固段为 L_2，当锚杆在喷射混凝土前打设，锚杆直接打设在围岩上，则锚杆形成的承载拱厚度为：

$$d_b = L_1 - 0.5\frac{r+L_1}{r}s_1 - 0.5s_1 \tag{5-17}$$

式中：r——洞壁的曲率半径，m；

s_1——锚杆环向间距，m。

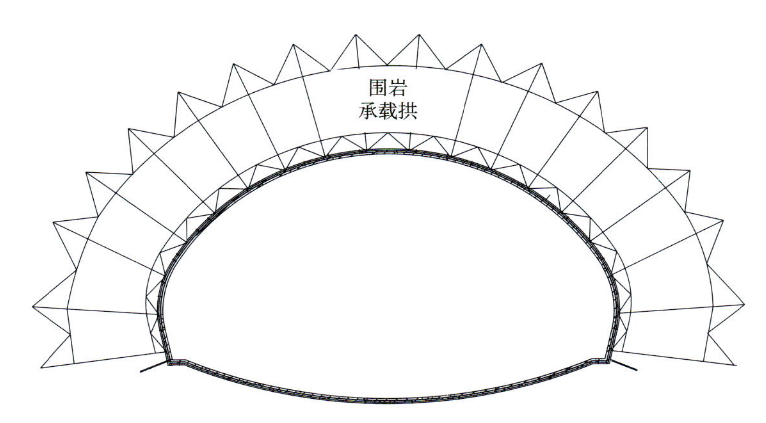

图 5-14　锚杆承载拱加固范围

当锚杆在喷射混凝土完成后打设，锚杆预应力作用在喷射混凝土表面上，则锚杆形成的加固圈厚度为：

$$d_b = L_1 - 0.5\frac{r+L_1}{r}s_1 \tag{5-18}$$

锚杆一方面提高了承载拱内围岩的黏聚力，另一方面，当采用预应力锚杆时，锚杆预应力作用在洞壁上，相当于给围岩提供围压 σ_3，使承载拱内的围岩从单向受压状态转化为三向受压状态，从而提高承载拱内围岩的抗压强度 $[\sigma_c]$。

假设锚杆预应力为 F_b，锚杆的环纵向间距分别为 s_1 和 s_2，则锚杆提供的支护应力 p_b 为：

$$p_b = \frac{F_b}{s_1 \cdot s_2} \tag{5-19}$$

则承载拱内围岩的抗压强度为：

$$[\sigma_c] = p_b \cdot \tan^2\left(45^\circ + \frac{\varphi}{2}\right) + 2\cdot(C+C')\cdot\tan\left(45^\circ + \frac{\varphi}{2}\right) \tag{5-20}$$

式中：C'——围岩因为锚杆的作用而提高的黏聚力，N。

将上式代入式（5-15）和式（5-16）中，即得到锚杆单独支护隧道围岩的安全系数。

综上所述，锚杆的设计思路如图 5-15 所示。

京张高铁八达岭长城站大跨段隧道预应力锚杆杆体采用 Q420、37MnSi 钢管轧制而成，钢

管外径 32mm、壁厚 6mm。根据《钢结构设计规范》（GB 50017—2017），锚杆杆体抗拉和抗压强度设计值为 355MPa，抗剪强度设计值为 205MPa。

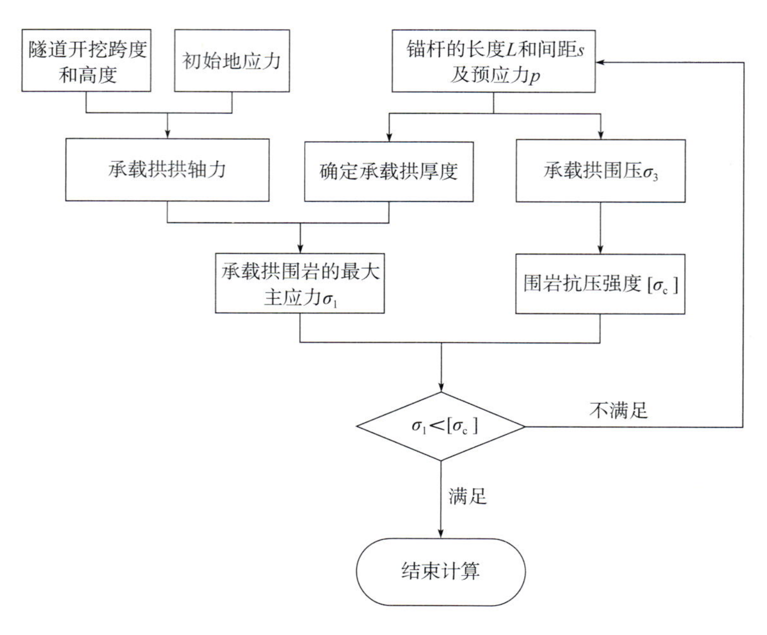

图 5-15　锚杆的设计思路

采用以上公式计算八达岭长城站大跨段隧道预应力锚杆设计参数，见表 5-6。

八达岭长城站大跨段预应力锚杆设计参数　　表 5-6

ϕ32mm 预应力锚杆（张拉设计值 100kN）设计参数	围岩级别			
	Ⅱ	Ⅲ	Ⅳ	Ⅴ
锚固段长度（m）	涨壳锚固头		ϕ22mm HRB400 钢筋，长度 3m	
自由段长度（m）	5	6	7	8
外露长度（m）	—	—	0.115	—
锚杆总长度（m）	5.115	6.115	10.115	11.115
锚杆间距（环向 × 纵向）（m×m）	2.4 × 1.6		2.4 × 1.2	1.2 × 0.8
设置部位	拱部	拱墙	拱墙	拱墙
承载拱厚度（m）	2.27	3.20	4.13	6.53
拱顶应力（MPa）	7.50	5.32	4.12	2.61
边墙应力（MPa）	11.61	8.23	6.38	4.04
锚杆提供的支护力（kPa）	26.04	26.04	34.72	104.17
围岩抗压强度（MPa）	16.04	8.44	3.09	0.93
安全系数	1.38	1.02	0.48	0.23

计算结果表明：Ⅱ级、Ⅲ级围岩采用锚杆即可满足围岩稳定性要求，Ⅳ级、Ⅴ级围岩必须增加其他支护措施。

2）喷射混凝土的设计

隧道结构体系中喷射混凝土的主要作用：①保护表层围岩，尤其是锚杆拉力形成的承载拱内侧围岩的稳定，形成承载板，使锚杆的预应力作用在洞壁喷射混凝土上，增大了承载拱的厚度；②提供围压，从而提高承载拱内围岩的抗压强度 $[\sigma_c]$，提高了安全系数。

假设锚杆的环纵向间距分别为 S_1 和 S_2，假设锚杆头部压力呈 45° 向围岩内扩散，则承载拱内侧表层围岩的厚度约为锚杆间距的一半，即：

$$d_t=0.5\cdot\max(S_1, S_2) \tag{5-21}$$

喷射混凝土应提供的最小支护力：

$$p_s\geqslant\rho g d_t \tag{5-22}$$

则喷射混凝土的最小厚度：

$$d_s\geqslant\frac{s_1 s_2 \rho g d_t}{2(s_1+s_2)\sigma_\tau} \tag{5-23}$$

式中：σ_τ——喷射混凝土的抗剪强度，Pa；

ρ——围岩的密度，kg/m^3。

喷射混凝土的实际设计厚度一般远大于最小厚度，且Ⅳ、Ⅴ级围岩一般还设置了格栅钢架或型钢钢架，形成了钢筋混凝土结构，此时，喷射混凝土能够提供较大的支护力 p_s，在保护表层围岩的同时，也为围岩承载拱提供了围压。

3）预应力锚索的设计

预应力锚索通过钻孔穿过软弱岩层或滑动面，将锚索一端锚固在坚硬岩层中，张拉另一自由段，从而对岩层施加压力以锚固不稳定岩体。锚索注浆一般采用 M30 水泥砂浆，使用普通硅酸盐水泥，注浆压力不低于 2MPa。当砂浆强度达到 30MPa 时进行张拉，一般张拉时间在注浆结束后 30d 左右，当工期紧迫时可在砂浆中添加适量早强剂。

预应力锚索在国内外工程中的应用，主要集中在边坡治理和高地应力软岩大变形处理，以及水利水电大型厂房洞室锚固。铁路隧道施工中预应力锚索应用较少，主要原因是锚索施工工艺复杂，锚固质量控制难度大，同时，对隧道正常施工干扰较大。

八达岭长城站大跨段隧道初期支护的核心是预应力锚杆和预应力锚索充分发挥作用，在隧道周边形成承载拱，承担施工期间围岩全部荷载。如何保证预应力锚杆和预应力锚索的施作效果是该工程成功的关键。八达岭长城站大跨段隧道初期支护结构设计如图 5-16 所示。

（1）预应力锚索设计参数

八达岭长城站大跨段隧道锚索钻孔直径为 130mm、通气孔直径为 16mm、进回浆孔直径为 20mm、钢绞线孔直径为 20mm、隔离架外径为 120mm。每根钢绞线由 7 根钢丝捻制而成，钢丝直径为 2.5mm，外包络直径为 15.2mm，强度等级为 1860MPa。钢绞线型号为 1 × 7-15.20-

1860-GB/T 5224—2004。预应力锚索设计参数见表 5-7。

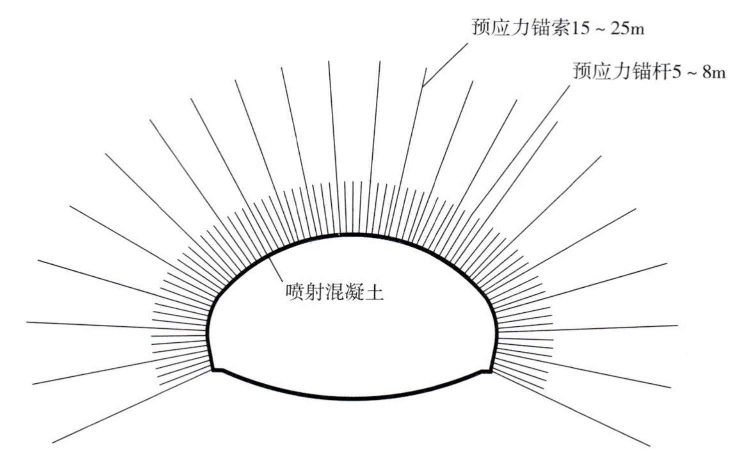

图 5-16　八达岭长城站大跨段隧道初期支护结构设计示意图

八达岭长城站大跨段隧道预应力锚索设计参数　　表 5-7

围岩级别	总长度（m）	锚固段长度（m）	自由段长度（m）	环向间距 × 纵向间距（m × m）	单根锚索预应力设计值（kN）	单根锚索钢绞线数量（束）
Ⅲ	15	6	9	局部	700	5
Ⅳ	20	6	14	3.6 × 2.4	700	5
Ⅴ	25	6	19	2.4 × 2.4	1000	7

（2）预应力锚索拉力计算

预应力锚索拉力大小取决于锚索自身钢绞线拉力、钢绞线与注浆体之间的握裹力，以及注浆体与围岩之间的黏聚力，锚索拉力为上述三者的最小值，即：

$$F_c=\min(F_1, F_2, F_3) \tag{5-24}$$

式中：F_c——锚索拉力，kN；

F_1——锚索钢绞线拉力，kN；

F_2——锚索与注浆体之间的握裹力，kN；

F_3——注浆体与围岩之间的黏聚力，kN。

锚索钢绞线拉力采用式（5-25）计算。

$$F_1=10^{-3}f_{py}\cdot n\cdot A \tag{5-25}$$

式中：f_{py}——单束钢绞线抗拉强度设计值，MPa；

n——锚索内钢绞线数量，束；

A——单束钢绞线截面面积，mm^2/束。

八达岭长城站大跨段隧道锚索钢绞线拉力理论计算值见表 5-8。

八达岭长城站大跨段隧道锚索钢绞线拉力计算结果 表 5-8

锚索类型	钢绞线数量（根）	单根钢绞线截面积（扣除空隙）（mm^2）	钢绞线抗拉强度设计值（MPa）	锚索钢绞线拉力（kN）
5 芯锚索	5	140	1860	1302.0
7 芯锚索	7	140	1860	1822.8

锚索与注浆体之间的握裹力采用式（5-26）计算。

$$F_2 = f'_{ms} \cdot n \cdot \pi \cdot d \cdot L_a \cdot \zeta \tag{5-26}$$

式中：f'_{ms}——锚固段注浆体与锚索钢绞线之间黏结强度设计值，MPa；

d——单根钢绞线直径，mm；

L_a——锚固段长度，m；

ζ——界面黏结强度降低系数，当采用 2 根或 2 根以上钢绞线时取 0.7 ～ 0.85。

八达岭长城站大跨段隧道锚索与注浆体之间的握裹力计算结果见表 5-9。

八达岭长城站大跨段隧道锚索与注浆体之间的握裹力计算结果 表 5-9

锚索类型	注浆体与锚索钢绞线之间黏结强度（MPa）	钢绞线数量（根）	钢绞线直径（mm）	锚固段长度（m）	黏结强度降低系数	锚索与注浆体之间握裹力（kN）
5 芯锚索	0.9	5	15.2	6	0.7	902.1
7 芯锚索	0.9	7	15.2	6	0.7	1262.9

注浆体与围岩之间的黏聚力采用式（5-27）计算：

$$F_3 = \frac{f_{ms}}{K} \cdot \pi \cdot D \cdot L_b \cdot \phi \tag{5-27}$$

式中：f_{ms}——注浆体与围岩之间的极限黏结强度标准值，MPa；

K——注浆体与地层的极限黏结抗拔安全系数；

D——锚索钻孔直径，mm；

L_b——锚索注浆体与围岩的黏结长度，m；

ϕ——锚固段长度对极限黏结强度的影响系数。

八达岭长城站大跨段隧道注浆体与围岩之间的黏聚力计算结果见表 5-10。

八达岭长城站大跨段锚索注浆体与围岩之间的黏聚力 表 5-10

注浆体与围岩黏结强度标准值（MPa）	安全系数	钻孔直径（mm）	锚固段长度（m）	锚固段长度影响系数	注浆体与围岩之间的黏聚力（kN）
1	2	130	6	1.0	1224.6

综合以上计算结果，可得出八达岭长城站大跨段隧道单根锚索拉力，见表 5-11。

八达岭长城站大跨段隧道锚索拉力　表 5-11

锚索类型	锚索钢绞线拉力（kN）	锚索与注浆体之间的握裹力（kN）	注浆体与围岩之间的黏聚力（kN）	锚索拉力（kN）
5 芯锚索	1302.0	902.1	1224.6	902.1
7 芯锚索	1822.8	1262.9	1224.6	1224.6

由以上计算结果可以看出，锚索钢绞线拉力要大于锚索与注浆体之间的握裹力、注浆体与围岩之间的黏聚力，因此，锚索拉力主要受锚索与注浆体之间的握裹力、注浆体与围岩之间的黏聚力所控制，可见，锚索施作工艺是决定锚索拉力能否满足设计要求的关键。

（3）增加“倒刺”提高握裹力

为了提高锚索与注浆体之间的握裹力，研发了“倒刺”新产品，如图 5-17 所示。在锚索钢绞线上每间隔 1m 增加一处“倒刺”，通过加大断面面积提高锚索与注浆体之间的握裹力，如图 5-18 所示。

图 5-17　“倒刺”新产品

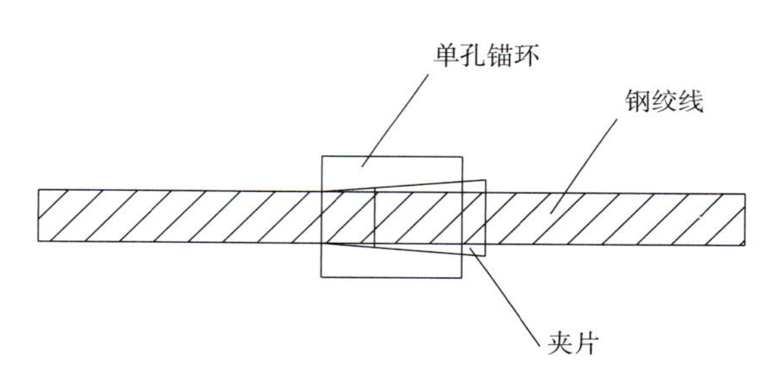

图 5-18　预应力锚索“倒刺”安装示意图

锚索增加“倒刺”后，与注浆体之间的握裹力采用式（5-28）计算。

$$F_2 = f'_{\mathrm{ms}} \cdot n \cdot \pi \cdot d_{\mathrm{m}} \cdot L_{\mathrm{m}} \cdot \xi \tag{5-28}$$

式中：d_{m}——“倒刺”直径，mm；

L_{m}——“倒刺”埋设纵向深度，m。

增加“倒刺”后八达岭长城站大跨段隧道锚索与注浆体之间握裹力计算结果见表 5-12。

增加“倒刺”后锚索与注浆体之间的握裹力计算结果　表 5-12

锚索类型	注浆体与锚索钢绞线之间黏结强度（MPa）	钢绞线数量（束）	“倒刺”直径（mm）	“倒刺”埋设纵向深度（m）	黏结强度降低系数	锚索与注浆体之间握裹力（kN）
5 束钢绞线	0.9	5	30.0	6	0.7	1780.4
7 束钢绞线	0.9	7	30.0	6	0.7	2492.5

（4）高压注浆提高黏聚力

为了提高注浆体与围岩之间的黏聚力，采用高压注浆工艺，使锚索钻孔周边围岩得到一定的改良，同时，提升锚索孔注浆体的质量。

现场进行了 8 个锚索试验孔注浆，采用高压注浆工艺，注浆终压为 6 ～ 7MPa，注浆情况见表 5-13。

锚索试验孔注浆情况　　表 5-13

孔号	1	2	3	4	5	6	7	8
孔径（mm）	150	150	150	150	150	150	150	150
孔深（m）	27.0	26.5	22.0	22.0	24.0	24.0	27.0	27.0
锚固段长度（m）	12	12	6	6	9	9	12	12
锚索孔注浆量（m^3）	0.443	0.433	0.362	0.362	0.397	0.397	0.452	0.452
注浆时间（min）	45	40	13	25	17	40	51	20
实际总注浆量（m^3）	0.950	1.060	0.550	0.550	0.450	0.950	0.720	0.820
地层注浆量（m^3）	0.507	0.627	0.188	0.188	0.053	0.553	0.268	0.368
地层延米注浆量（m^3）	0.042	0.052	0.031	0.031	0.006	0.061	0.022	0.031
注浆终压（MPa）	7	7	6	6	6	6	6	6

根据注浆情况绘制锚索孔注浆量和实际总注浆量对比，如图 5-19 所示。

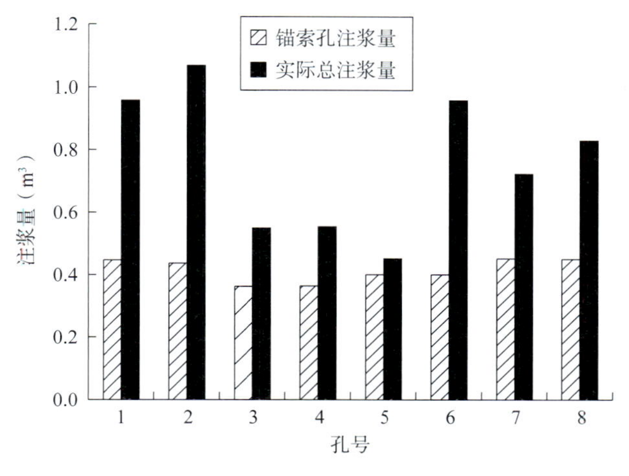

图 5-19　锚索孔注浆量与实际总注浆量对比

由锚索孔注浆量与实际总注浆量对比图来看，锚索孔浆液填满后，在注浆压力下，浆液填充锚索孔周边的岩层裂隙，从而提高地层整体锚固力。

浆液扩散半径或范围可采用式（5-29）计算。

$$Q=\pi R^2 \cdot H \cdot n \cdot \alpha \cdot (1+\beta) \tag{5-29}$$

式中：Q——地层注浆量，m^3；

R——浆液扩散半径或范围，m；

H——注浆段长度，m；

n——地层孔隙率；

α——地层孔隙填充率；

β——浆液损失率。

根据注浆数据，取 H=1m，Q=0.0345m^3，α=5%，β=10%。计算得：R=0.5m。

可见，通过高压注浆，锚索钻孔周边约 0.5m 范围内岩层裂隙得到了有效填充，地层得到了改良，形成了直径约 1m 的锚固岩柱，从而提高了地层的整体锚固力。

高压注浆后锚索注浆体与围岩之间的黏聚力计算结果见表 5-14。

高压注浆后锚索注浆体与围岩之间的黏聚力 表 5-14

注浆体与围岩黏结强度标准值（MPa）	安全系数	钻孔直径（mm）	锚固段长度（m）	锚固段长度影响系数	注浆体与围岩之间的黏聚力（kN）
1.5	2	130	6	1.0	1836.9

（5）预应力锚索快速张拉

经过研究，采用硫铝酸盐水泥为主要材料，通过掺加外加剂形成改性硫铝酸盐水泥。通过试验，采用水泥浆液水灰比为 0.33∶1，外加剂掺加量为水泥质量的 3%～5%，测试浆液凝胶时间为 30～40min。浆液的不同龄期强度见表 5-15。

改性硫铝酸盐水泥浆液强度试验结果 表 5-15

龄期	2h	4h	8h	16h	1d	3d	7d
抗压强度（MPa）	11.3	26.5	29.7	33.5	40.0	43.0	45.0

根据试验结果绘制改性硫铝酸盐水泥浆液强度增长曲线，如图 5-20 所示。

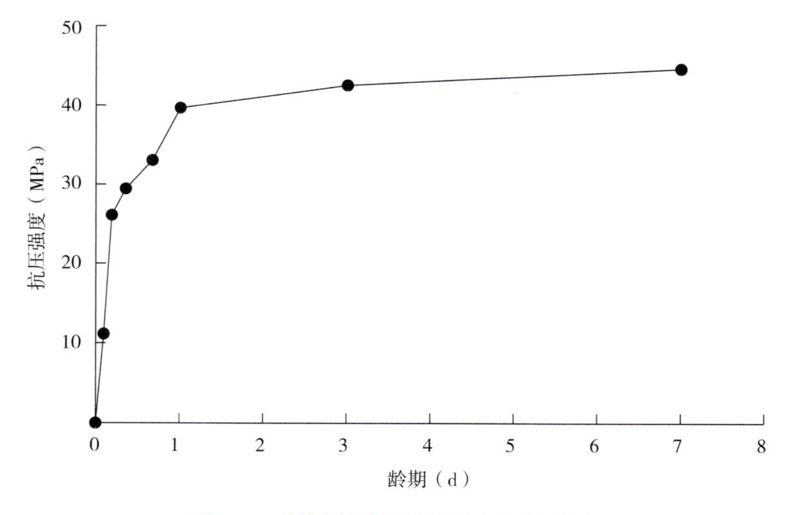

图 5-20 改性硫铝酸盐水泥浆液强度增长曲线

由图 5-20 曲线可以看出，改性硫铝酸盐水泥浆液 1d 强度可以达到 30MPa 以上，因此，现场可以在注浆完成后 1d 内实现预应力锚索的快速张拉，从而控制大跨段隧道围岩变形，提高施工工效。

（6）效果评定与结论

根据计算结果可得出工艺改进后单根锚索拉力，见表 5-16。

工艺改进后单根锚索拉力　表 5-16

锚索类型	锚索钢绞线拉力（kN）	锚索与注浆体之间的握裹力（kN）	注浆体与围岩之间的黏聚力（kN）	锚索拉力（kN）
5 芯锚索	1302.0	1780.4	1836.9	1302.0
7 芯锚索	1822.8	2492.5	1836.9	1822.8

由计算结果可以看出，通过工艺改进，锚索与注浆体之间的握裹力、注浆体与围岩之间的黏聚力均大于锚索钢绞线拉力，因此，锚索拉力主要受锚索钢绞线拉力控制，即受材料影响最大，可见，通过工艺改进，锚索拉力完全能满足设计要求。

通过对预应力锚索的研究与设计，得出的结论如下：

①采用常规的预应力锚索施工工艺，锚索拉力值主要受锚索与注浆体之间的握裹力、注浆体与围岩之间的黏聚力所控制。通过采用增加“倒刺”新产品，采取高压注浆新工艺，可以提高锚索与注浆体之间的握裹力、注浆体与围岩之间的黏聚力。

②八达岭长城站大跨段隧道预应力锚索采用增加“倒刺”，锚索与注浆体之间的握力可提高约 2 倍；采取 6 ～ 7MPa 高压注浆工艺，注浆体与围岩之间的黏聚力可提高约 1.5 倍。

③采用改性硫铝酸盐水泥浆液，实施高压注浆工艺，浆液强度 1d 可达到 30MPa 以上，实现了注浆完成后 1d 内锚索张拉，从而有效地控制了隧道围岩变形，既保证了施工安全，又提高了施工效率。

4）支护体系的共同作用

锚杆、锚索、注浆、喷射混凝土、二次衬砌和围岩共同组成超大跨隧道的支护体系中，围岩承载拱是这个支护体系的载体，注浆提高了围岩自身的强度，锚杆确定了拱的厚度，锚杆和锚索的预应力以及喷射混凝土和二次衬砌的支护力，为围岩拱提供了围压 σ_3，在各种支护措施的共同作用下，承载拱的围压计算公式为：

$$\sigma_3=p_b+p_a+p_s+p_c \tag{5-30}$$

式中：p_b——锚杆提供的围压，Pa；

p_a——锚索提供的围压，Pa；

p_s——喷射混凝土提供的围压，Pa；

p_c——二次衬砌提供的围压，Pa。

承载拱内岩体的抗压强度为：

$$[\sigma_c]=(p_b+p_a+p_s+p_c)\cdot\tan^2\left(45^\circ+\frac{\varphi_g}{2}\right)+2C_g\cdot\tan\left(45^\circ+\frac{\varphi_g}{2}\right) \tag{5-31}$$

式中：C_g——注浆后围岩的黏聚力，Pa；

φ_g——注浆后围岩的内摩擦角，(°)。

各种支护措施共同作用下的安全系数为：

$$K=\frac{[\sigma_c]=(p_b+p_a+p_s+p_c)\cdot\tan^2\left(45^\circ+\frac{\varphi_g}{2}\right)+2C_g\cdot\tan\left(45^\circ+\frac{\varphi_g}{2}\right)}{\frac{R}{d}} \tag{5-32}$$

通过上述公式计算出锚杆、预应力锚索和喷射混凝土共同作用下，围岩承载拱的安全系数，见表 5-17。

锚杆、预应力锚索和喷射混凝土的共同作用下围岩承载拱的安全系数　　表 5-17

参数	围岩级别			
	Ⅱ	Ⅲ	Ⅳ	Ⅴ
锚杆支护力 p_b（MPa）	26.04	26.04	34.72	104.17
锚索支护力 p_a（MPa）	0	0	86.81	173.61
喷射混凝土支护力 p_s（MPa）	137.61	321.1	321.1	321.1
围压合力 σ_3（MPa）	163.65	347.14	442.63	598.88
围岩强度	18.70	11.41	5.72	4.53
承载拱厚度（m）	3.47	4.4	5.33	7.13
拱顶应力 $\sigma_{拱顶}$（MPa）	4.91	3.87	3.19	2.39
边墙应力 $\sigma_{边墙}$（MPa）	7.59	5.99	4.94	3.70
安全系数 K	2.46	1.91	1.16	1.22

注：Ⅴ级围岩段采用小导管超前注浆。

5）二次衬砌的设计

隧道施工期间，围岩荷载全部由锚杆、锚索、喷射混凝土、超前预支护及围岩共同组成的承载拱承担，二次衬砌仅作为安全储备，衬砌断面如图 5-21 所示。

八达岭长城站设计使用年限按 300 年考虑，在运营期，不再考虑锚杆和锚索的预应力，也不考虑二次衬砌中钢筋的受力，二次衬砌按素混凝土结构计算受力。

根据二次衬砌的设计原则，当不考虑锚杆、锚索的预应力，则围岩承载拱的围压为：

$$\sigma_3=p_s+p_c \tag{5-33}$$

式中：p_s——喷射混凝土提供的围压，Pa；

p_c——二次衬砌提供的围压，Pa。

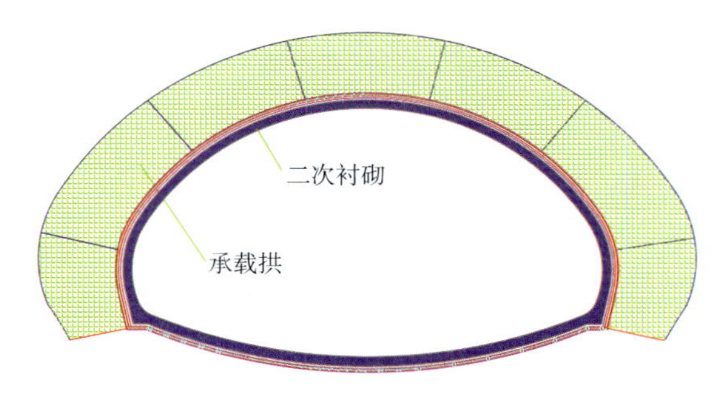

图 5-21 衬砌断面

承载拱内岩体的抗压强度为：

$$[\sigma_c]=(p_s+p_c)\cdot\tan^2\left(45^\circ+\frac{\varphi_g}{2}\right)+2C_g\cdot\tan\left(45^\circ+\frac{\varphi_g}{2}\right) \tag{5-34}$$

则锚杆、预应力锚索和喷射混凝土的共同作用的安全系数为：

$$K_{拱顶}=\frac{d_b\cdot(p_s+p_c)\cdot\tan^2\left(45^\circ+\frac{\varphi_g}{2}\right)+2C_g\cdot\tan\left(45^\circ+\frac{\varphi_g}{2}\right)}{\sqrt{\left(\frac{qL^2}{8H}-\frac{kqH}{2}\right)^2+\left(\frac{qL}{2}\right)^2}} \tag{5-35}$$

$$K_{边墙}=\frac{8d_bH\cdot(p_s+p_c)\cdot\tan^2\left(45^\circ+\frac{\varphi_g}{2}\right)+2C_g\cdot\tan\left(45^\circ+\frac{\varphi_g}{2}\right)}{4kqH^2+qL^2} \tag{5-36}$$

当二次衬砌拱墙采用厚度为 60cm 的 C35 混凝土时，根据荷载结构模型计算二次衬砌能提供的最大支护力为 612. 84kPa，则围岩拱圈的安全系数见表 5-18。

八达岭长城站大跨过渡段结构设计安全系数检算　　表 5-18

参数	围岩级别			
	Ⅱ	Ⅲ	Ⅳ	Ⅴ
锚杆支护力（kPa）	26.04	26.04	34.72	104.17
锚索支护力（kPa）	0	0	115.74	173.61
喷射混凝土支护力（kPa）	137.61	321.10	321.10	321.10
二次衬砌支护力（kPa）	612.84	612.84	612.84	612.84
施工期总支护力（kPa）	163.65	347.14	471.56	598.88
运营期总支护力（kPa）	776.49	959.98	1084.40	1211.72
承载拱厚度（m）	3.47	4.40	5.33	7.13
施工期安全系数	2.46	1.91	1.30	1.22
运营期安全系数	3.59	2.68	1.93	1.67

5.3.3 承载拱理论在超大跨隧道上的工程应用

采用上述结构设计方法，对八达岭长城站两端大跨度的断面形式和支护参数进行优化。

1）隧道开挖轮廓线设计

大跨过渡段隧道轴线方向为NW57°，根据现场地应力测试结果，实测最大水平主应力方向为NE31°，最大水平主应力与隧道洞轴线夹角88°，隧道埋深处最大水平主应力S_H约4.46MPa，竖直向应力σ_v约2.57MPa，侧压力系数k约为1.7。根据铁路建筑限界及线路布置，隧道开挖跨度32.7m，高度12.34m，则根据公式可得到大跨段隧道受力最优开挖轮廓线的椭圆方程为：

$$\frac{x^2}{(16.35)^2}+\frac{(y-12.54)^2}{(12.54)^2}=1 \tag{5-37}$$

椭圆的水平轴长16.35m，竖直轴长12.54m，隧道开挖轮廓线设计图如图5-22所示。上述分析中，尚未考虑承载拱厚度及自重对承载拱受力的影响，对于隧道工程来说，承载拱上半断面的自重不利于拱的稳定，而下半断面的自重有利于拱的稳定，因此，为充分利用仰拱自重对拱形结构的有利用影响，仰拱开挖轮廓线的拱高适当减小。

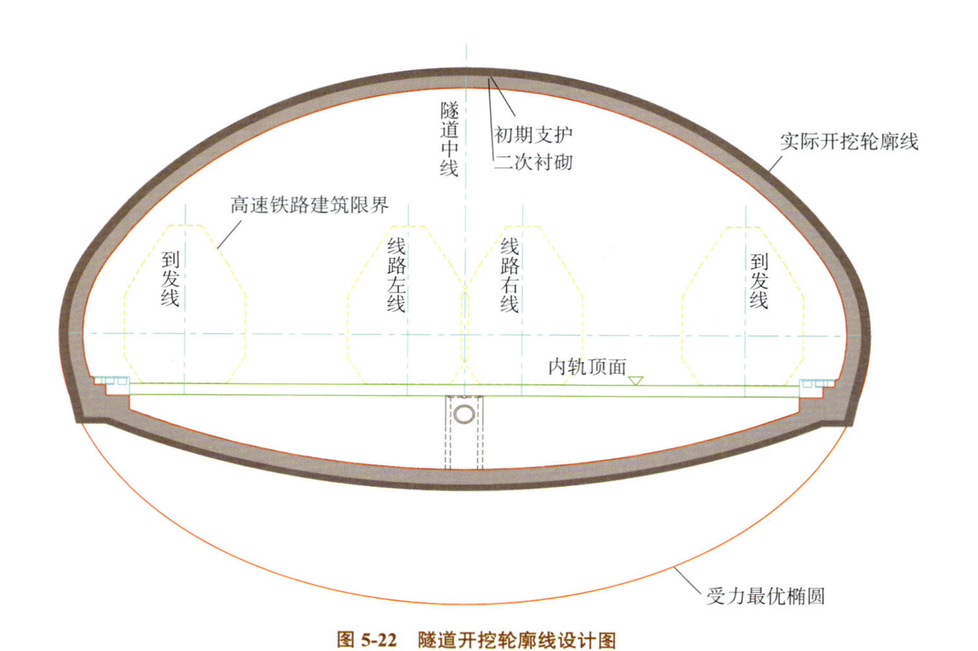

图5-22　隧道开挖轮廓线设计图

2）隧道支护体系设计

八达岭长城站大跨过渡段支护结构体系设计采用围岩支护结构体系构件化设计方法，通过资料调研和理论计算确定的设计参数见表5-19，利用式（5-28）计算求得32.7m跨度隧道各种支护措施共同作用下的安全系数见表5-20。

八达岭长城站大跨过渡段支护结构设计参数　　表 5-19

参数		围岩级别			
		Ⅱ	Ⅲ	Ⅳ	Ⅴ
预留变形量（cm）		6	12	15	20
超前支护		—	ϕ42mm 超前小导管	ϕ42mm 超前小导管	超前大管棚 + 超前预注浆
ϕ22mm 四肢格栅钢架间距		—	1.6	1.2	0.8
喷射 C30 混凝土	拱墙厚度（cm）	15	35	35	35
	仰拱厚度（cm）	10	10	25	25
ϕ25mm 药卷锚杆	总长度（m）	3	4	5	6
	间距（环 × 纵）	2.4m × 1.6m	2.4m × 1.6m	2.4m × 1.2m	2.4m × 0.8m
ϕ32mm 预应力锚杆（张拉值 100kN）	锚杆类型	涨壳头锚杆	涨壳头锚杆	中空锚杆	中空锚杆
	总长度 / 锚固段长度（m）	5m	6m	10/3	11/3
	间距（环 × 纵）	2.4m × 1.6m	2.4m × 1.6m	2.4m × 1.2m	1.2m × 0.8m
预应力锚索（1000kN）	总长度 / 锚固段长度（m）	—	15/5	20/6	25/6
	间距（环 × 纵）	—	局部	3.6m × 2.4m	2.4m × 2.4m
二次衬砌		拱墙厚 60cm，仰拱厚 70cm，主筋Φ28@200cm			

注：1. 拱墙喷射混凝土分三次喷射，初喷及第二次喷射 C30 钢纤维混凝土，第三次喷射 C30 混凝土。

2. Ⅱ级围岩段仅拱部设置锚杆和预应力锚杆只设置拱部，其他围岩拱墙均设置。

八达岭长城站大跨过渡段结构设计安全系数检算　　表 5-20

参数	围岩级别			
	Ⅱ	Ⅲ	Ⅳ	Ⅴ
锚杆支护力（kPa）	26.04	26.04	34.72	104.17
锚索支护力（kPa）	0	0	115.74	173.61
喷射混凝土支护力（kPa）	137.61	321.10	321.10	321.10
二次衬砌支护力（kPa）	612.84	612.84	612.84	612.84
施工期总支护力（kPa）	163.65	347.14	471.56	598.88
运营期总支护力（kPa）	776.49	959.98	1084.40	1211.72
承载拱厚度（m）	3.47	4.40	5.33	7.13
施工期安全系数	2.46	1.91	1.30	1.22
运营期安全系数	3.59	2.68	1.93	1.67

由表 5-20 中计算结果表明，Ⅴ级围岩段二次衬砌施工前在锚杆、锚索、喷射混凝土等初期支护作用下，围岩承载拱的安全系数为 1.22，二次衬砌施工完成后，在初期支护及二次衬砌的共同作用下，围岩承载拱的安全系数为 1.67。

3）支护监测结果

根据图 5-23 所示的大跨段变形监测成果，大跨度段拱顶最大累计沉降发生在 DK68+320 断面处，本段围岩等级为 IV 级，最大累计沉降仅为 17.3mm，拱顶相对下沉仅为 0.09%。其他各段落拱顶累计沉降 10 ～ 15mm，且各段落沉降变形均已收敛，表明大跨度支护结构能够保证围岩稳定，支护效果良好。

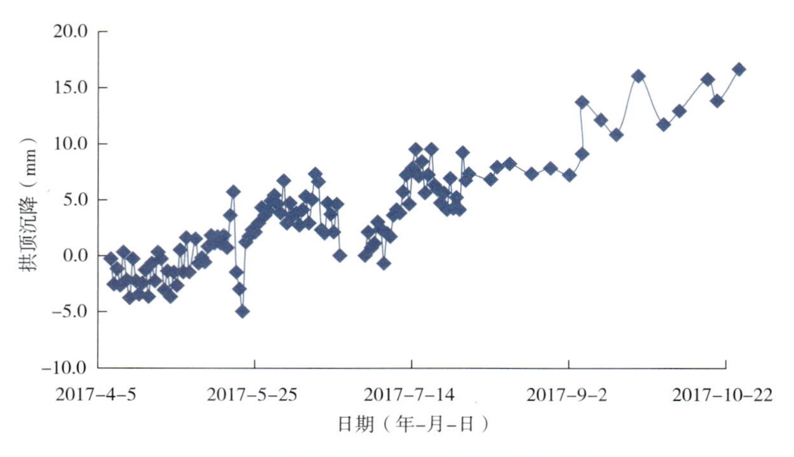

图 5-23　大跨段 DK68+320 拱顶累计沉降

4）支护效果评价

以京张高铁八达岭长城站超大跨隧道工程为研究对象，采用理论分析、数值模拟及现场实测统计分析等方法，研究了超大跨隧道变形控制标准的制定方法，提出了超大跨隧道变形分步控制和分级管理方法。得到如下结论：

（1）建立了隧道变形与围岩应变的相互关系计算模型，提出了基于围岩极限应变的隧道总变形控制标准。

（2）探明了超大跨隧道施工过程围岩的变形规律，即隧道在成跨阶段的变形约占总变形的 95%，成墙阶段的变形约占总变形的 5%。并制定了超大跨隧道各施工开挖步序的分步控制标准。

（3）建立变形控制标准分级管理机制。将每一步开挖下的隧道变形分为 Ⅱ 级预警、Ⅰ 级预警与临界值三个阶段，并制订了各级预警的应对措施。

5.4　超大跨隧道初期支护型钢的结构优化

在超大跨软弱围岩隧道或开挖后变形比较大的隧道中，围岩自稳能力差且自稳时间长。同时，由于喷射混凝土、锚杆等形式的支护不能及时提供足够的支护抗力，限制围岩的变形。因此，为了维持围岩的稳定，保证开挖作业的顺利进行，需要给予围岩强有力的支护措施，这时就往往需要采用刚度较大的钢拱架支护。

目前，对大断面隧道初期支护中钢架的设计普遍采用等强度设计，这种设计方法不能使型钢得到充分、合理、有效的利用，造成材料浪费，增加建设成本。在中小断面隧道中，等强度设计相对保守，造成钢材的浪费，而在超大断面中，在型钢尺寸有限制的情况下，开挖时产生较大围岩荷载可能造成初期支护的失稳破坏。因此，需要通过一定的手段对大断面隧道型钢的结构进行优化，达到节省钢材的同时增加结构的稳定性。

通过 ABAQUS 有限元软件中的拓扑优化功能对八达岭长城站大跨段初期支护型钢的结构进行优化，在节约钢材的原则条件下，对断面局部位置的钢架进行强化，以达到支护的刚度要求，对于八达岭长城站大跨段型钢的设计具有重要的指导意义。

5.4.1 拓扑优化的基本理论

从研究对象来说，拓扑优化可分为离散体结构的拓扑优化（比如钢架、桁架、加强筋板等结构以及它们的组合形式）和连续体结构的拓扑优化（如二维板壳、三维实体等）两大类。

离散结构的拓扑优化最初由 Michell 提出，1904 年他提出了桁架理论，但是这个理论具有局限性，只使用于单工况，并且需要合适的应变场。随后，人们提出了一系列的方法对其进行优化，其中又以 Gomory、Greenberg 和 Dorn 等研究出的基结构方法（Ground structure approach）最具代表性。相比桁架理论，基结构方法克服了它的局限性，首次在结构优化领域使用数值方法来建立一个节点的集合，节点集合中包括了荷载作用点、结构节点以及支撑点，并用杆件将集合中的节点连接，建立起基结构。基结构就是初始的设计，设计变量为杆件的面积，再用优化算法来算杆件的最优面积。Schmit 在 20 世纪 60 年代首次用数学规划问题来表述结构的优化问题，并使用数学规划的算法对问题进行求解，这是一个里程碑式的进步。

相比连续体结构的拓扑优化，离散体结构的拓扑优化更加成熟，国内外对此都做过很细致的研究。近些年结构优化领域研究的热点主要集中在连续体的拓扑优化理论，并在机械、电子、桥梁建筑等领域有了突破性的发展。

1）结构拓扑优化数学模型

工程设计人员在对结构进行拓扑优化设计时，不管工程结构是离散体还是连续体，首先要选择初始优化的设计区域。通常情况下，用基结构的方法进行描述。所谓基结构的方法，是先对初始优化的设计区域进行离散，从而把它划分为多个子优化设计区域，比如用有限元法对初始的设计区域先进行离散，则每一个有限元个体便是子优化的设计区域。在离散化后，会形成由子优化的设计区域组成的基结构。在此基础上，再选择合适的优化准则和方法，从基结构里删除一些多余、无用的单元，最后形成一个最佳的拓扑形式。

对于结构拓扑优化设计问题，需要先利用基结构方法确定设计变量 $E_{kjlm}(x)$ 以及初始设计区域。由弹性力学方法可以得到弹性体内力虚功的变分形式为：

$$\begin{cases} a(u,v)=\int_{\Omega} E_{ijkl}(x)\varepsilon_{ij}(u)\,\varepsilon_{kl}(x)\mathrm{d}\Omega \\ \varepsilon_{ij}(u)=\dfrac{1}{2}\left(\dfrac{\partial u_i}{\partial x_j}+\dfrac{\partial u_j}{\partial x_i}\right) \\ l(u)=\int_{\Omega} Pu\mathrm{d}\Omega+\int_{\Gamma} tu\mathrm{d}s \end{cases} \tag{5-38}$$

式中：$\alpha(u,v)$——弹性体的内力虚功，J；

u——实位移，m；

v——虚位移，m；

$\varepsilon_{ij}(u)$——线应变；

$l(u)$——载荷线性形式的外力势能，J；

t——边界牵引力，N；

P——体力，Pa。

由弹性力学中的虚功原理，任何一个弹性体都满足式（5-39）。

$$\alpha(u,\ v)=l(v) \tag{5-39}$$

考虑工程结构的变形能最小，得到结构的最佳拓扑形式。综合式（5-38）和式（5-39），可以得到工程结构拓扑优化的数学模型为：

$$a_{\mathrm{E}}(u,\ v)=l(v) \qquad (v\in U,E\in E_{\eta},u\in U,E) \tag{5-40}$$

式中：E_{η}——所有弹性模量的集合，即包括了材质和孔洞的弹性模量，Pa。

对于连续体结构的拓扑优化，在模型中引入惩罚因子，并用连续变量替代离散变量，得到连续体结构的拓扑优化数学模型统一表达为：

$$\begin{cases} E_i(x)=\eta(x)^p E_0 \quad p\geqslant 1,\eta(x)\in L^{\infty}(\Omega) \\ \int_{\Omega}\eta(x)\mathrm{d}\Omega\leqslant V \\ 0<\eta_{\min}\leqslant\eta(x)\leqslant 1.0 \end{cases} \tag{5-41}$$

式中：$\eta(x)$——连续设计变量；

$L^{\infty}(\Omega)$——设计变量所属的连续函数空间。

对连续体进行刚度拓扑优化设计时，优化目标一般是结构刚度最大或柔度最小。对型钢进行拓扑优化时，选择柔度最小为条件。一般当外荷载给定时，可以用系统结构的应变能来表示系统整体结构刚度的大小，系统结构应变能越大则表示结构刚度越大，所以连续体结构拓扑优化刚性设计的数学模型表示为：

$$\varepsilon t a_{\mathrm{E}}(u,\ v)=l(u) \tag{5-42}$$

$$u\in U \qquad |\sigma|\leqslant[\sigma] \qquad |u|\leqslant[u] \qquad V\leqslant V^{0}$$

式中：U——允许的位移场，m；

σ——应力场，Pa；

ε——应变场；

t——面力，Pa；

V——体积约束，m^3；

其余符号含义同前。

对于隧道初期支护中的型钢，考虑重量最轻，也就是造价最小的要求，设定一个给定的区域 Q，用 n 个带有孔洞的微结构将该区域进行离散。为了研究问题方便取单位面积矩形为微结构，孔洞大小为 $a \times a$，则设计区域的重量为：

$$W = \sum_{i=1}^{n} (1 - a_i^2) \cdot \gamma \tag{5-43}$$

设计变量取为微结构孔洞的大小 a_i，目标函数是重量 W，则拓扑优化的数学模型可以表示成：

$$\min W(x) = \min \sum_{i=1}^{n} (1 - a_i^2) \cdot \gamma \tag{5-44}$$

$$g_j \leqslant 0 \tag{5-45}$$

其中，约束条件 $g_j \leqslant 0$ 同时考虑了应力约束和稳定约束。

2）ABAQUS/CAE 的拓扑优化

结构拓扑优化是通过在分析过程中不断修改最初模型中指定优化区域的单元材料性质，有效地从分析模型中移除或增减单元而获得最优的设计目标。常用的拓扑表达形式和材料插值模型方法有：均匀化方法、密度法和拓扑函数描述方法等。其中均匀化方法和密度法是目前使用最广泛的结构拓扑优化方法，前者由于设计和求解复杂，很少用于宏观结构拓扑优化，一般用于复合材料拓扑优化。因此，本章使用的模型方法为密度法。

密度法的基本思想是引入一种假想的相对密度在 0 ～ 1 之间可变的材料，并假定设计材料的宏观弹性模量与其密度的非线性关系。其中应用比较多的模型是各向正交惩罚材料密度法，即 SIMP（Solid Isotropie Material with Penalization Model）方法。这种方法是，当把设计材料分解成有限元网格后，SIMP 给每个单元赋予一个相对密度 ρ_i，作为优化时的变量，这样结构拓扑优化问题就被转换为材料的最优分布问题。ρ_i 的变化范围是 $0 \leqslant \rho_i \leqslant 1$，当 ρ_i=1 时，代表材料被保留；当 ρ_i= 0 时，代表材料被去除。则在体积约束下，目标函数为应变能时，基于 SIMP 方法的连续体结构拓扑优化模型为：

$$\begin{cases} \min C = U^T K U = \sum_{i=1}^{N} u_i k_i u_i = \sum_{i=1}^{N} (\rho_i)^p u_i^T k_0 u_i \\ V = \sum_{i=1}^{N} p_i v_i f V_0 \\ KU = F \\ k_i = (\rho_i)^p k_0 \\ 0 \leqslant \rho_{\min} \leqslant \rho_i \leqslant \rho_{\max} \end{cases} \tag{5-46}$$

式中：　C——结构柔度的应变能，MJ；

U、F——位移矢量和力矢量；

N——单元总数目；

u_i——第 i 个节点位移矢量；

k_0、k_i 和 v_i——单元初始刚度矩阵、优化后的刚度矩阵和优化后的单元体积；

V、V_0——优化后和优化前体积，m^3；

f——优化体积比；

ρ_i——第 i 单元的相对密度；

ρ_{min}——单元密度下限值，用来防止出现病态矩阵，计算时可取很小的接近于 0 的正数，如 0.00001；

ρ_{max}——单元密度上限值，取接近 1 的正数；

p——惩罚因子，用于减少处于中间单元密度的单元数量，并使结果接近于 0/1 分布，一般优化时，认为 $p=3$。

基于以上原理，在 ABAQUS 中，拓扑优化过程为：创建优化任务→创建设计响应→创建优化目标函数→创建优化约束条件→提交优化任务。具体流程如图 5-24 所示。

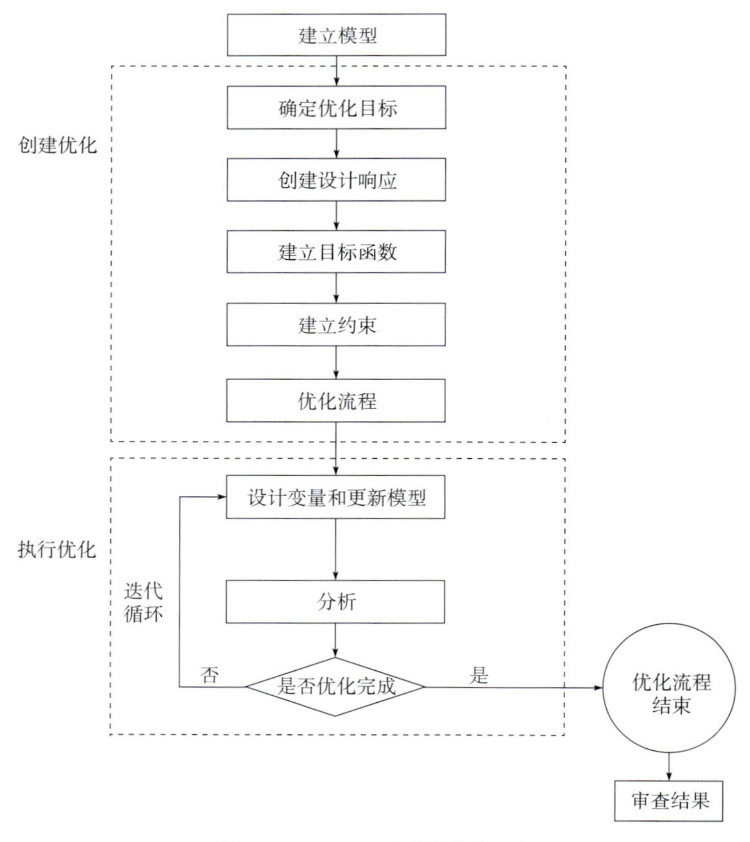

图 5-24　ABAQUS 拓扑优化流程图

5.4.2 圆环型钢的拓扑优化

1）模型建立

为了研究 ABAQUS 中对于型钢的拓扑优化规律，选取圆环形的型钢作为研究对象，以型钢的应变能作为模型的目标函数，分别采用不同的水平和竖向荷载的配比，来模拟在侧压力系数不同的条件下型钢的拓扑优化，根据不同的优化结果，总结 ABAQUS 拓扑优化中的普适性规律，分析在实际工程中型钢使用的优化原则。

为了建模方便与保证结果的准确性，取四分之一圆环来代替整个圆环，两个端点分别只允许有径向上的位移，约束其转动，如图 5-25 所示。优化区域为半径 5m、截面 0.3m × 0.3m 的圆环，材料取 Q235 型钢，具体材料参数见表 5-21。

对模型施加 30kPa 的竖向均布荷载，分别求解竖向均布荷载与水平均布荷载之比为 1：1、1：2、1：3 和 1：5 的条件下，ABAQUS 对钢架的拓扑优化结果。

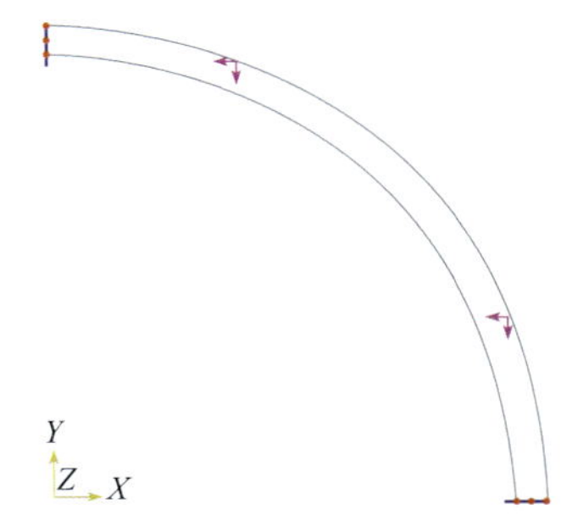

图 5-25 型钢模型图

型钢的相关参数 表 5-21

材 料 型 号	重度（kN/m^3）	变形模量（GPa）	泊 松 比	抗拉强度（MPa）
Q235	78	210	0.3	375

2）结构的拓扑优化计算

在竖向荷载不变的情况下，改变水平荷载，达到模拟圆环形型钢在不同侧压力系数下的拓扑优化的效果，具体的计算结果如下：

（1）竖向水平荷载比 =1：1

在竖向水平荷载比为 1：1 时，结构的体积优化率与应变能之间的关系如图 5-26 所示。

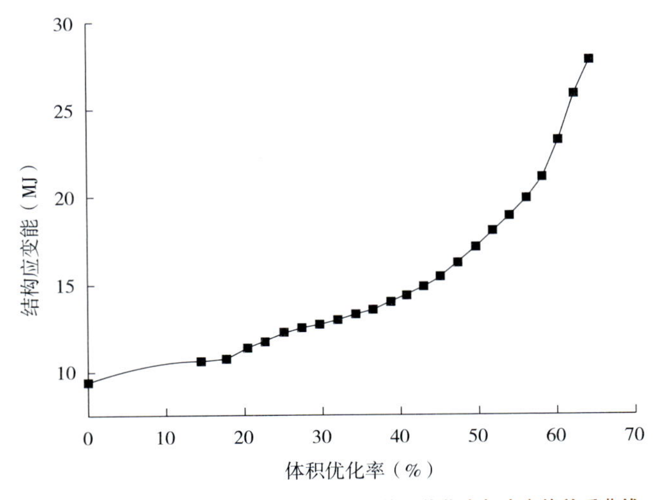

图 5-26 竖向水平荷载比 1：1 时，结构体积优化率与应变能关系曲线

由图 5-26 可知，当体积优化率小于 40% 时，结构应变能与结构体积优化率呈正比，结构体积每减小 10%，应变能增加约 1.5MJ，当体积优化率超过 40% 时，随着优化率的增加，结构产生的应变能增速加快，这说明结构由于孔洞空间的增加，应力路径开始逐渐恶化，在保证体积优化与结构强度的前提下，40% 便是结构在此荷载组合下的最优体积优化率，此时优化结果作为拓扑优化的最合理形式，结果如图 5-27 所示。

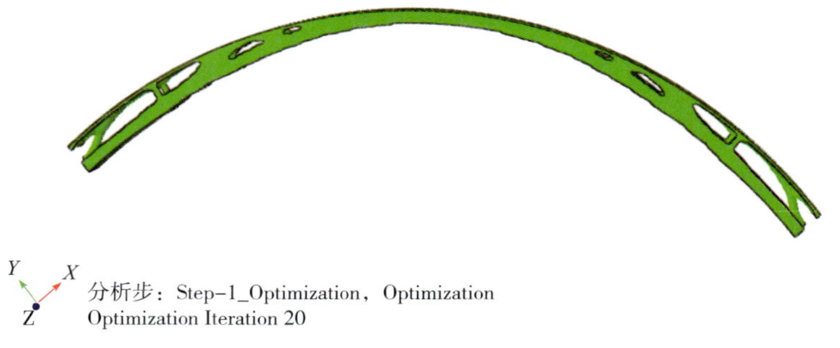

图 5-27　竖向水平荷载比 1：1 时，结构拓扑优化的最优结果图

由于水平荷载与竖向荷载相同，所以优化结果为对称结构，从图中可以明显看出，结构的两个自由端刚度较大，而越到中间的位置，刚度较小，整体刚度呈现“两端大，中间小”的特点，在许多桥梁的设计中，通常也是采用这种设计原则，保证结构稳定性。

（2）竖向水平荷载比 =1：2

竖向水平荷载比 =1：2 时结构的体积优化率与应变能之间的关系如图 5-28 所示。

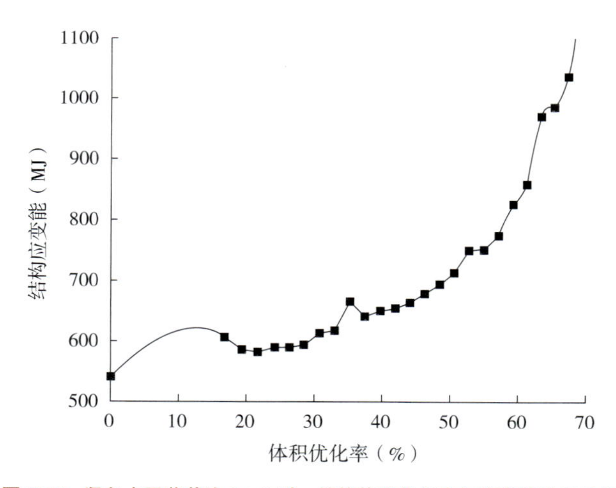

图 5-28　竖向水平荷载比 1：2 时，结构体积优化率与应变能关系曲线

与竖向水平荷载比 1 : 1 时的体积优化率与应变能关系曲线相比，竖向水平荷载比 1 : 2 时，结构应变虽然由于水平荷载增大而显著增大且曲线有一定的波动，但是曲线从整体上看也是前半段结构应变能平稳增加，而后增速加大，观察曲线可知，此曲线的变化节点出现在 45% 左右，取优化率为 43.98% 处的结构作为拓扑优化的最优方案，如图 5-29 所示。

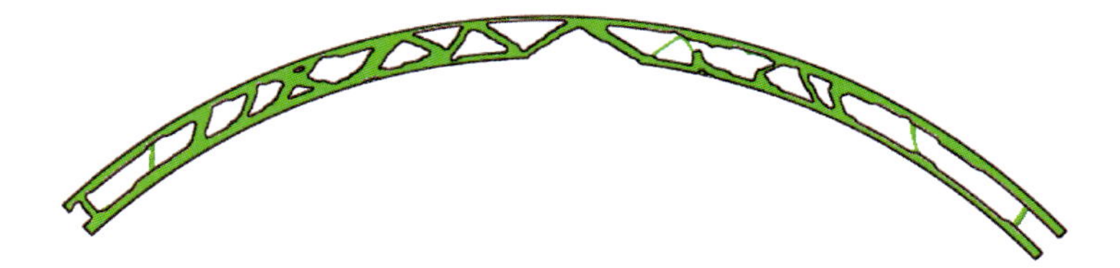

图 5-29　竖向水平荷载比 1：2 时，结构拓扑优化的最优结果图

由图 5-29 可知，在水平荷载是竖向荷载 2 倍时，拓扑优化的结果不再对称，左半部分由于轴向上主要承受水平荷载而径向上主要承受竖向荷载，所以轴力要大于右半部分，而弯矩则小于右半部分，因此左半部分拓扑优化减去的体积较小。在构件长度和材料一定的条件下，构件的抵抗轴向荷载的能力与截面面积呈正比，因此在轴力较大的左半部分，为了保持结构的抗压刚度，拓扑优化掉的体积要小于轴力较小的右半部分，而弯矩较大的右半部分变形偏大则需要一定的柔度来保证结构安全。

（3）竖向水平荷载比 =1：3

竖向水平荷载比 =1：3 时结构的体积优化率与应变能之间的关系如图 5-30 所示。

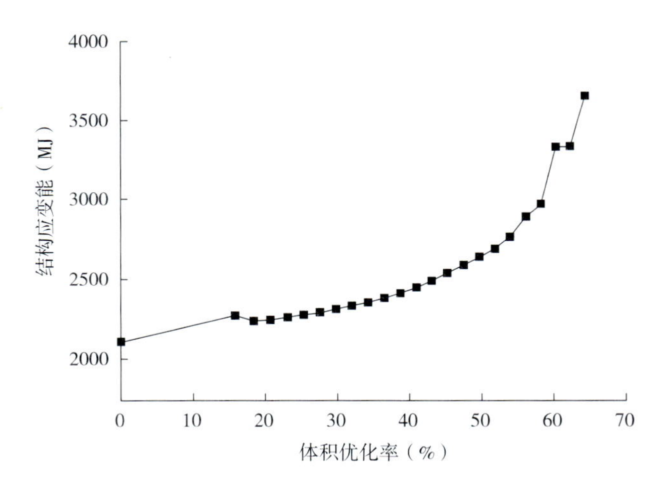

图 5-30　竖向水平荷载比 1：3 时，结构体积优化率与应变能关系曲线

由图 5-30 可知，在体积优化率小于 40% 时，结构应变能增加比较平稳，之后随着拓扑优化体积的增加，结构应变增速加快，因此取体积优化率为 38.33% 时的结构作为最佳拓扑优化结果。拓扑优化后的结果如图 5-31 所示。

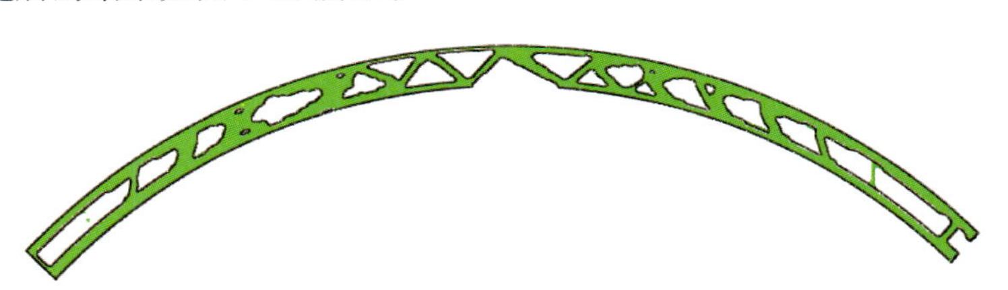

图 5-31　竖向水平荷载比 1：3 时，结构拓扑优化的最优结果图

与竖向水平荷载比为 1：2 的结果相同，竖向水平荷载比为 1：3 时，拓扑优化结果也不对称，同样是受到较大轴力的左半部分拓扑优化体积小，而受到较大弯矩的右半部分拓扑优化的体积大。

（4）竖向水平荷载比 =1：5

竖向水平荷载比为 =1：5 时结构的体积优化率与应变能之间的关系如图 5-32 所示。

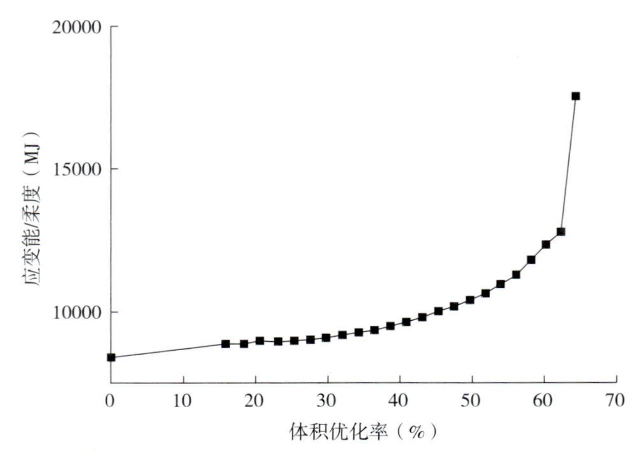

图 5-32 竖向水平荷载比 1：5 时，结构体积优化率与应变能关系曲线

由图 5-32 可知，曲线变化过程主要分为三个阶段：第一阶段体积优化率与应变能呈线性关系；第二阶段随着体积优化率的提高，应变能呈抛物线式增长；第三阶段当体积优化率继续增大，在 62% 节点上，应变能有一个突变式增长，表明此时的钢架已不能承受施加荷载，变形过大。处于应变能直线上升阶段的最大体积优化率即为钢架优化的最优解，此模型的最优体积优化率为 38.66%。拓扑优化后钢架的结构如图 5-33 所示。

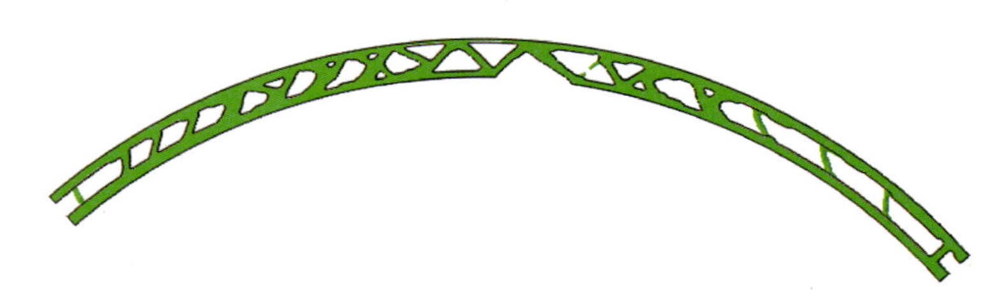

图 5-33 竖向水平荷载比 1：5 时，结构拓扑优化的最优结果图

综上所述可知，在对钢架进行拓扑优化时，ABAQUS 拓扑优化遵循这样一个规律：在轴力大弯矩小的位置，通过拓扑优化而去掉的体积较小；而在轴力小弯矩大的位置，拓扑优化去掉的体积较大。并且从三种情况下的最优结果图可以看出，随着水平荷载比的增大，左右部分之间的体积差别越来越明显。

3）分析总结

通过对不同侧压力系数下的圆环形型钢的优化结果对比，可以得出以下几点结论：

（1）对半径为 5m，截面为 0.3m × 0.3m 的圆环形型钢进行拓扑优化时，在不同的水平竖向荷载比的条件下，最优的拓扑优化体积都在 40% 左右，研究认为这个数值并非偶然，在拓扑优化对象形状与材质一定的情况下，最终的最优拓扑优化体积不会因为荷载的改变而发生较大幅度的增减。

（2）在荷载对称的条件下，拓扑优化的最优结构方案也对称；而在荷载不对称的条件下，拓扑优化的最优方案不对称。

（3）在不同竖向水平荷载条件下，最优的拓扑优化最优方案均呈现出刚度“两头大，中间小”的特点。

（4）在不对称荷载条件下，如果将四分之一圆环型钢分为左右两半部分，由结构力学计算可知左半部分与右半部分相比，轴力大而正负弯矩几乎相同。因此左半部分应力要大于右半部分，而拓扑优化结果中，左半部分优化的体积率小于右半部分优化的体积率，由此可知在应力大的位置拓扑优化而去掉的体积较小。

5.4.3 钢架的拓扑优化在超大跨隧道中的应用

1）模型建立

（1）参数选取与单元类型

在对隧道围岩和初期支护建模时，考虑到初期支护的主要作用是在二次衬砌施作之前，提供抵抗围岩部分变形和应力的作用，而研究主要对象是对型钢的拓扑优化，所以型钢和混凝土与围岩的关系可以简化为型钢为主体，混凝土和围岩作为荷载传递的介质。

采用自由网格划分技术的默认单元类型 C3D8R（8 节点的六面体线性减缩积分单元），由于地层范围比较大，地层结构的网格划分长度 2m，型钢尺寸较小，故在网格划分上单元适当加密，网格划分长度 0.05m，计算网格如图 5-34 所示。

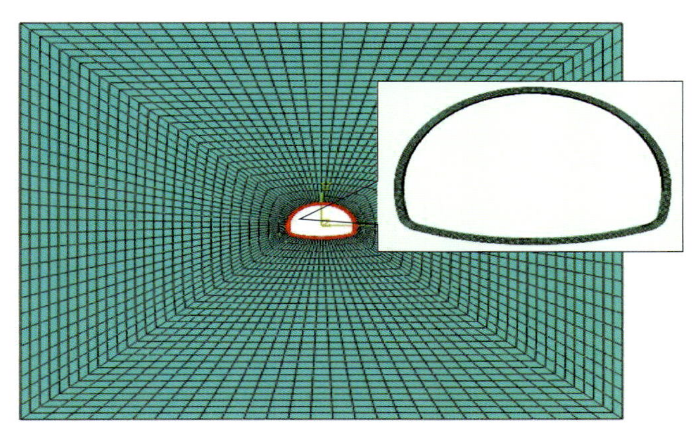

图 5-34　模型网格划分

研究选取的地层尺寸为 120m × 1m × 100m（长 × 宽 × 高）的地层，型钢拓扑优化区的截面尺寸为 1m × 0.5m，其中 0.5m 为厚度。

（2）材料特性与接触

对结构进行有限元数值分析和计算时，材料的性能参数是否合理将直接影响优化模拟的准确性。本模型分土层和型钢两部分。模型采用Ⅴ级围岩其主要参数为：重度 18.5×10^3kN/m^3、弹性模量1.5GPa、泊松比0.35，其他见表5-22。

围岩的相关参数　　表5-22

围岩级别	重度（kN/m^3）	弹性模量（GPa）	泊松比	内摩擦角（°）	黏聚力（MPa）
Ⅴ	18.5	1.5	0.35	22	0.12

型钢的参数为：重度 78×10^3kN/m^3、弹性模量210GPa、泊松比0.3，其他见表5-23。

型钢的相关参数　　表5-23

材料型号	重度（kN/m^3）	变形模量（GPa）	泊松比	抗拉强度（MPa）
Q235	78	210	0.3	375

围岩材料采用Mohr-Coulomb屈服准则分析结构模型中土体单元的应力和变形性质。该屈服准则的控制方程为：

$$f(\sigma_1,\sigma_2,\sigma_3)=\frac{1}{2}(\sigma_1-\sigma_3)+\frac{1}{2}(\sigma_1+\sigma_3)\sin\varphi-c\cos\varphi=0 \tag{5-47}$$

式中：σ_1——第一主应力，Pa；

σ_2——第二主应力，Pa；

σ_3——第三主应力，Pa；

c——黏聚力，Pa；

φ——内摩擦角，（°）。

在隧道施工中，喷射混凝土在隧道开挖后立即施作，与背后的围岩紧密贴合，并且材料自身的收缩较小，没有明显的相对滑动，支护的变形与隧道洞室围岩的变形保持一致，因此在模型中不考虑围岩和初期支护的接触分离。

（3）侧压力系数与边界条件

考虑对于不同的埋深，隧道周围地层的应力状态和初期支护的受力情况都不同，侧压力系数λ选取地勘报告的取值1.84。模型边界条件中，地层和初期支护在隧道轴向位移为零，围岩底部固定，侧面限制水平方向位移为零。

2）大跨钢架的拓扑优化计算

通过对隧道初期支护中型钢的拓扑优化，根据不同的荷载和侧压力系数组合，得到的拓扑优化结果如图5-35所示。

由图5-35可以看出，随着优化过程中体积的不断减小，型钢的应变能逐渐增大，柔度变大，并且这种变化速率越来越大，所以要保证结构的合理和稳定，选取变化突变的点作为优化结果较为合理。在优化体积为 0.5 左右时，应变能即将发生显著增加，此时优化结果作为拓扑优化的最合理形式，结果如图 5-36 所示。

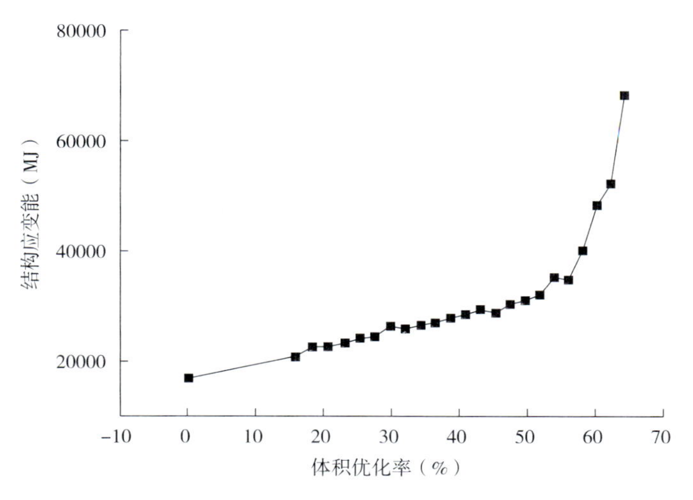

图 5-35 大跨段体积优化率与结构应变能曲线

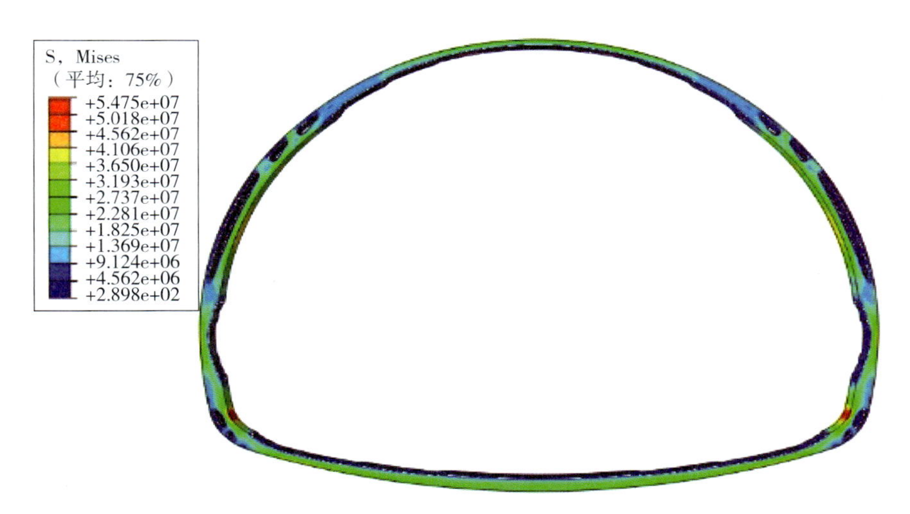

图 5-36 大跨段结构拓扑优化的最优结果图

3）大跨钢架拓扑优化结论

（1）拓扑优化结果表明：仰拱处钢架优化后保留的体积较小，并且应力值较小，主要受轴力。所以在仰拱处可设置截面积较小的钢架，而更多用混凝土本身的抗压能力来承担。

（2）拓扑优化结果表明：拱顶处钢架优化后保留的体积较小，而且越靠近中间，钢架越薄。因此拱顶可以使用小截面的型钢或者用钢格栅（实际施工使用了钢格栅），而拱腰和拱脚处优化去掉的体积较小，拱脚处会产生应力集中，因此预料之中刚度会比较大，而拱腰处的情况也是因为此处轴力过大，需要足够的刚度来抵抗上方的压力，在施工过程中，可增大拱腰和拱脚的型钢截面积。

（3）用最终结果来反馈研究方法，最终的拓扑优化的结果比较符合经验判断，说明在优化过程中，根据体积—应变能关系，找出斜率突变点作为选取优化结果的最优点，并以此时优化结果为最优结构的方法切实可行。

5.5 变形控制标准

国内学者对大跨隧道、变形控制进行了相关研究。易小明、张顶立通过对厦门市梧村山隧道施工现场全方位的变形监控量测，建立相应的建筑物变形控制标准。刘招伟、何满潮等[50]对某双连拱隧道施工过程进行现场监测结果与分析，提出了抑制变形的工程措施。瞿万波、刘新荣根据监测数据，对洞桩法隧道导洞开挖的沉降变形规律进行了分析研究。现行规范《铁路隧道监控量测技术规程》（QCR 9218—2015）制定了隧道断面变形控制的标准，但其针对的是跨度 $B \leqslant 7\text{m}$ 的单向隧道、跨度 $7\text{m} < B \leqslant 12\text{m}$ 的双线隧道以及跨度 $12\text{m} < B \leqslant 16\text{m}$ 的黄土隧道，而新八达岭隧道工程大跨过渡段跨度达到 32.7m，远大于一般双线隧道。此外，当前规范对沉降变形和水平收敛的控制标准采用了“拱顶相对下沉”和“拱脚水平相对净空变化”两个指标，即隧道拱顶沉降的控制标准由隧道开挖高度决定，而水平变形控制标准由隧道开挖跨度决定，而实际上，隧道开挖跨度对拱顶沉降的影响要大于隧道开挖高度。因此，有必要对其变形控制标准开展专项研究。

本节以京张高铁八达岭长城站超大跨隧道为研究对象，分析了不同跨度下隧道拱顶沉降与围岩应变的关系，基于开挖过程隧道断面的变形开展了数值模拟与现场监测对比分析提出了超大跨隧道施工的变形控制标准。

5.5.1 超大跨隧道总变形控制标准

制定隧道总变形量控制标准，首先可计算岩体极限应变，然后根据隧道断面和变形关系确定岩体临界变形量，即可获得隧道总变形量控制基准值。

1）岩体的极限应变

岩体的极限应变取决于岩石的极限应变和岩体中节理裂隙的分布。当隧道围岩为整体块状结构，岩体中的节理裂隙很少，岩体的极限应变可近似采用岩石的极限应变。根据对大跨段岩石取芯的试验结果，八达岭长城站岩石的极限应变为 1.4‰～3.1‰，如图 5-37 所示。

八达岭长城站大跨段受 F_2 断层的影响，岩体较破碎，局部岩体夹泥，全～强风化，因此，围岩变形必须考虑节理裂隙的影响。

岩体极限应变计算公式为：

$$\varepsilon_{\text{mc}} = \frac{\sigma_{\text{mc}}}{E_{\text{m}}} \tag{5-48}$$

式中：σ_{mc}——岩体的应力，Pa；

E_m——岩体的弹性模量，Pa。

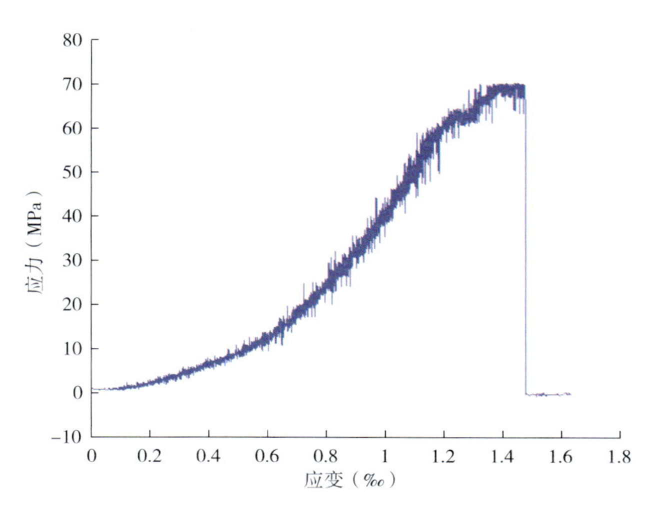

图 5-37 八达岭长城站大跨段花岗岩样品应力应变曲线

岩体强度由 E. Hoek 提出的广义 *H-B* 强度准则计算：

$$\sigma_1=\sigma_3+\sigma_c\left(m_b\frac{\sigma_3}{\sigma_c}+s\right)^a \tag{5-49}$$

式中：m_b、s、a——反映岩体特征的经验参数，其中，m_b、a 为针对不同岩体的量纲为一的经验参数，反映岩体破碎程度，取值范围为 0.0 ～ 1.0，对于完整的岩体（即岩石），s=1.0。

2）岩体的弹性模量

岩体弹性模量采用 W. S. Gardner 提出的经验公式计算岩体的弹性模量：

$$\alpha_E=\frac{E_m}{E_r}=0.0231\text{RQD}-1.32 \tag{5-50}$$

式中：α_E——岩体与岩块的弹性模量比 E_m/E_r；

RQD——岩体质量指标。

根据式（5-50）计算得到八达岭长城站岩体的极限应变，结果见表 5-24。

八达岭长城站岩体极限应变　　表 5-24

围岩级别	Ⅱ	Ⅲ	Ⅳ	Ⅴ
岩体极限应变（%）	0.22	0.30	0.67	1.34

3）隧道极限变形

为了确定拱顶沉降与隧道开挖跨度的关系，简化隧道计算模型如图 5-38 所示。假设围岩变形之前，隧道开挖轮廓线圆弧为 *ABC* 的半径 *R* 为 17.64m，圆弧 *AB* 对应的角度 θ 为 58°，

拱顶发生沉降变形 s 后，圆弧变为 AHC，则可推导得出围岩应变与隧道沉降之间的关系式。

$$\varepsilon = \frac{R \cdot \theta \cdot \cos\gamma - \sqrt{(R \cdot \sin\theta)^2 + (R - S - R \cdot \sin\theta)^2} \cdot \left(\frac{\pi}{2} - \gamma\right)}{R \cdot \theta \cdot \cos\gamma} \quad (5\text{-}51)$$

式中：γ——角度$\angle AHE$，(°)。

$$\tan\gamma = \frac{R \cdot \sin\theta}{R - S - R \cdot \cos\theta} \quad (5\text{-}52)$$

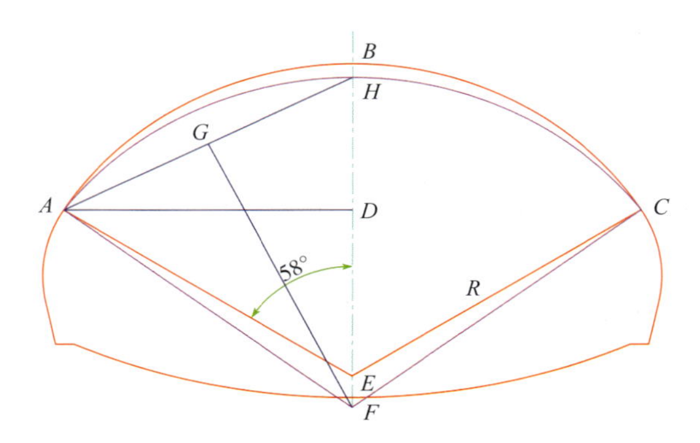

图 5-38　围岩拱顶临界变形计算模型

针对八达岭长城站不同断面跨度，选取跨度为 20.02m、24.39m、26.22m、29.95m 和 32.7m 的断面开展研究，各断面跨度下的拱顶沉降和围岩应变关系曲线如图 5-39 所示。

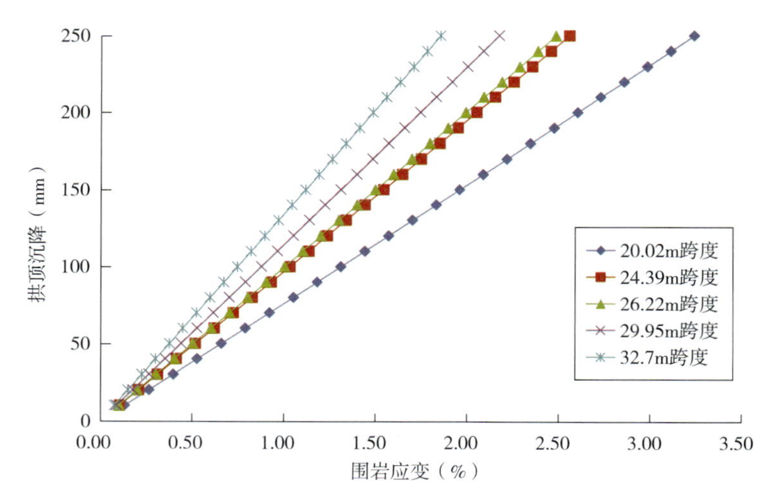

图 5-39　不同跨度隧道拱顶沉降与围岩应变关系曲线

由图 5-39 所示，当隧道跨度一定时，拱顶沉降和围岩应变呈线性关系，拱顶沉降随着围岩应变增大而增大；而当围岩应变一定时，随着隧道跨度的增大，拱顶沉降随之增大。在表 5-25 中列出了大隧道总变形控制标准。

大跨隧道总变形控制标准 表 5-25

隧道跨度（m）	围岩级别	岩体极限应变（%）	控制基准值（mm）	
			拱顶下沉	水平收敛
25 ～ 33	Ⅱ	0.22	30	20
	Ⅲ	0.30	40	25
	Ⅳ	0.67	90	55
	Ⅴ	1.34	180	105
18 ～ 25	Ⅱ	0. 22	20	15
	Ⅲ	0.30	30	20
	Ⅳ	0.67	60	40
	Ⅴ	1.34	130	90

5.5.2 超大断面隧道分步变形量控制标准

超大断面隧道开挖步序多、周期长，为确保施工安全，必须对每个分步开挖都进行变形量控制，否则随着跨度和断面加大后，一旦变形量超限，将很容易造成结构失稳。因此，需要对总变形量进行分解，即：

$$S= S_1+ S_2+ S_3+\cdots +S_{11} \tag{5-53}$$

式中： S——总变形量控制基准值；

S_1、S_2、S_3——为每分步变形量控制基准值。

八达岭长城站大跨段隧道共分为 11 步开挖，如图 5-40 所示。因此，将总变形量控制基准值分解为 11 个步序子变形量控制基准值，从而实现对隧道施工过程的安全控制。

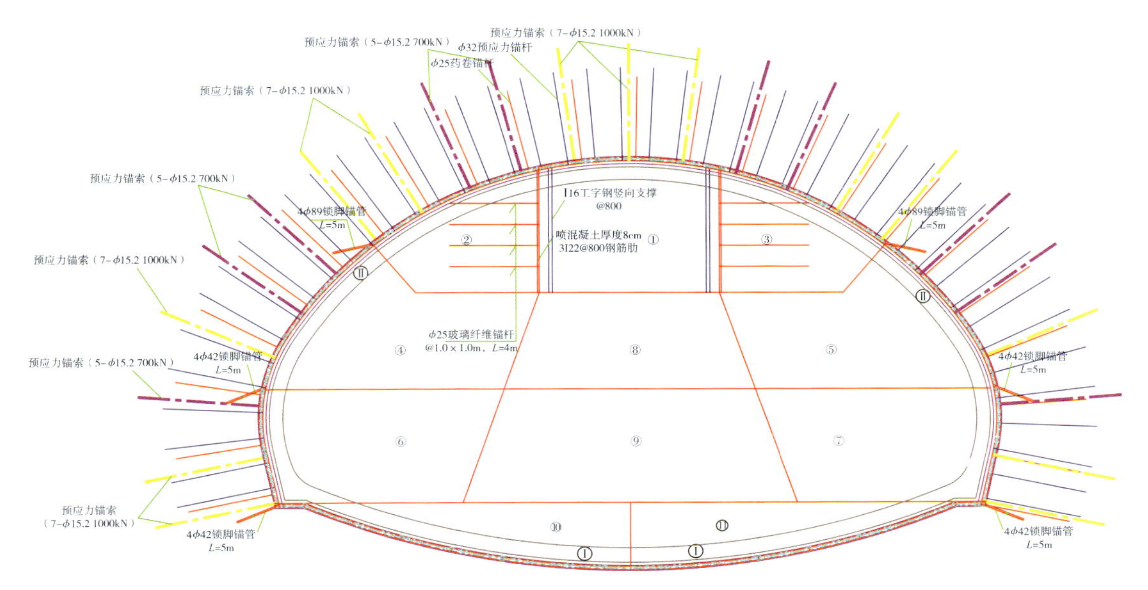

图 5-40 大跨段隧道施工步序

为了确定大跨段隧道各个分步开挖变形量的占比关系，采用数值模拟的方法计算大跨段隧道分步开挖引起的变形量，从而得到每个分步开挖引起的变形量与总变形量之比。计算结果如图 5-41 所示。

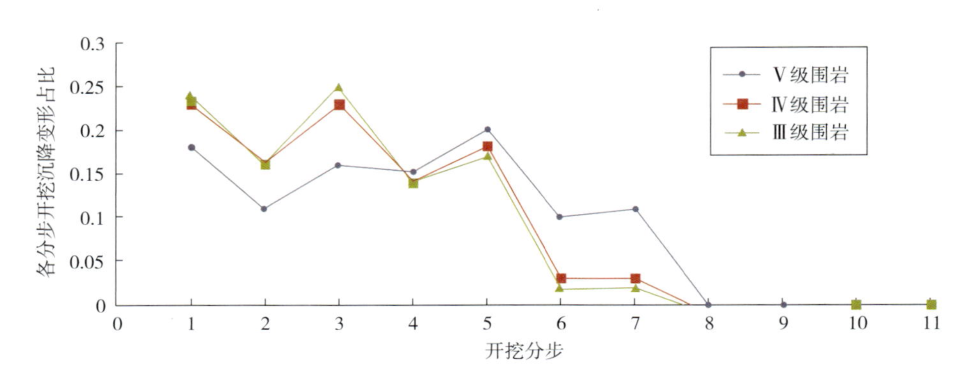

图 5-41　各开挖步序沉降变形占比

根据图 5-41，可将大跨断面 11 步开挖过程分为成跨、成墙、落底三个阶段。其变形规律如下：

（1）成跨阶段。成跨阶段为大跨段隧道开挖的第 1 步至第 5 步，即上层中、左、右洞开挖，中层左、右侧洞开挖。成跨阶段隧道跨度在不断增大，因此开挖引起的沉降变形占比较大，Ⅲ级围岩成跨阶段变形占比达到了总变形量的 97%，Ⅳ级围岩达到了 95%，V级围岩达到了 79%。

（2）成墙阶段。成墙阶段为大跨段隧道开挖的第 6 步和第 7 步，即下层左、右侧洞开挖。成墙阶段隧道跨度没有增大，但隧道高度逐渐增大。与成跨阶段相比，成墙阶段拱下沉占比明显变小。Ⅲ级围岩成墙阶段变形占比为总变形量的 5%，Ⅳ级围岩为 7%，V级围岩为 21%。

（3）落底阶段。落底阶段为大跨段隧道开挖的第 8 步至第 11 步，即中、下层核心土，左、右侧仰拱开挖。落底阶段隧道跨度和高度基本不变，因此本阶段沉降变形占比趋近于 0，甚至由于开挖卸载作用，隧道会出现向上的隆起变形。

根据以上变形规律，大跨段隧道各分步拱顶下沉占比可采用下列公式计算：

$$P_i=\begin{cases}0.95/n_1 & （成跨阶段）\\ 0.05/n_2 & （城墙阶段）\\ 0 & （落底阶段）\end{cases} \tag{5-54}$$

式中：P_i——各分步拱顶下沉变形占比；

n_1——成跨阶段开挖分步的总步数；

n_2——成墙阶段开挖分步的总步数。

根据数值模拟计算结果，并充分考虑预应力锚杆、预应力锚索对围岩的加固作用，最终确定八达岭长城站大跨段隧道拱顶下沉各步序占比控制标准如表 5-26 所示。

八达岭长城站大跨段隧道拱顶下沉各步序占比 表 5-26

开挖步序	1	2	3	4	5	6	7	8	9	10	11
各步序占比（%）	25	16	25	13	16	2	2	0	0	0.5	0.5
累计占比（%）	25	41	66	79	95	97	99	99	99	99.5	100

根据各步序占比，结合总变形量控制标准，可制定八达岭长城站大跨段隧道各步序拱顶下沉控制标准，如表 5-27 所示。

过渡段监测断面各施工步序变形控制标准 表 5-27

编号	监测断面位置	围岩等级	跨度(m)	高度(m)	拱顶总沉降(mm)	各施工步序拱顶沉降(mm)										
						第1步	第2步	第3步	第4步	第5步	第6步	第7步	第8步	第9步	第10步	第11步
1	DK68+295	Ⅴ	32.73	19.50	180	45.0	73.8	118.8	142.2	171.0	174.6	178.2	178.2	178.2	179.1	180.0
2	DK68+315	Ⅳ	31.08	18.83	90	22.5	36.9	59.4	71.1	85.5	87.3	89.1	89.1	89.1	89.6	90.0
3	DK68+345	Ⅳ	27.73	17.51	90	22.5	36.9	59.4	71.1	85.5	87.3	89.1	89.1	89.1	89.6	90.0
4	DK68+384	Ⅲ	24.39	16.14	30	7.5	12.3	19.8	23.7	28.5	29.1	29.7	29.7	29.7	29.9	30.0
5	DK68+426	Ⅲ	19.30	14.07	30	7.5	12.3	19.8	23.7	28.5	29.1	29.7	29.7	29.7	29.9	30.0
6	DK67+800	Ⅳ	32.73	19.32	90	22.5	36.9	59.4	71.1	85.5	87.3	89.1	89.1	89.1	89.6	90.0
7	DK67+775	Ⅲ	29.95	18.36	40	10.0	16.4	26.4	31.6	38.0	38.8	39.6	39.6	39.6	39.8	40.0
8	DK67+730	Ⅱ	26.22	16.79	30	7.5	12.3	19.8	23.7	28.5	29.1	29.7	29.7	29.7	29.9	30.0
9	DK67+675	Ⅱ	20.02	14.30	20	5.0	8.2	13.2	15.8	19.0	19.4	19.8	19.8	19.8	19.9	20.0

5.5.3 变形控制标准的分级管理方法

为了加强过程控制，建立变形控制标准分级管理机制。将每一步开挖下的隧道变形分为Ⅱ级预警、Ⅰ级预警与临界值三个阶段。Ⅱ级预警下可正常施工，需加强监测；Ⅰ级预警下需停止开挖，对支护进行补偿张拉；变形达到临界值时应停止开挖，增加支护措施。大跨过渡段拱顶变形控制标准的分级管理方法见表 5-28。

变形控制标准分级管理 表 5-28

预警等级	分级标准	应对措施
Ⅱ级预警（黄色预警）	变形达到控制标准的 1/3	加强监测，提高监测频率，检测预应力锚索、预应力锚杆的张拉值
Ⅰ级预警（橙色预警）	变形达到控制标准的 2/3	停止开挖，分析原因，对预应力锚索、预应力锚杆进行补偿张拉
临界值（红色预警）	变形达到控制标准	停止开挖，分析原因，增加预应力锚索、预应力锚杆、注浆等支护措施

5.5.4 现场监测与支护优化

大跨过渡段现场监测点的布置如图 5-42 所示。大跨过渡段每 5m 设置 1 个监测断面，选取 DK68+280 ～ DK68+460 段 10 个断面进行监测，各个监测断面的最大沉降值如图 5-43 所示。

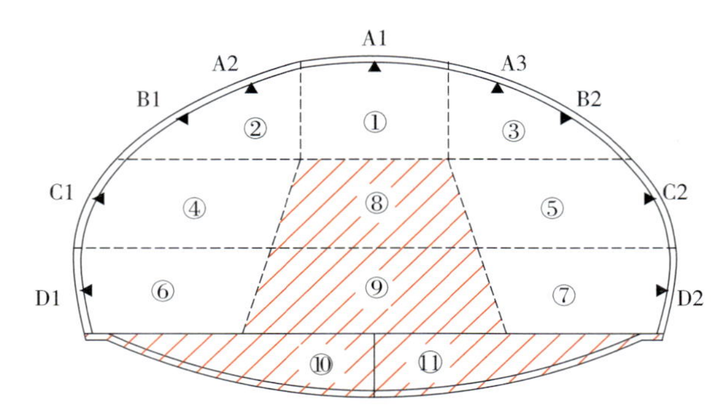

图 5-42 大跨过渡段现场监测点的布置

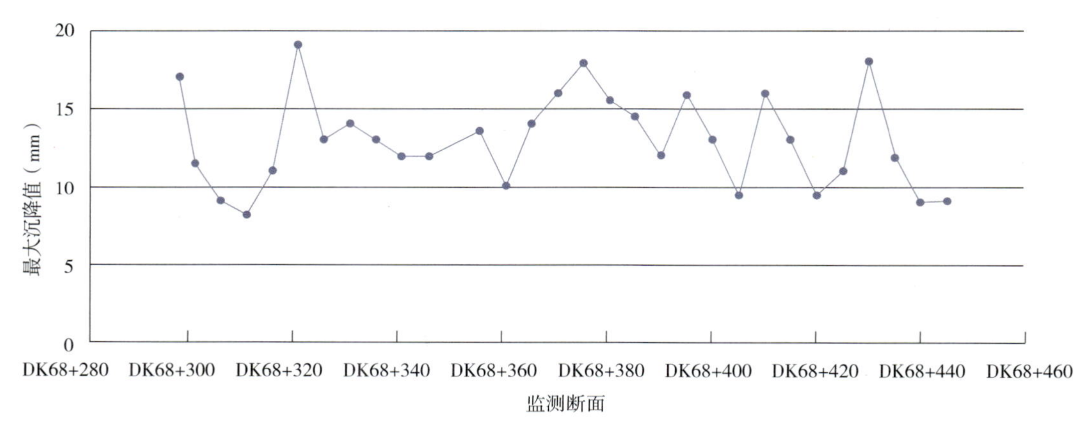

图 5-43 各监测断面最大沉降值

由图 5-43 中监测结果表明，大跨段监测到的最大沉降值为 19mm，各个施工步序的沉降值均小于变形控制标准，表明大段过渡段支护措施有较大承载冗余度，可进行支护措施的降载优化。因此，对小里程段大跨过渡段的锚索进行如下优化：取消 20m 和 26m 跨度的三级围岩段锚索，四级围岩纵向间距由 2.4m 调整到 3.6m；32m 跨度三级围岩锚索纵向间距由 4.8m 调整到 7.2m，四级围岩纵向间距由 2.4m 调整到 3.6m。

以京张高铁八达岭长城站超大跨隧道工程为研究对象，采用理论分析、数值模拟及现场实测统计分析等方法，研究了超大跨隧道沉降值控制标准的制订方法，提出了超大跨隧道沉降值分步控制和分级管理方法。得到如下结论：

（1）建立了隧道沉降值与围岩应变的相互关系计算模型，提出了基于围岩极限应变的隧道总沉降值控制标准。

（2）探明了超大跨隧道施工过程围岩的沉降值规律，即隧道在成跨阶段的沉降值约占总沉降值的 95%，成墙阶段的沉降值约占总变形的 5%。并制定了超大跨隧道各施工开挖步序的分步控制标准。

（3）建立变形控制标准分级管理机制。将每一步开挖下的隧道沉降分为Ⅱ级预警、Ⅰ级预警与临界值 3 个阶段，并制订了各级预警的应对措施。

（4）变形监测结果表明，大跨段隧道最大沉降值为 19.0mm，各个施工步序的沉降值均小于沉降值控制标准，这充分证明了大跨段隧道支护结构措施是安全可靠的，完全能够满足隧道稳定性要求。

5.6 开挖工法设计

近年来，国内许多学者对大跨度隧道开挖工法的创新、优化、数值模拟等方法进行了研究，并结合实际工程取得了很多研究成果。傅鹤林等对不同级别围岩条件下浅埋偏压大跨度公路隧道的 3 种施工方法引起的应力场和围岩位移进行了模拟分析，并评价了各种方法的适用条件；党红章在昆明岗头隧道大跨软弱围岩台阶法施工技术中指出大跨隧道围岩有一定自稳能力时可以尝试将传统的 CRD 法和双侧壁法优化成台阶法施工；张聚文等依托广州某三车道高速公路浅埋隧道项目，应用 FLAC 3D 仿真模拟隧道洞口的掘进过程，并结合各工法对隧道洞周变形量的控制能力，评价各工法的优缺点；朱苦竹等依托广州某浅埋软岩大跨度隧道为工程背景，对隧道进口段在双侧壁导坑法、CRD 法和三台阶七步法三种工法下的拱顶下沉值、围岩水平位移值、塑性区以及最大和最小主应力进行对比分析，分析出最优的开挖工法。国内学者的研究主要针对浅埋公路隧道的开挖工法，而对深埋、大跨的铁路隧道鲜有研究，结合实际工程的研究则更少。

以京张铁路八达岭长城站为工程背景，对比分析不同开挖工法的受力和变形特点，从而选择适合于超大跨山岭隧道的开挖工法。

5.6.1 国内外开挖工法研究现状

调研国内外超大跨度、超大断面隧道施工工法，结果见表 5-29。

国内外超大跨度、超大断面隧道施工工法　　表 5-29

序号	隧道名称	地层岩性	围岩级别	最大开挖跨度（m）	最大开挖面积（m^2）	开挖工法
1	赣龙铁路新考塘隧道	全风化花岗岩	Ⅴ	30.9	411.0	大墙脚双侧壁导坑法
2	米兰威尼斯地下车站	全新世无黏性土	Ⅴ	30.0	440.0	蜂窝拱法
3	六沾复线乌蒙山二号隧道	泥岩、页岩夹砂岩	Ⅳ、Ⅴ	28.4	354.3	双侧壁导坑法

续上表

序号	隧道名称	地层岩性	围岩级别	最大开挖跨度（m）	最大开挖面积（m^2）	开挖工法
4	重庆轻轨大坪地下车站	泥岩夹砂岩	Ⅲ	26.3	430.3	上部侧壁导坑，下部拉中槽，先拱后墙分部衬砌法
5	重庆地铁红土地地下车站	中风化砂质泥岩夹薄层砂岩	Ⅳ	25.9	375.8	双侧壁导坑，中部TBM通过，先拱后墙分部衬砌法
6	重庆轨道临江门地下车站	砂岩、泥岩	Ⅲ	21.8	421.0	双侧壁导坑法
7	兰渝铁路新城子隧道	三叠系炭质板岩，高地应力，最大水平主应力21.2MPa	Ⅴ	21.5	350.0	双侧壁导坑法
8	港珠澳大桥拱北隧道	粉质黏土	Ⅴ	18.8	344.8	五台阶法

从调研结果来看，针对超大跨度、超大断面隧道，大多数采用双侧壁导坑法施工。部分隧道通过采取非常规的超前加固、超前支护措施后，采用了台阶法施工。如米兰威尼斯地下车站通过在隧道周边开挖了多个小导洞形成蜂窝拱后进行开挖，港珠澳大桥拱北隧道通过采取冷冻法加固地层、管幕法超前支护后进行开挖。

目前，山岭隧道施工主要以全断面法、台阶法、三台阶七步法为主，城市浅埋暗挖隧道施工主要以双侧壁导坑法、中隔壁（CD）法、交叉隔壁（CRD）法为主。但对于跨度超过25m的超大跨隧道，国内主流的开挖工法仍然是双侧壁导坑法，如赣龙铁路新考塘隧道，开挖跨度30.9m，Ⅴ级围岩，采用大墙脚双侧壁导坑法；六沾复线乌蒙山二号隧道，开挖跨度28.4m，Ⅳ、Ⅴ级围岩，采用双侧壁导坑法。

双侧壁导坑法利用中岩墙的支撑作用减小单次开挖的跨度，是超大跨隧道施工的有效工法之一。但双侧壁导坑法临时支护较多，不适合大型机械化作业，施工功效差，速度慢，而且中岩墙开挖时将引起隧道拱顶受力形式的突然转换，存在一定的安全风险。

在京张高铁八达岭长城站超大跨隧道施工工法的设计过程中，设计、施工及科研人员，针对双侧壁导坑法存在的问题，研究提出了先开挖中洞后开挖两侧的“品”字形开挖工法，该工法采用长锚索取代了临时支护，适合于大型机械化施工；该工法开挖跨度逐步增大，避免了双侧壁导坑法中洞开挖引起的跨度突然增大而导致的拱顶受力形式的突然转换，具有安全高效的特点。

5.6.2 开挖工法设计与比选

在八达岭长城站超大跨隧道施工工法的设计过程中，设计单位建议采用先开挖中洞再开挖两侧的“品”字形开挖工法，施工单位建议采用先开挖两侧后开挖中洞的双侧壁导坑开挖工法，还有部分技术人员提出了三台阶预留核心土开挖工法，各工法的施工步序如图5-44所示，为了研究各种工法的安全性，设计人员对三种不同的开挖工法进行数值模拟计算、分析、对比。

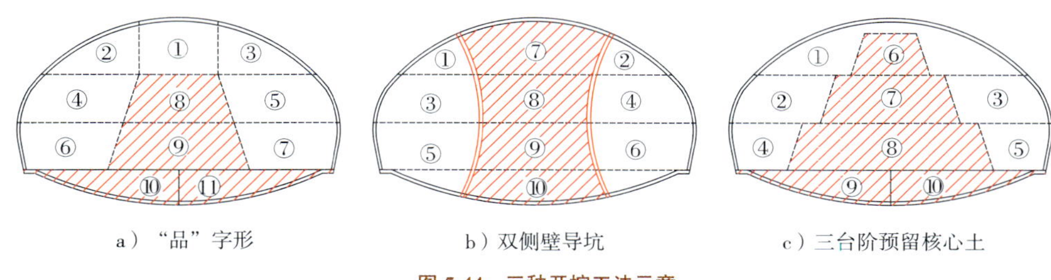

图 5-44　三种开挖工法示意

①～⑪ - 开挖步序

1）计算模型及参数

针对上述三种工法分别建立数值计算模型，模型尺寸均为 100m × 15m × 120m（长 × 宽 × 高），如图 5-45 所示。初期支护采用板单元，板厚取实际施工厚度，为 0.35m；工字钢采用梁单元，工字钢型号为 I16，围岩采用三维实体。材料物理力学参数见表 5-30。

图 5-45　工法计算模型图

材料物理力学参数　　表 5-30

材　　料	重度（kN/m³）	变形模量（GPa）	泊　松　比	内摩擦角（°）	黏聚力（MPa）
围岩	18.4	1.2	0.35	22.5	0.12
喷射混凝土	25	30	0.2	—	—
钢架	78.5	210	0.3	—	—

2）围岩变形计算结果分析

三种开挖工法拱顶沉降和隧底隆起曲线如图 5-46 和图 5-47 所示。

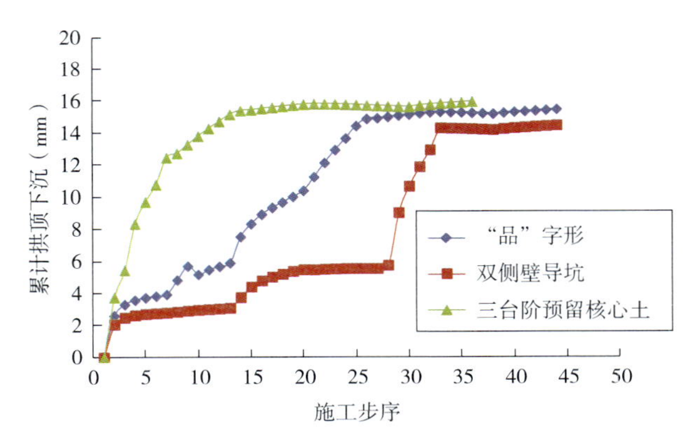

图 5-46　三种开挖工法拱顶沉降曲线

由图 5-46 和图 5-47 中计算结果表明：

（1）三种不同开挖工法的累计拱顶下沉与累计拱底隆起最终量值几乎相同，但变化路径却存在着显著的差异性。

（2）“品”字形开挖工法在整个开挖过程中，拱顶沉降与拱底隆起均缓慢平稳增长，不存在任何突变阶段，表明该工法变形均匀，安全风险相对分散。

（3）双侧壁导坑开挖工法在开挖中岩墙时，拱顶下沉和拱底隆起有一个迅速发展的过程，表明该工法变形集中在中岩墙开挖，安全风险也集中在中岩墙开挖阶段。

（4）三台阶预留核心土开挖工法在开挖第一台阶岩体时，也有一个拱顶下沉和拱底隆起的迅速发展过程，之后围岩变形趋向稳定，表明该工法变形集中在上台阶开挖，安全风险也集中在上台阶开挖阶段。

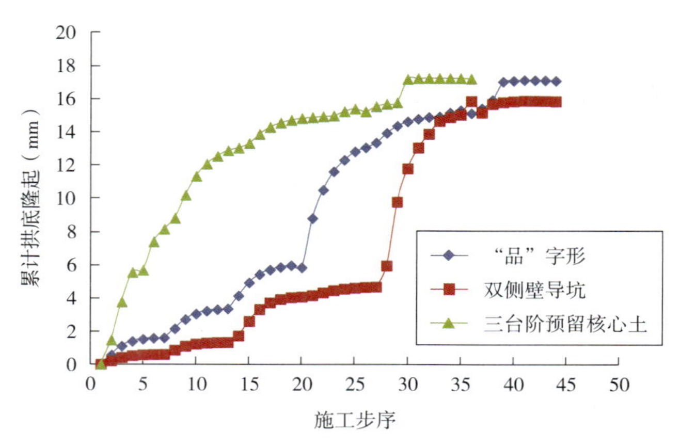

图 5-47　三种开挖工法隧底隆起曲线

3）围岩应力计算结果分析

三种开挖工法的围岩应力分布如图 5-48 所示。

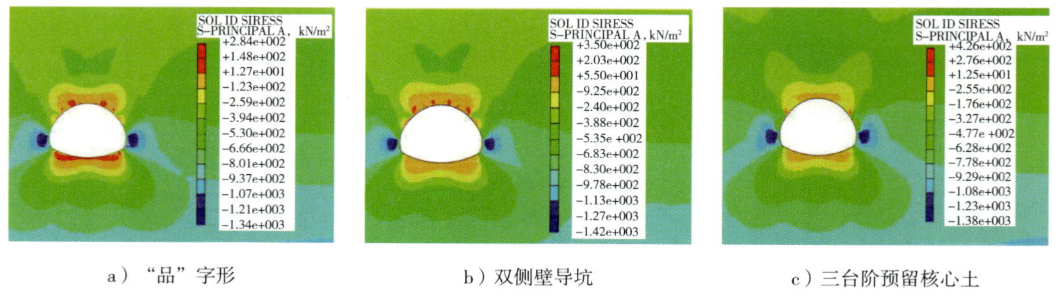

a）“品”字形　　b）双侧壁导坑　　c）三台阶预留核心土

图 5-48　三种开挖工法的最终围岩应力分布

由图 5-48 所示的计算结果可知：

（1）三台阶预留核心土开挖工法的围岩应力分布最为均匀，“品”字形开挖工法在拱顶部位出现多处应力集中，双侧壁导坑开挖工法在拱顶和拱底处均存在大范围的应力集中现象。

（2）从洞周的应力量值来看（以黄色部分为主），“品”字形开挖工法的应力量值在三种开挖工法中最小，三台阶预留核心土开挖工法应力量值最大。

（3）综合分析，三台阶预留核心土开挖工法虽然可以有效地避免围岩应力局部集中，但该工法显著提高了围岩应力的整体水平。双侧壁导坑开挖工法不管在降低围岩应力整体量值，还是在避免应力集中方面都存在着明显的不足。“品”字形开挖工法虽然出现了少量的应力集中区域，但显著降低了围岩应力的整体水平，因此，该工法更具有优越性。

4）初期支护喷射混凝土应力计算结果分析

三种开挖工法初期支护喷射混凝土应力分布如图 5-49 所示。

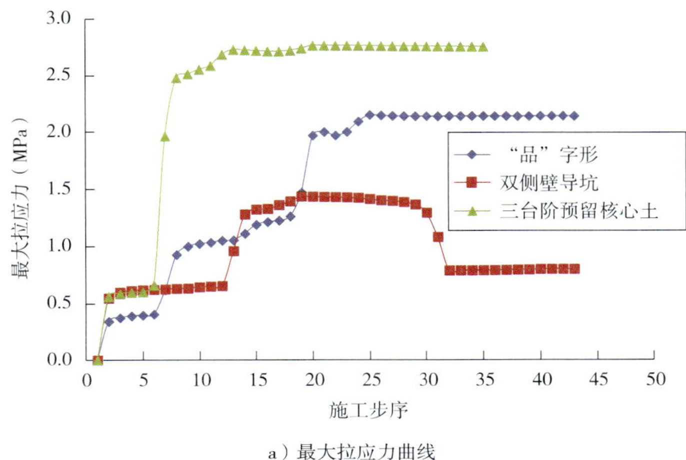

a）最大拉应力曲线

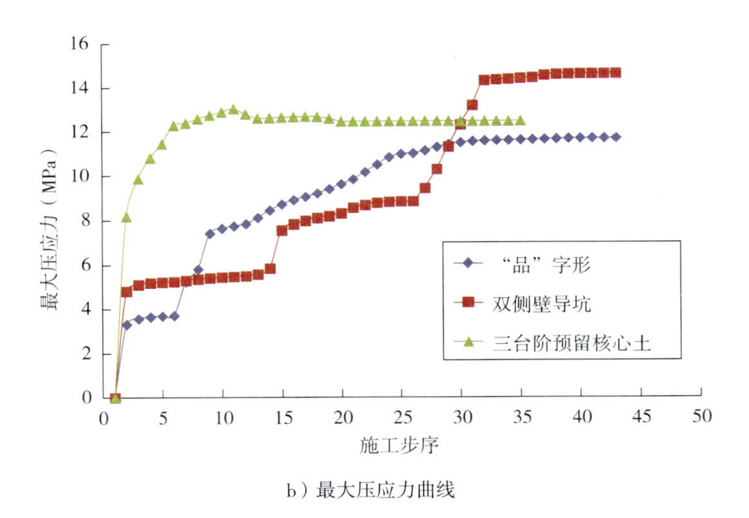

b）最大压应力曲线

图 5-49　三种开挖工法初期支护喷射混凝土应力变化曲线

由图 5-49 a）所示的最大拉应力计算结果可知：

（1）“品”字形开挖工法：第一台阶随着三部分岩体的逐步开挖，初期支护拉应力最大值也在持续增大，这一增大过程持续到了第二台阶开挖完毕并完成初期支护，峰值达到了 2.148MPa，随后最大拉应力趋于平稳，直到开挖完毕初期支护封闭成环，稳定值在 2.1MPa 左右。

（2）双侧壁导坑开挖工法：是三种开挖工法中初期支护最大拉应力最小的一种开挖工法，峰值也仅仅是 1.436MPa。开挖第一步初期支护最大拉应力产生，之后便稳定下来，直到开始开挖第一台阶第三分部时，初期支护最大拉应力又有一个增大的过程，并在第一台阶开挖完毕并完成初期支护之后达到了峰值，此后进入了第二段平稳期。在破除中岩柱并将上部初期支护封闭的过程中，初期支护拉应力最大值有所回落，到开挖结束初期支护封闭成环，这个值一直稳定在 0.8MPa 左右。

（3）三台阶预留核心土开挖工法：遵从之前分析围岩位移与应力的相同规律，在开挖初期便产生了很大的初期支护拉应力，最大值甚至达到了 2.76MPa，这一值超过了混凝土强度的设计值。

由图 5-49 b）所示的最大压应力计算结果可知：

（1）三种开挖工法初期支护压应力最大值都是随着开挖的进行有增无减。

（2）“品”字形开挖工法初期支护压应力稳定增加，在三级台阶开挖完毕之后趋于稳定，稳定值在 11.7MPa 左右。

（3）双侧壁导坑开挖工法在开挖前两级台阶以及破除中岩柱时，经历了三个跳跃阶段，最终稳定在峰值 14.6MPa 左右。

（4）三台阶预留核心土开挖工法初期支护压应力发展阶段集中在第一步开挖过程，在开挖第二级台阶后达到峰值 12.791MPa，随后有所减小，最终稳定在 12.5MPa 左右。

5.6.3 三种开挖工法的特点对比

以京张铁路八达岭长城站为工程背景，采用数值模拟试验，对“品”字形开挖工法、双侧壁导坑开挖工法、三台阶预留核心土开挖工法三种大跨度隧道开挖工法进行研究，通过围岩变形、围岩应力及初期支护应力三个方面进行对比分析，得到如下结论：

（1）从三种不同开挖工法围岩位移来看，“品”字形开挖工法突出的优点是“稳定”，整个开挖过程中围岩位移随着开挖的进行以一个稳定的速率增加，拱顶下沉和拱底隆起并没有在某个施工阶段中突然增大，这种开挖工法更能保证施工过程的安全性。双侧壁导坑开挖工法优点在于开挖前期围岩变形小，可以有效控制围岩变形，缺点是在破除中岩柱时围岩变形过大，有可能在破除中岩柱时处理不当导致拱顶坍塌，因此，在破除中岩柱时需要使用更多的支护手段来对拱顶下沉进行控制，同时需要开挖两侧台阶时对中岩柱进行加固，费时费力。三台阶预留核心土开挖工法与双侧壁导坑开挖工法缺点相同，在进行上台阶开挖时围岩变形过大，幅度相比双侧壁导坑法更大，因此在开挖上台阶时很容易造成塌方，优点是在控制住第一步开挖变形之后，随后开挖步围岩自稳，不需要再加强初期支护。从支护协同变形角度来看，“品”字形开挖工法围岩变形发展全过程较为平滑，有利于支护结构内力的合理分布，从而有效地避免了支护结构的应力集中而产生局部破坏。相反，三台阶预留核心土开挖工法和双侧壁导坑开挖工法围岩变形的发展过程存在突变阶段，此时同一断面内不同部位的初期支护由于其施作顺序不同，会产生局部的变形不协调与应力集中，从而威胁隧道结构的安全性。综合三种不同开挖工法对围岩变形的影响，从围岩稳定与支护协同变形的角度分析，“品”字形开挖工法最优。

（2）从三种不同开挖工法围岩应力分布来看，三种开挖工法的差别主要体现在应力量值与应力集中区域。三种开挖工法中，三台阶预留核心土开挖工法有效地避免了围岩应力的局部集中，但却牺牲了围岩的整体应力水平。双侧壁导坑开挖工法不管在降低围岩应力整体水平，还是在避免应力集中方面都存在着明显的不足。“品”字形开挖工法可以在出现较少应力集中区域的前提下，显著地降低围岩应力的整体水平。综合三种不同开挖工法开挖后的围岩应力状态，“品”字形开挖工法最优。

（3）从三种不同开挖工法初期支护最大拉应力来看，三台阶预留核心土开挖工法达到了2.76MPa，这是混凝土难以承受的拉应力，极易导致初期支护混凝土开裂。双侧壁导坑开挖工法初期支护最大拉应力较小，为1.40MPa，这个值在C30混凝土的承受范围之内，因此不需要对初期支护加固。在35cm初期支护条件下，“品”字形开挖工法的最大拉应力达到2.15MPa，需要适当增加钢材料配置，才能防止自身的开裂。从三种不同开挖工法初期支护的最大压应力来看，三台阶预留核心土开挖工法的最大压应力为12.5MPa，双侧壁导坑开挖工法最大压应力为14.6MPa，“品”字形开挖工法最大压应力为11.7MPa，即“品”字形开挖工法初期支护所产生的最大压应力最小。隧道衬砌作为一种以受压状态为主的结构，其所受的压应力越小越利于结构的安全，而局部的拉应力过大则可以通过增加受拉材料的配置来解决。综合三种不同开挖工法的初期支护应力状态，三台阶预留核心土开挖工法最差，不予考虑，其余两种工法可视具体情况进行选择。

（4）综合三种不同开挖工法引起的围岩变形、围岩应力和初期支护应力（表5-31），可以得出结论：三台阶预留核心土开挖工法无论在控制围岩稳定和结构安全方面都有缺陷，此工法基本可以排除；双侧壁导坑开挖工法仅在控制初期支护最大拉应力方面具有优势，而在控制围岩变形发展过程与围岩应力分布方面均存在不足；“品”字形开挖工法则在控制围岩稳定和结构安全方面均有较好的表现，因此应当选取“品”字形开挖工法作为超大跨度、超大断面隧道的开挖工法。

三种不同开挖工法对比表　　表5-31

对比因素	“品”字形开挖工法	双侧壁导坑开挖工法	三台阶预留核心土开挖工法
围岩变形	优	劣	劣
围岩应力	优	劣	中
初期支护应力	优	优	劣

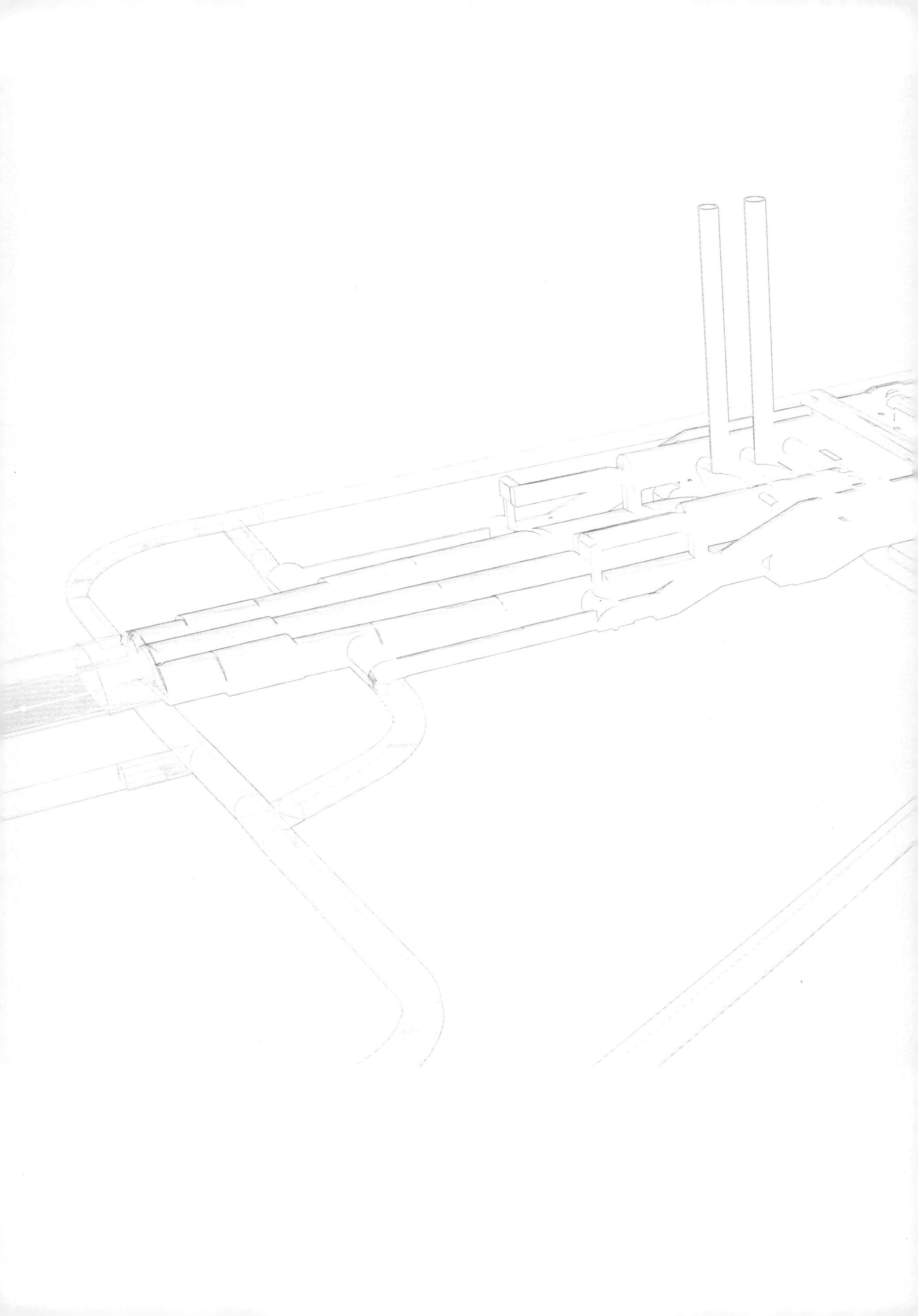

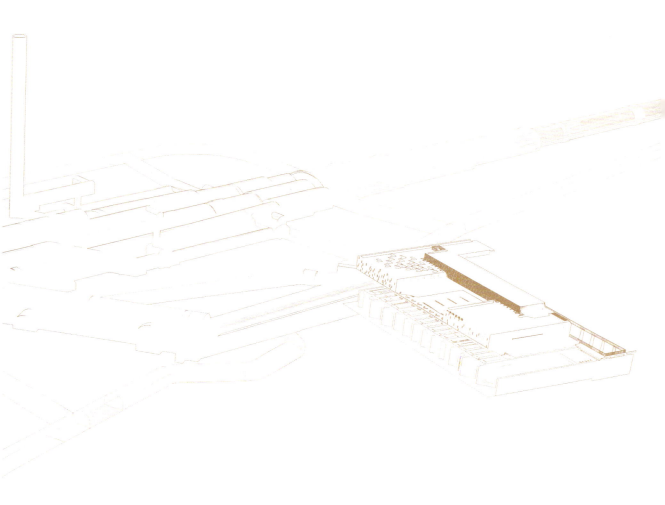

CHAPTER 6

第 6 章

地下车站群洞结构设计

STRUCTURAL DESIGN OF UNDERGROUND STATION GROUP TUNNELS

地下洞室群开挖引起的群洞效应难以被准确预判，通常采用模拟方法计算围岩和支护结构的受力，建模和分析异常复杂，受各种因素的影响，计算结果的准确性难于满足支护结构设计的要求。

国内外许多学者采用室内模型试验、现场监测反馈、数值模拟分析等方法对围岩力学特性、围岩变形失稳机制及控制措施等问题进行了大量研究，并取得了很多有益的成果。魏进兵等、张德永等运用有限元法研究了复杂地下洞室群的围岩的破坏机制及稳定性。董家兴等通过现场调查、收集典型地下洞室群资料，归纳出大型地下洞室群围岩失稳模式。张孝松、张勇等对大型地下洞室群布置设计方法展开系统研究。向欣等、聂卫平等和张玉敏等对洞室群的支护措施进行了详细研究。江权等对洞室群中隔墙的安全系数进行了针对性研究。张雨霆等研究了洞室群整体稳定性及抗震性能。张超等研究了洞室群的动态风险。

目前，地下洞室群稳定性分析和支护结构设计主要依赖于数值计算，尤其是中岩墙和中岩板的受力计算，数值模拟计算的结果受计算模型、边界条件和计算参数影响很大，计算结果的准确性难以满足工程设计的要求。本章研究基于受力平衡的思想提出应力流守恒原理，并采用圆形隧道弹性和塑性应力解析解证明隧道开挖前后应力流相等。应力流守恒原理可以方便快速地计算群洞各个中岩墙和中岩板的受力，并根据中岩墙和中岩板的稳定性设计支护措施，确保群洞的稳定。

6.1 地下洞室群支护结构设计理论

6.1.1 应力流守恒原理

质量守恒、能量守恒、电荷守恒是自然界的三大守恒定律，揭示了大千世界的变化规律。在地下工程中，洞室开挖引起的应力调整异常复杂，准确计算洞室周边的应力状态异常困难，但根据受力平衡原理，洞室开挖前后同一水平剖面或垂直剖面的法向应力与其作用面积的乘积是不变的，即有：

$$\int_{S_h} \sigma_v \mathrm{d}x\mathrm{d}y = \int_{S'_h} \sigma'_v \mathrm{d}x\mathrm{d}y \tag{6-1}$$

$$\int_{S_v} \sigma_h \mathrm{d}x\mathrm{d}y = \int_{S'_v} \sigma'_h \mathrm{d}x\mathrm{d}y \tag{6-2}$$

式中：σ_v、σ_h——洞室开挖前围岩的竖直和水平应力，Pa；

σ'_v、σ'_h——洞室开挖后围岩的竖直和水平应力，Pa；

S_h、S'_h——洞室开挖前、后竖直应力的作用面积，m^2；

S_v、S'_v——洞室开挖前、后水平应力的作用面积，m^2。

上述等式称之为应力流守恒原理，即隧道开挖前后任意水平剖面围岩竖向应力流和任意竖直剖面的水平应力流将保持不变，应力流是指应力与其作用面积的乘积，应力流类似水流，水流遇到障碍物时会向两侧偏移，水流的有效过流断面减小，障碍物两侧水流流速增大，但水流任意截面的流量是守恒的。同样，不论隧道开挖的数量、洞型、开挖工法、支护形式等如何变化，隧道围岩竖向应力和水平应力流始终恒定不变。

6.1.2 应力流守恒定律

应力流守恒定律可以采用两种方法进行验证，一是根据应力分布的解析解精确计算隧道开挖前后的应力流；二是根据地层总体的受力平衡计算隧道开挖前后的应力流。对于弹性连续介质中开挖的单一圆形洞室，可以得到隧道开挖后应力重分布的解析解，因此可采用第一种方法验证。对于复杂介质中开挖的复杂洞形的洞室或者洞室群，无法得到应力重分布的解析解，则可采用第二种方法验证。

1）弹性应力解析法

对于深埋弹性岩体中的水平圆形洞室，隧道开挖后的重分布应力采用柯西理论解（Kirsh，1898）计算，隧道边墙处重分布竖向应力为：

$$\sigma_\theta=\sigma_0\left(1+\frac{R_0^2}{r^2}\right) \tag{6-3}$$

式中：σ_θ——边墙处的竖向应力，Pa；

σ_0——初始地应力，Pa；

R_0——圆形隧道开挖半径，m；

r——离隧道中心点的距离，m。

则隧道边墙 R_0 至 R_1 的总应力流

$$F=\int_{R_0}^{R_1}\sigma_0\left(1+\frac{R_0^2}{r^2}\right)\mathrm{d}r=\frac{R_1^2-R_0^2}{R_1}\cdot\sigma_0 \tag{6-4}$$

式中：R_1——计算点至隧道中心点的距离。

总应力流包括两部分：①初始应力线以下的部分，为隧道开挖前原有应力流；②初始应力以上的阴影部分，为洞室开挖增加的应力流，如图 6-1 所示。

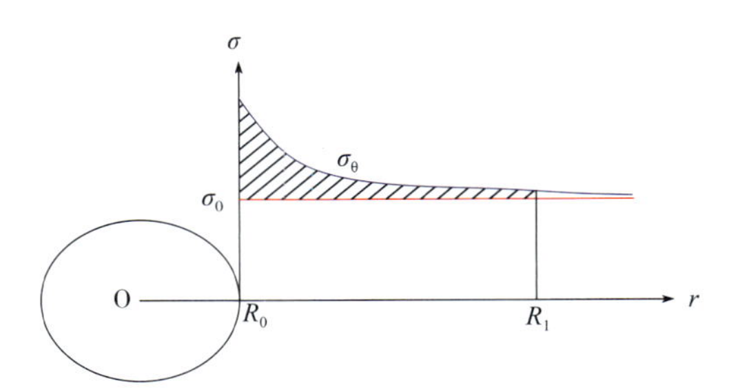

图 6-1　弹性状态下应力流守恒定律的解析解图示

初始应力线以下的部分为隧道开挖前原有应力流，其值为：

$$F_0=(R_1-R_0)\cdot\sigma_0 \tag{6-5}$$

初始应力以上的阴影部分为洞室开挖增加的应力流，其值为：

$$\Delta F=\int_{R_0}^{R_1}\sigma_0\cdot\frac{R_0^2}{r^2}\mathrm{d}r=\frac{R_1R_0-R_0^2}{R_1}\cdot\sigma_0 \tag{6-6}$$

则洞室边墙增加的总应力流即为 R_0 至无穷远处的积分为：

$$\Delta F=\int_{R_0}^{\infty}\sigma_0\cdot\frac{R_0^2}{r^2}\mathrm{d}r=R_0\cdot\sigma_0 \tag{6-7}$$

上式表明，隧道开挖后隧道两侧岩墙增加的应力流，与隧道开挖跨度内截断的应力流相等，即隧道开挖前后，地层的总应力流是守恒的。

2）塑性应力解析法

隧道开挖的塑性应力解采用经典的 Fenner 公式如下：

$$\sigma_{\theta\mathrm{p}}=\frac{1+\sin\varphi}{1-\sin\varphi}(p_i+c\cdot\cot\varphi)\left(\frac{r}{R_0}\right)^{\frac{2\sin\varphi}{1-\sin\varphi}}-c\cdot\cot\varphi \tag{6-8}$$

$$\sigma_{\mathrm{rp}}=(p_i+c\cdot\cot\varphi)\left(\frac{r}{R_0}\right)^{\frac{2\sin\varphi}{1-\sin\varphi}}-c\cdot\cot\varphi \tag{6-9}$$

塑性区范围 R_{p} 采用下式计算：

$$R_{\mathrm{p}}=R_0\left[(1-\sin\varphi)\frac{\sigma_0+c\cdot\cot\varphi}{p_i+c\cdot\cot\varphi}\right]^{\frac{1-\sin\varphi}{2\sin\varphi}} \tag{6-10}$$

开挖后塑性区范围内的应力流增量为：

$$\Delta F_{\mathrm{p}}=\int_{R_0}^{R_{\mathrm{p}}}\left[\frac{1+\sin\varphi}{1-\sin\varphi}(p_i+c\cdot\cot\varphi)\left(\frac{r}{R_0}\right)^{\frac{2\sin\varphi}{1-\sin\varphi}}-c\cdot\cot\varphi\right]\mathrm{d}r-\sigma_0\cdot(R_{\mathrm{p}}-R_0) \tag{6-11}$$

隧道开挖后弹性区的应力分布为：

$$\sigma_{\mathrm{re}}=\left(1-\frac{R_{\mathrm{p}}^2}{r^2}\right)\cdot\sigma_0+\frac{R_{\mathrm{p}}^2}{r^2}\sigma_{\mathrm{pc}} \tag{6-12}$$

$$\sigma_{\theta\mathrm{e}}=\left(1+\frac{R_{\mathrm{p}}^2}{r^2}\right)\cdot\sigma_0-\frac{R_{\mathrm{p}}^2}{r^2}\sigma_{\mathrm{pc}} \tag{6-13}$$

式中：σ_{pc}——塑性区与弹性区交界处的径向应力，也就是塑性区给弹性区提供的支护力，采用下式计算：

$$\sigma_{\mathrm{pc}}=\sigma_0(1-\sin\varphi)-c\cdot\cos\varphi \tag{6-14}$$

开挖后弹性区范围内的应力流增量为：

$$\Delta F_{\mathrm{e}}=\int_{R_{\mathrm{p}}}^{\infty}\left\{\frac{R_{\mathrm{p}}^2}{r^2}\cdot\sigma_0-\frac{R_{\mathrm{p}}^2}{r^2}[\sigma_0(1-\sin\varphi)-c\cdot\cos\varphi]\right\}\mathrm{d}r \tag{6-15}$$

式（6-11）和式（6-15）积分后可得到：

$$\Delta F_{\mathrm{p}}+\Delta F_{\mathrm{e}}=R_0\cdot\sigma_0 \tag{6-16}$$

上式表明，围岩发生塑性变形后，塑性区和弹性区增加的应力流之和等于隧道开挖区内的初始应力流，即图 6-2 中由点 *ABCDH* 围成的面积等于由点 *EFGH* 围成的面积。由此可见，隧道开挖过程中不管围岩有没有发生塑性变形，应力流在隧道开挖前后始终是守恒的。

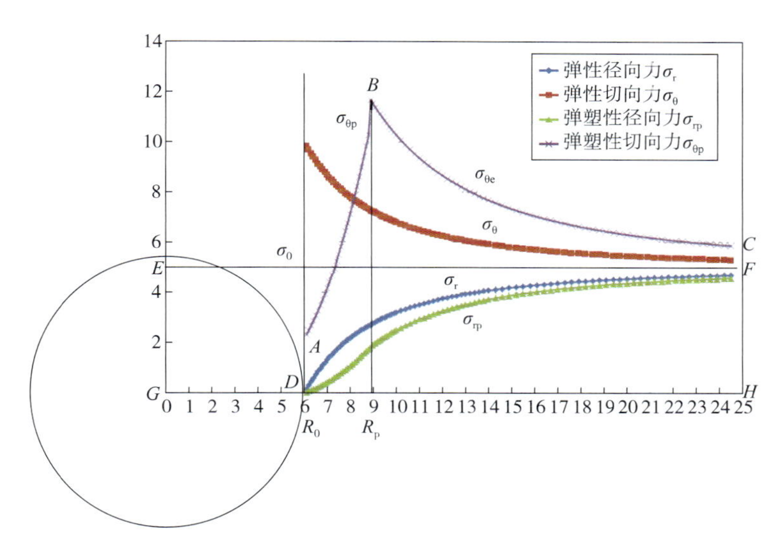

图 6-2 塑性状态下应力流守恒原理的解析解图示

3）总体受力平衡法

假设大平板在边界上受初始水平应力 σ_h 作用，在隧道开挖前，平板中的水平应力均为 σ_h，如图 6-3 a）所示；当隧道开挖后，隧道周边应力发生调整并重新达到平衡状态，如图 6-3 b）所示；取隧道中线左侧为隔离体，如图 6-3 c）所示，假设隧道开挖后水平应力调整为 σ'_h，则隔离体右边界的总水平力为：

$$F_r = \int_{S'_v} \sigma'_h \mathrm{d}x\mathrm{d}y \tag{6-17}$$

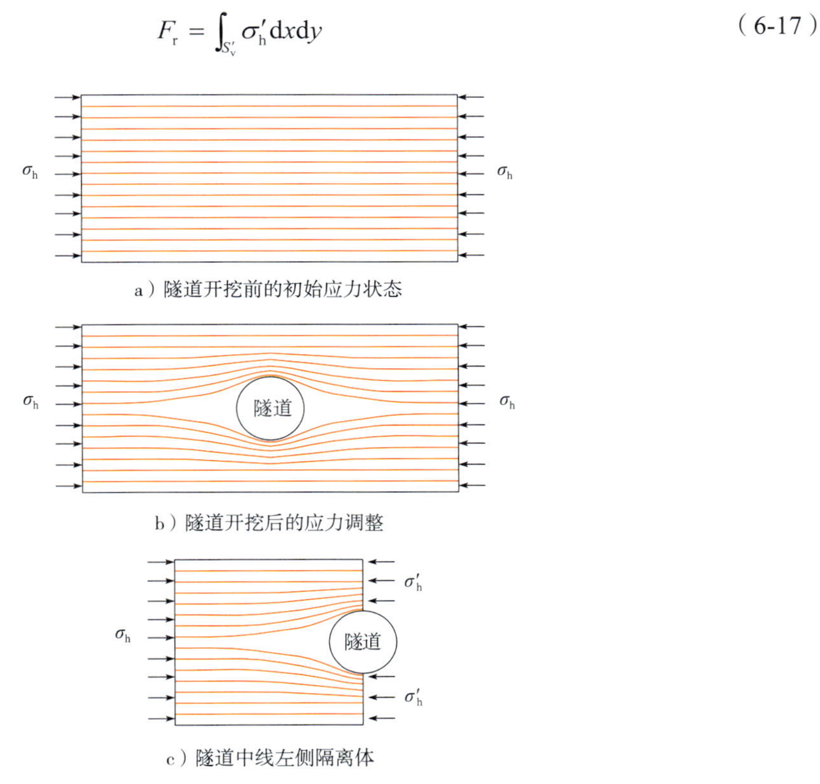

图 6-3 水平应力流受力模型

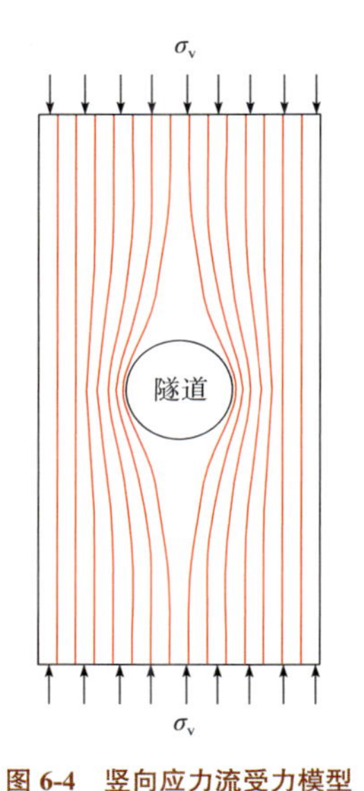

图 6-4　竖向应力流受力模型

隔离体左边界的总水平力为：

$$F_l = \int_{S_v} \sigma_h \mathrm{d}x\mathrm{d}y \tag{6-18}$$

则根据隔离体受力平衡，有：

$$F_r = F_l \tag{6-19}$$

则可以得到：

$$\int_{S_v} \sigma_h \mathrm{d}x\mathrm{d}y = \int_{S'_v} \sigma'_h \mathrm{d}x\mathrm{d}y \tag{6-20}$$

同理可求证竖向应力流守恒，如图 6-4 所示，由力的平衡条件可得：

$$\int_{S_h} \sigma_v \mathrm{d}x\mathrm{d}y = \int_{S'_h} \sigma'_v \mathrm{d}x\mathrm{d}y \tag{6-21}$$

对于洞室群来说，假设一个山体中开挖的洞室群包含 C_1、C_2、C_3 多个洞室，取洞室所在位置水平剖面 *AB*，如图 6-5 所示。在洞室开挖前，*AB* 剖面以上部分山体的总自重为：

$$G_1 = \int_{S_h} \sigma_v \mathrm{d}x\mathrm{d}y \tag{6-22}$$

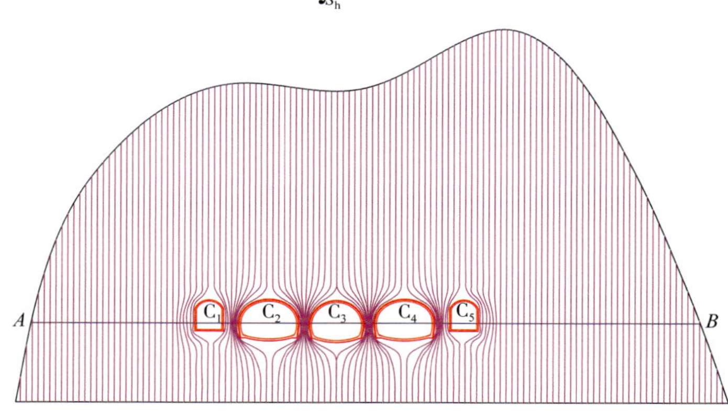

图 6-5　洞室群应力流受力模型

洞室开挖后，假设竖向应力为 σ'_v，*AB* 剖面以上部分山体的总自重为：

$$G_2 = \int_{S'_h} \sigma'_v \mathrm{d}x\mathrm{d}y \tag{6-23}$$

相对于整个山体来说，各洞室开挖掉的岩土自重很小，可忽略不计，即洞室开挖前后，*AB* 剖面以上部分山体的总自重在洞室开挖前后是相等的，即：

$$\int_{S_h} \sigma_v \mathrm{d}x\mathrm{d}y = \int_{S'_h} \sigma'_v \mathrm{d}x\mathrm{d}y \tag{6-24}$$

6.2　地下洞室群支护结构设计方法

6.2.1　洞室群岩墙或岩板的安全系数

对于左、右并排的洞室群，洞室之间岩墙的稳定是其支护结构设计的重点，对于上、下并列的洞室群，上下洞室之间岩板的稳定是其支护结构设计的重点。洞室之间岩墙或者岩板的安全系数可按下式计算：

$$K=\frac{[Q_i]}{Q_i}=\frac{[\sigma_{\mathrm{rc}}]\cdot d_1\cdot L+[\sigma_{\mathrm{sc}}]\cdot d_2\cdot L+[\sigma_{\mathrm{lc}}]\cdot d_3\cdot L}{\int_{S_{\mathrm{h}}'}\sigma_{\mathrm{v}}'\mathrm{d}x\mathrm{d}y} \tag{6-25}$$

式中：$[Q_i]$——洞群之间某一岩墙或者岩板能承担的最大应力流，N；

Q_i——该岩墙或岩板的实际应力流，Pa；

$[\sigma_{\mathrm{rc}}]$、$[\sigma_{\mathrm{sc}}]$ 和 $[\sigma_{\mathrm{lc}}]$——岩墙中岩体、喷射混凝土、二次衬砌模筑混凝土的抗压强度，Pa；

d_1、d_2 和 d_3——岩墙中岩体、喷射混凝土、二次衬砌模筑混凝土的厚度，m；

L——岩墙的纵向长度，m；

$\int_{S_{\mathrm{h}}'}\sigma_{\mathrm{v}}'\mathrm{d}x\mathrm{d}y$——根据应力流守恒原理计算的岩墙承担的应力流，N。

6.2.2 洞室群岩墙或岩板的抗压强度

岩墙中岩体的抗压强度为：

$$[\sigma_{\mathrm{rc}}]=(p_{\mathrm{b}}+p_{\mathrm{s}}+p_{\mathrm{l}})\cdot\tan^2\left(45^\circ+\frac{\varphi+\varphi_g}{2}\right)+2(C+C_{\mathrm{b}}+C_{\mathrm{g}})\cdot\tan\left(45^\circ+\frac{\varphi+\varphi_g}{2}\right) \tag{6-26}$$

式中：p_{b}——预应力锚杆或对拉锚杆提供的围压，Pa；

p_{s}——喷射混凝土及钢架提供的围压，Pa；

p_{l}——二次衬砌提供的围压，Pa；

C——岩体自身的黏聚力，Pa；

φ——岩体自身的内摩擦角，(°)；

C_{g}——注浆加固提高的黏聚力，Pa；

φ_{g}——注浆加固提高的内摩擦角，(°)；

C_{b}——锚杆作用提高的黏聚力，Pa。

6.2.3 地下洞室群岩体应力流分配规律

隧道开挖后，隧道开挖跨度内的应力流向两侧转移，在两侧形成应力集中。隧道跨度内的总应力流向两侧分配，分配比例受两侧岩墙的刚度控制，刚度越大，分配的应力流越多，假设隧道开挖跨度为 S，则开挖截断的总应力流为：

$$F=\sigma_0 SL \tag{6-27}$$

式中：S——隧道开挖跨度，m；

L——隧道开挖纵向长度，m；

σ_0——隧道开挖范围内围岩的初始应力，Pa。

假设分配到两侧岩墙的应力流分别为 F_1 和 F_2，则根据应力流守恒原理有：

$$F=F_1+F_2 \tag{6-28}$$

根据应力流按刚度分配原则有：

$$\frac{F_1}{F_2}=\frac{K_1}{K_2}=\frac{E_1d_1L_1/h_1}{E_2d_2L_2/h_2} \tag{6-29}$$

式中：K_1、K_2——两侧岩墙的刚度，N/m；

E_1、E_2——两侧岩墙的弹性模量，Pa；

L_1、L_2——两侧岩墙的纵向长度，m；

h_1、h_2——两侧岩墙的高度，m；

d_1、d_2——两侧岩墙的有效厚度，m。

岩墙的有效厚度是指隧道开挖引起应力调整范围内的岩墙。根据式（6-4）可计算得到应力流分配比例与距离之间的关系如下式：

$$K=\frac{2F_{\Delta}}{2R_0\cdot\sigma_0}=1-\frac{R_0}{R_1}=\frac{2n}{2n+1} \tag{6-30}$$

式中：K——隧道两侧岩墙 R_0 至 R_1 范围内增加的应力流与隧道跨度内截断的应力流之比；

n——岩墙厚度与隧道开挖跨度的比值，即为：

$$n=\frac{R_1-R_0}{2R_0} \tag{6-31}$$

K 与 n 的曲线关系如图 6-6 所示。

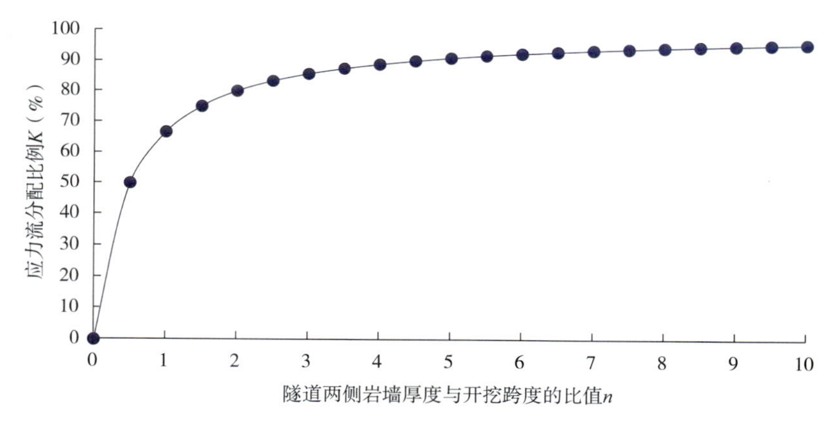

图 6-6　应力流分配比例与岩墙厚度的关系

由图 6-6 可知，隧道开挖截断的全部应力流中，有 50% 的应力流集中在岩墙厚度等于 0.5 倍开挖跨度的范围内，80% 的应力流集中在岩墙厚度等于 2 倍开挖跨度的范围内，90% 的应力流集中在岩墙厚度等于 4.5 倍开挖跨度的范围内，95% 的应力流集中在岩墙厚度等于 9.5 倍开挖跨度的范围内。因此，当隧道边墙较厚并大于 2 倍隧道开挖跨度时，岩墙的有效厚度可取隧道开挖跨度的 2 倍，并假定全部应力流均分布在岩墙有效厚度内，也就是说，岩墙有效厚度以外的岩体不承担隧道开挖调整的应力流，这种工程化的处理办法，使支护结构的设计偏于安全，但大幅度简化了应力流的计算，同时满足工程设计的精度要求。

6.2.4 八达岭长城站洞室群支护结构设计

八达岭长城站正线隧道开挖跨度 14.08m，左、右到发线开挖跨度 15.68m，两侧疏散救援通道开挖跨度 7.36m，正线和左右到发线之间的岩柱宽度 2.51 ～ 6.00m，左右到发线与疏散通道之间的岩柱宽 3.74m，5 个平行洞室总宽度 72.66m，其中被开挖部分宽度为 60.16m，中间岩柱累计宽度 12.5m，开挖宽度占总宽度 82.8%。

洞室群隧道的开挖引起周边围岩应力的调整，洞室之间岩墙的应力流密度取决于地下车站洞室群的分布和尺寸，站台层竖向应力流计算模型如图 6-7 所示，救援通道外侧岩墙有效厚度取其开挖跨度的 2 倍，即 14.72m。

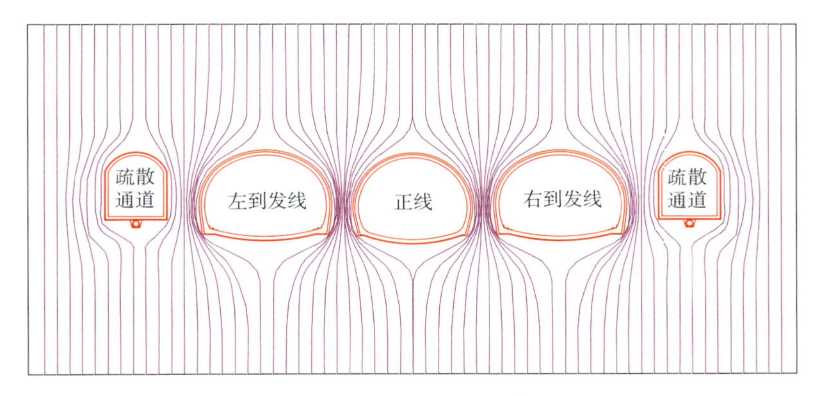

图 6-7 站台层竖向应力流计算模型

八达岭长城站站台层先采用台阶法开挖左、右侧到发线隧道，然后采用双侧壁法开挖正线隧道，利用双侧壁法两侧的导洞采用对拉锚索提前对到发线与正线之间的岩墙进行加固。根据应力流守恒原理及岩墙安全稳定性要求，各洞室支护参数如表 6-1 所示，在此支护措施下，洞室群施工各步序各工况的安全系数均大于 1，如表 6-2 所示，满足围岩稳定性的要求。

站台层各洞室支护参数表　　表 6-1

洞室	围岩等级	C30 喷射混凝土厚度（cm）		钢架	锚杆		C35 二次衬砌钢筋混凝土厚度（cm）
		拱墙	仰拱		拱部	边墙	
疏散通道	Ⅲ	8	0	—	ϕ 22mm 组合中空注浆锚杆，环纵间距 1.2m × 1.2m，长 3.0m	ϕ 25mm 预应力锚杆，环纵间距 1.5m × 1.5m，长 4.0m	35
	Ⅴ	23	23	ϕ 22mm 格栅间距 1.0m	ϕ 22mm 组合中空注浆锚杆，环纵间距 1.0m × 1.0m，长 3.5m	ϕ 25mm 预应力锚杆，环纵间距 1.0m × 1.0m，长 4.5m	35
正线及到发线	Ⅲ	23/25	10	ϕ 22mm 格栅间距 1.2m	ϕ 25mm 预应力锚杆，环纵间距 1.8m × 1.2m，长 4m	ϕ 25mm 预应力对拉锚杆，环纵间距 1.5m × 1.5m	40/50
	Ⅴ	28	28	I22a 工字钢间距 0.8m	ϕ 25mm 预应力锚杆，环纵间距 1.2m × 0.8m，长 4.5m	ϕ 25mm 预应力对拉锚杆，环纵间距 1.0m × 1.0m	50/60

注：1. 正线拱墙喷射混凝土厚 23cm，到发线喷 25cm。
2. 正线及到发线二次衬砌厚度为：Ⅲ级围岩段拱墙厚 40cm，仰拱厚 50cm；Ⅴ级围岩段拱墙厚 50cm，仰拱厚 60cm。

洞室群施工各步序工况下Ⅴ级围岩段岩墙的安全系数　　表 6-2

工　况	施 工 步 序	安 全 系 数
工况 1	左到发线开挖	1.43
工况 2	右到发线开挖	1.88
工况 3	右到发线完成初期支护	3.06
工况 4	右到发线完成径向注浆	3.42
工况 5	正线左侧洞开挖	1.28
工况 6	正线左侧洞完成初期支护	2.21
工况 7	正线左侧洞完成对拉锚索	2.38
工况 8	正线右侧洞开挖	1.28
工况 9	正线右侧洞完成初期支护	2.21
工况 10	正线右侧洞完成对拉锚索	2.38
工况 11	正线中隔墙开挖，并拆除竖向临时支撑	1.77
工况 12	左侧疏散救援通道开挖	1.41
工况 13	左侧疏散救援通道完成初期支护	2.12
工况 14	左侧疏散救援通道完成对拉锚索	2.32
工况 15	右侧疏散救援通道开挖	1.41
工况 16	右侧疏散救援通道完成初期支护	2.12
工况 17	右侧疏散救援通道完成对拉锚索	2.32
工况 18	正线和到发线施做二次衬砌	2.80
工况 19	疏散救援通道施做二次衬砌	3.29

车站进站和出站层叠层设置，总开挖高度 17.58m，站台层总开挖高度为 11.81m，站台层和进出站层之间岩板的厚度为 4.5m。站厅与站台层之间应力流计算模型如图 6-8 所示，计算可知车站埋深处最大水平主应力 S_H 约 4.46MPa。

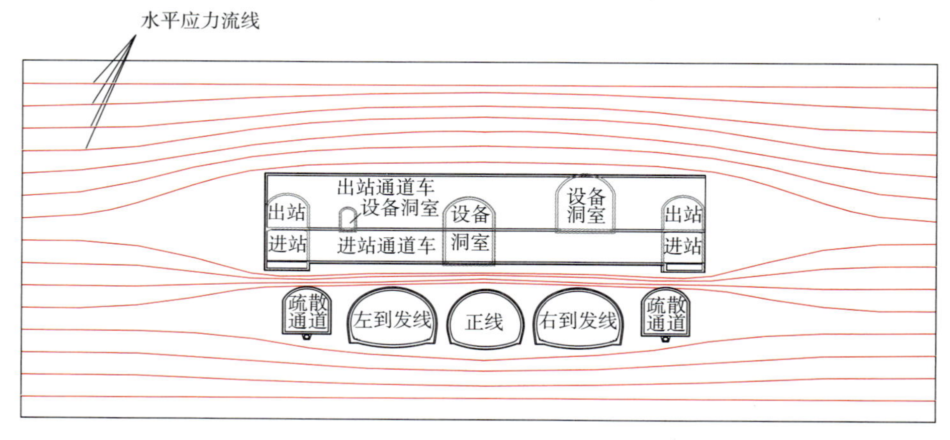

图 6-8　水平应力流计算模型

八达岭长城站站厅层先采用台阶法开挖，站台层施工完毕后再进行上部站厅层施工。根据应力流守恒原理及岩墙安全稳定性要求，各洞室支护参数如表6-3所示，在此支护措施下，洞室群施工各步序各工况的安全系数均大于1，如表6-4所示，满足围岩稳定性的要求。

进出站通道支护参数　　表6-3

<table>
<tr><th rowspan="2">洞室</th><th rowspan="2">围岩等级</th><th colspan="2">C30喷射混凝土厚度(cm)</th><th rowspan="2">钢架</th><th colspan="2">锚杆</th><th rowspan="2">C35二次衬砌钢筋混凝土厚度(cm)</th></tr>
<tr><th>拱墙</th><th>仰拱</th><th>拱部</th><th>边墙</th></tr>
<tr><td rowspan="2">进出站通道</td><td>Ⅲ</td><td>8</td><td>0</td><td>—</td><td>ϕ22mm组合中空注浆锚杆，环纵间距1.2m×1.2m，长3.0m</td><td>ϕ25mm预应力锚杆，环纵间距1.5m×1.5m，长4.0m</td><td>40</td></tr>
<tr><td>Ⅴ</td><td>23</td><td>23</td><td>ϕ22mm格栅间距0.8m</td><td>ϕ22mm组合中空注浆锚杆，环纵间距1.0m×1.0m，长3.5m</td><td>ϕ25mm预应力锚杆，环纵间距1.0m×1.0m，长4.5m</td><td>40</td></tr>
</table>

洞室群施工Ⅴ级围岩段岩板的安全系数　　表6-4

工况	施工步序	安全系数
工况1	站台层各洞室开挖并支护完成	—
工况2	上层洞室开挖后无支护	1.19
工况3	上层洞室初期支护和二次衬砌完成	2.51

根据以上研究成果和设计实践经验，可以得到以下结论：

（1）地下洞室群开挖引起的群洞效应复杂多变，围岩和支护结构受力的计算异常复杂，目前通常采用的数值模拟方法计算分析，受各种因素的影响，其计算结果的准确性难以满足支护结构设计的要求。

（2）应力流守恒原理是指隧道开挖前后任意水平剖面围岩竖向应力流和任意竖直剖面的水平应力流将保持不变。应力流守恒原理的本质是力的平衡，利用应力流守恒原理可以方便地计算洞室群中各个岩墙、岩板、岩柱的受力，并根据其稳定性设计支护结构措施。

（3）应力流在洞室群中各个岩墙、岩柱和岩板中的分布是依据变形刚度进行分配的，刚度越大分配的应力流就越多。

（4）京张高铁八达岭长城站地下洞室群支护结构设计结果表明，基于应力流守恒原理的洞室群支护结构设计方法具有计算便捷、安全可靠的优点。

6.3 地下洞室群开挖的爆破控制技术

6.3.1 爆破振动研究现状

（1）爆破地震波特征

早在1979年，亨利奇在《爆炸动力学及其应用》中详细介绍了爆破地震波的产生与传播。爆破地震波是炸药爆炸的必然产物，是由爆炸时所产生的应力波衰减而来的。自20世纪20年代以来，许多研究者将采集到的天然地震波与各种爆破地震波进行了对比，发现爆破地震波具有以下特征：

①爆破地震波类似于脉冲波，具有振幅、频率、持续时间三个要素；

②爆破地震波幅值大，衰减快；

③爆破地震波持续时间短，一般不到 1s，是天然地震波的 1/10 ～ 1/20；

④爆破地震波振动频率高，一般为 10 ～ 30Hz。

爆破地震波作为一种非稳定信号，其频率成分复杂，其中一个或几个频率为主要成分，不同频率成分对结构或设备影响不同，差别很大，在同一条件下，相邻建筑物的反应也有可能不同，所以有必要了解爆破地震波的参数特征。

受到信息分析以及计算机技术的限制，早期对地震波的研究一直停留在爆破地震波的表象特征分析。随着信号分析技术和计算机技术的提高，对地震波的研究，已从纯频域的传统傅式分析发展到基于时域和频域的研究当中。

人们不仅认识到爆破地震波的特征，而且通过掌握爆破方法，使爆破振动参数符合爆破控制标准，能够更好地满足爆破安全的需求。

（2）爆破地震波传播规律

自从 20 世纪 50 年代萨道夫斯基公式被研究出后，该公式一直作为爆破地震波传播规律的主要研究途径。经过几十年的不断研究，人们发现爆破地震波主要受爆源特性和岩土介质的影响。与此同时，影响邻近构筑物安全的主要因素有爆源特性、岩土介质以及构筑物自身的特性。吴其苏通过对地面质点的速度振动规律测试研究，发现了爆破波的衰减规律。钱胜国等发现爆破波的能量主要集中在界面附近，在地表衰减快，随着深度增加，衰减速度变慢。李玉民等通过实测数据得到了以下结论：地下工程产生的地面水平振动的主频较接近于建筑物的自振频率，与垂向振动相比，水平振动更容易与建筑物产生共振。

20 世纪 70 年代，随着工程的增多，对爆破的要求也越来越高。在爆破前，爆破振动预测成为必然要求，爆破预测也主要通过两种方法实现。第一种，通过对工程地质进行了解，采用萨道夫斯基公式计算出单段最大装药量；第二种，通过现代计算机技术进行数值模拟，预测工程爆破振动速度。

（3）隧道减振施工技术

爆破振动效应的破坏作用是爆炸公害中最重要的表现形式之一，从以往对爆破振动公害控制的研究来看，爆破振动危害控制的方法主要有三种：一是针对爆源采取措施；二是针对爆破传播过程采取措施；三是针对保护对象采取措施。目前实际工程中应用最多的都是针对爆源采取减振措施，这也是最经济的一种减振措施，主要方法有控制最大段药量、干扰降振法等。这些措施除干扰减振外，其余方法多少都会受到施工成本、场地条件、施工进度等条件制约，从而影响效果。

为了降低爆破地震效应，国内外进行了长期的探讨和研究，并取得了显著的成果，主要措施有：①减少最大段装药量，控制爆炸能量，减轻振动强度；②使用低爆速炸药，研究证明，炸药波阻抗越大，振动强度越大，当炸药和岩石的波阻抗相近时，振动强度最大；③选择合适的装药结构，装药越分散，减振效果越好。

（4）爆破振动数值模拟

随着社会科技的快速发展，计算机技术越来越多地运用到工程中，国内外许多学者在研究爆破振动理论的时候，常常会采用数值模拟技术研究爆破振动对既有构筑物的影响，并取得了很好的成果。李庆文等基于准确的爆破动力荷载模型，运用 FLAC3D 数值模拟软件建立三维隧道模型，将数值计算结果与实测数据进行对比分析，验证了数值模拟的准确性，同时推算出爆破安全判据公式。蔡路军等采用 ANSYS 数值模拟软件，分析了上穿隧道爆破开挖对下方供水隧道的影响。贾磊等通过建立不同爆破开挖尺寸、间距等条件下爆破振动影响的数值计算模型，将计算结果与《爆破安全规程》（GB 6722—2014）的规定进行对比，判断了既有隧道衬砌结构的安全性，为施工提供了理论依据。吴占瑞等通过 FLAC3D 有限元软件分析风道近接施工对主隧道的影响，确定了施工过程中的风险位置，并对该危险位置进行了重点监测。林达明等通过 FLAC3D 有限元数值模拟软件建立交叉隧道模型，计算分析了围岩应力和位移在施工过程中的变化规律。

6.3.2 爆破振动的分级

目前，根据各种爆破技术的特点和降振水平，将爆破振动划分为常规爆破、弱震爆破、微震爆破和静态爆破 4 个层次。

（1）常规爆破

常规爆破是指以追求爆破效率为目标，以最小成本达到最大爆破效果的常规爆破技术。常规爆破一般应用于周边无建（构）筑物的场地，周边环境对爆破振动无要求，因此常规爆破的设计仅需考虑爆破的成本和效果两个参量。

（2）弱震爆破

弱震爆破是以保护围岩或保护周边一般建（构）筑物为目标，通过采用低威力低爆速的炸药、适当减小装药量、选择合理的装药结构、减小爆破进尺、采用掌子面分部爆破、预裂爆破等手段，从而减小爆破振动的一种爆破技术。弱震爆破技术一般应用于周边存在普通建构筑物的场地，弱震爆破的设计需要考虑振动对围岩及周边环境的影响。

（3）微震爆破

微震爆破是以保护周边敏感建（构）筑物为目标，采用电子雷管等精准起爆材料，将爆破过程在时间上分开，使各个炮孔逐个起爆，从而大幅降低爆破振速的一种降振技术。微震爆破技术一般应用于周边存在敏感建（构）筑物的场地，且弱震爆破技术无法满足爆破振动的控制要求。

目前，实现微震爆破方法主要有跨主振周期法和干扰降振法两种。单个药包爆破后一般产生一个主振和两个次振，第一次振幅值为主振幅值的1/3，第二次振幅值为主振幅值的1/10。跨主振周期法是指前后炮孔起爆时间间隔大于前炮孔爆破振动的主振周期，使前后炮孔爆破的主振振动相互隔开而不发生叠加。干扰降振法是指前后炮孔起爆时间间隔控制在主振周期的一半，使前后炮孔产生的爆破振动在同一目标点波峰和波谷相互抵消，从而大幅度降低振动速度。干扰降振法的降振效果更好，但其技术难度更高，当间隔时间控制不当，反而会出现波峰与波峰相互叠加，从而增大振动速度的情况，因此在复杂场地复杂传播路径下，干扰降振法技术难度非常大。跨主振周期法技术难度相对较小，也相对可靠成熟。

（4）静态爆破

静态爆破一般分为试剂静态爆破和机械静态爆破两种爆破方法。试剂静态爆破是把一些硅酸盐和氧化钙等固体膨胀剂，加水搅拌后，放入钻孔中发生水化反应，固体硬化，温度升高，体积膨胀，把岩石胀破。机械静态爆破是采用液压机械方式使岩石开裂，利用液压驱动分裂棒内的油缸产生巨大推动力，胀裂岩石。

6.3.3 爆破振动的控制标准

爆破振动控制标准是开展控制爆破，评价爆破对保护对象影响的依据。爆破振动的控制标准是保护对象本身的属性，与爆破施工无关，主要受保护对象的类型、结构特点、稳定性现状、使用要求等因素的影响。

（1）建筑物爆破振动控制标准

控制爆破的首要目标是防止结构变形开裂，因此可以根据弹性力学波动理论，计算保护对象应力和应变与弹性波振动速度之间的关系，如式（6-34）所示。

$$\sigma_x = \frac{E(1-\mu)}{(1+\mu)(1-2\mu)}\varepsilon_x \tag{6-32}$$

$$\varepsilon_x = -\frac{\dot{u}_1}{c_1} \tag{6-33}$$

$$c_1 = \sqrt{\frac{E(1-\mu)}{(1+\mu)(1-2\mu)\rho}} \tag{6-34}$$

式中：$\dot{u}_1$——质点的振动速度，m/s；

c_1——弹性波的传播速度，m/s；

ρ——质点的密度，kg/m^3。

上式表明建筑物受到的拉压应力主要受质点的振动速度、弹性模量、泊松比和密度的影响，其中近接工程的弹性模量、泊松比和密度是常量。因此，可以采用振动速度作为评价爆破振动对建筑物影响的控制指标。

根据混凝土的抗拉和抗压强度，采用式（6-32）和式（6-33）可以反算出爆破振动速度的极限值，建筑物振动速度的控制标准可采用下式确定

$$[v]=\gamma_s \cdot \frac{v_{max}}{K} \tag{6-35}$$

式中：$[v]$——爆破振动速度的控制标准，cm/s；

v_{max}——爆破振动速度的极限值，cm/s；

K——爆破振动安全系数，根据建筑物的重要程度取值 1.4 ~ 2.0，如表 6-5 所示；

γ_s——建筑物服役状态折减系数，可根据建筑物的服役年限和现状评估取 0 ~ 1.0，如表 6-6 所示。

爆破振动的安全系数 K 建议值 表 6-5

建筑物重要性等级	爆破振动引起失效后的影响	安全系数
一级	有很大影响且不易修复的重要结构	1.8 ~ 2.0
二级	有较大影响、较易修复或替换的一般结构	1.6 ~ 1.8
三级	影响较小的次要结构	1.4 ~ 1.6

建筑物服役状态折减系数 γ_s 建议值 表 6-6

服役状态等级	服役状态	折减系数
A	结构完好，表面无损伤，服役时间小于 20 年	0.8 ~ 1.0
B	结构有轻微损伤，混凝土表面有轻微腐蚀，服役时间 20 ~ 40 年	0.5 ~ 0.8
C	结构有损伤，混凝土表面有腐蚀，碳化，服役时间 40 ~ 60 年	0.2 ~ 0.5
D	结构有严重损伤，混凝土表面严重腐蚀，服役时间超过 60 年	0 ~ 0.2

以混凝土结构为例，假设结构物采用了 C35 混凝土，且不允许出现裂缝，取 C35 混凝土的抗拉强度设计值为 1.57MPa，根据式（6-32）计算得到 C35 混凝土爆破振动速度的极限值为 16.3cm/s，对于重要建筑物安全系数取 2.0，如表 6-5 所示。对于新建工程且服役状态良好，服役状态折减系数取 1.0，如表 6-6 所示。C35 混凝土爆破振动速度的控制标准为 8.2cm/s，如表 6-7 所示。

建筑物爆破振动速度极限值及控制标准建议值（单位：cm/s） 表 6-7

混凝土强度等级	抗拉强度控制		抗压强度控制	
	振动速度极限值 v_{tmax}	振动速度控制标准	振动速度极限值 v_{cmax}	振动速度控制标准
C15	11.4	5.7	89.4	44.7
C20	12.8	6.4	110.6	55.3
C25	14	7	131.2	65.6
C30	15.2	7.6	152.2	76.1
C35	16.3	8.2	173.6	86.8
C40	17.5	8.8	195.8	97.9

表 6-7 中的振动速度极限值 v_{tmax} 和 v_{cmax} 是分别根据混凝土抗拉强度和抗压强度计算得到的，分别为了确保混凝土在爆破振动作用下不出现受拉破坏和受压破坏。对于隧道结构来说，其初期支护喷射混凝土和二次衬砌模筑混凝土主要以受压为主，因此可以允许混凝土出现裂缝并实现带缝工作，但应对裂缝宽度进行控制，因此隧道喷射混凝土和模筑混凝土的振动速度极限值 v_{smax} 应介于 v_{tmax} 和 v_{cmax} 之间，建议按下式计算：

$$v_{smax}=v_{tmax}+\gamma_c(v_{cmax}-v_{tmax}) \tag{6-36}$$

式中：v_{tmax}——受拉强度控制的振动速度极限值，cm/s；

v_{cmax}——受压强度控制的振动速度极限值，cm/s；

v_{smax}——隧道支护结构的振动速度极限值，cm/s；

γ_c——裂缝宽度修正系数。

裂缝宽度修正系数 γ_c 主要取决于隧道的类型和混凝土的类型，建议按表 6-8 取值。以交通隧道为例，按上述公式和取值可计算得到隧道喷射混凝土和模筑混凝土的振动速度极限值和控制标准建议值，如表 6-9 所示。C30 喷射混凝土振动速度可按 22 ～ 28cm/s 进行控制，C35 模筑混凝土振动速度可按 8 ～ 16cm/s 进行控制。

裂缝宽度修正系数 γ_c 建议值 表 6-8

隧 道 类 型	喷射混凝土	模筑混凝土
水工隧道	0.1 ～ 0.2	0 ～ 0.1
交通隧道	0.2 ～ 0.3	0 ～ 0.1
矿山隧道	0.2 ～ 0.4	0.1 ～ 0.2

交通隧道工程振动速度极限值及控制标准建议值（单位：cm/s） 表 6-9

混凝土强度等级	喷射混凝土		模筑混凝土	
	振动速度极限值	振动速度控制标准	振动速度极限值	振动速度控制标准
C15	27 ～ 35	14 ～ 18	11 ～ 19	6 ～ 10
C20	32 ～ 42	16 ～ 21	13 ～ 23	7 ～ 12
C25	37 ～ 49	19 ～ 25	14 ～ 26	7 ～ 13
C30	43 ～ 56	22 ～ 28	15 ～ 29	8 ～ 15
C35	48 ～ 63	24 ～ 32	16 ～ 32	8 ～ 16
C40	53 ～ 71	27 ～ 36	18 ～ 35	9 ～ 18

注：振动速度控制标准的安全系数取 2.0，折减系数取 1.0。

（2）振动速度与动应变之间的关系

目前，对于隧道爆破振动速度与动应变之间关系研究较少，一般针对一维弹性波振动速度与动应变之间关系的研究，研究成果表明两者成正比关系，即：

$$\varepsilon=\frac{\sigma}{E}=\frac{\rho c}{E}v \tag{6-37}$$

式中：ε——动应变；

σ——动应力，MPa；

v——振动速度，cm/s；

E——岩体弹性模量，MPa；

ρ——岩体密度，kg/m^3；

c——纵波速度，cm/s；

ρc——波阻抗。

由于 E、ρ、c 均为常量，故 $\varepsilon \propto v$。

对于隧道爆破振动来说，隧道表面某质点振动速度与动应力之间的比例因子比较复杂，不仅仅是波阻抗。已有文献表明，基于隧道爆破数值模拟分析，不同大小的爆破冲击波传播至同一隧道表面质点上，该点的动应力或动应变与振动速度之间仍满足正线性相关。但是，很少有学者基于在建隧道爆破现场实测研究隧道爆破振动速度与动应变之间的相关性。

在第 5 次、第 7 次和第 8 次爆破动应变测试时，同时也测试了 7（8）号测点处的径向、切向及垂向振动速度，因此拟对上述三次隧道爆破中 7（8）号测点处的振动速度及动应变进行相关性分析。

以第 5 次测试为例，该次隧道爆破中 7（8）号测点处的振动速度及动应变时程曲线如图 6-9 所示，爆破振动速度与动应变的各段峰值时刻基本一致。将各次测试的各个峰值振动速度与峰值动应变在不同方向上进行回归分析，如图 6-10 所示，可以发现在同一点上不同方向上的振动速度与动应变均呈正线性相关。对于单次测试数据，其相关性较高，回归曲线的拟合优度 R^2 均在 0.97 以上。对于多次测试数据，其相关性稍低，三次测试数据回归曲线的拟合优度 R^2 在 0.70 左右。

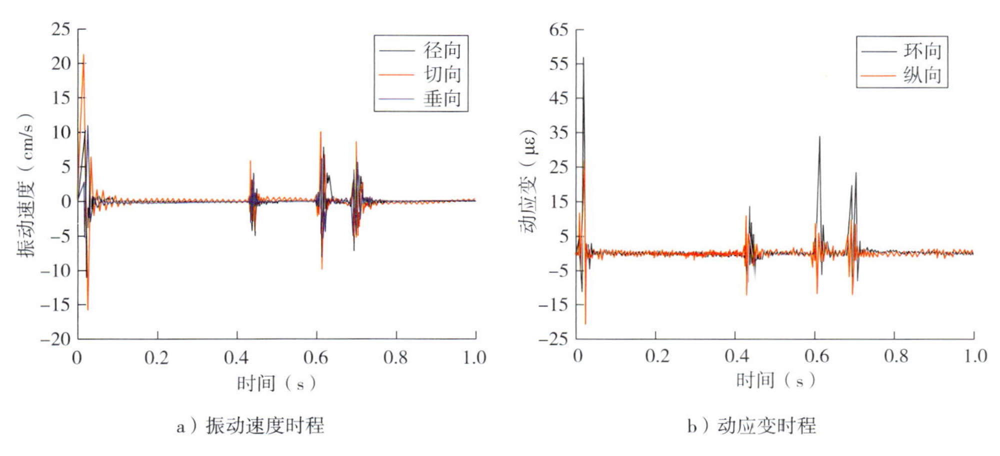

a）振动速度时程　　b）动应变时程

图 6-9

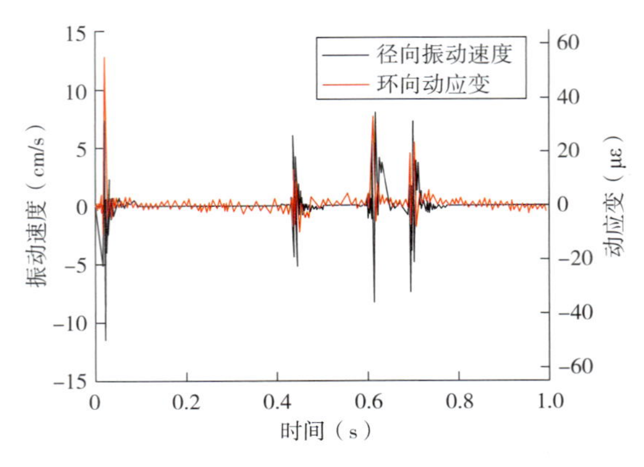

c）径向振动速度与环向应变曲线对比

图 6-9　爆破振动速度与动应变时程曲线对比

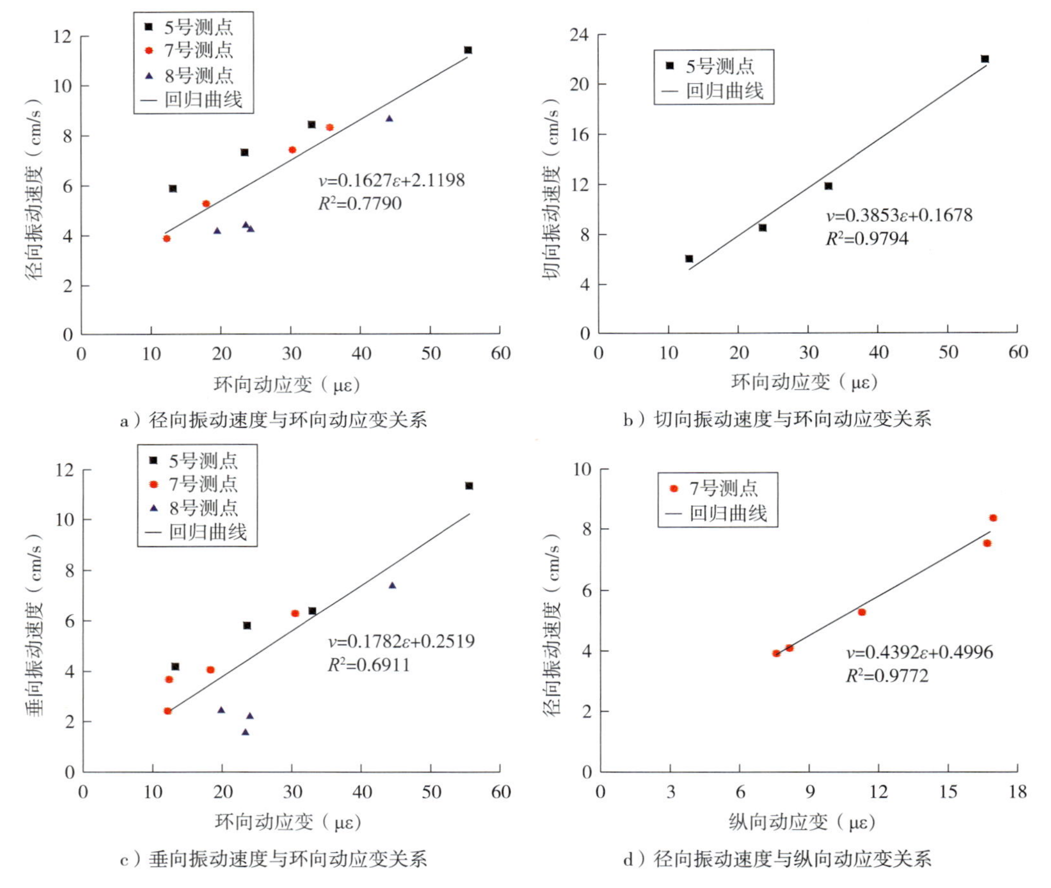

a）径向振动速度与环向动应变关系

b）切向振动速度与环向动应变关系

c）垂向振动速度与环向动应变关系

d）径向振动速度与纵向动应变关系

图 6-10　爆破振动速度与动应变回归关系

由于爆破振动速度测试的便利性远优于振动动应变测试，目前大多隧道爆破控制仍采用爆破允许振动速度指标。目前《爆破安全规程》(GB 6722—2014）中仅有已建交通隧道爆破振动速度允许标准，其二次衬砌已施作完成。对于在建交通隧道，如已施作初期支护尚未施作二次衬砌或已浇筑二次衬砌尚未拆模的隧道，并没有明确的爆破振动速度允许标准。因此，拟提出一种基于现场实测的在建隧道结构允许爆破振动速度标准的确定方法，为今后在建隧道结构的爆破振动保护提供参考。该方法具体实施步骤如下：

①采用偏保守的弱爆破对隧道或地下结构进行爆破开挖，同时监测需要保护的隧道结构的动应变及振动速度；

②对实测得到的动应变及振动速度数据进行线性回归，得到两者的相关性公式；

③根据该隧道结构材料的特性确定其允许动应力或动应变；

④将允许动应变代入应变与振动速度的相关性公式，确定该隧道结构的爆破振动允许振动速度。

下面以八达岭长城站三洞分离隧道为例，说明该方法的具体实施过程。

八达岭长城站三洞分离隧道中洞爆破时，左洞仅完成初期支护，为 C30 喷射混凝土。在动态荷载下，混凝土的拉伸强度均会随着应变率的升高而明显增加。因此，对动应变难以提出一个合理的允许应变量，规范中也没有关于混凝土的允许动应变量。从保守角度出发，采用规范中准静态条件下的混凝土抗拉允许应变标准作为允许动应变标准值。C30 抗拉强度标准值为 2.01MPa，弹性模量为 3.0×10^4MPa，可计算得到 C30 喷射混凝土允许拉应变为 67 $\mu\varepsilon$，即初期支护允许动应变为 67 $\mu\varepsilon$。

对于远离交叉口或联络通道的交通隧道段，其隧道最大振动速度方向大多为隧道径向，因此可以建立隧道初期支护的径向振动速度与环向应变间的相关性公式，如图 6-10 a）中所示。将隧道初期支护允许动应变 67 $\mu\varepsilon$ 代入上述相关性公式，可反推得到允许振动速度为 13.02cm/s。这表明，若爆破振动速度超过上述值，隧道初期支护可能由于环向应力过大而产生沿隧道纵向发展的裂缝。

通过总结以往研究成果，大部分隧道爆破振动速度选定范围为 10 ～ 15cm/s。八达岭长城站隧道通过爆破动应变监测实验研究，最后推算出 C30 喷射混凝土初期支护允许振动速度为 13.02cm/s，两种结果具有较高的一致性，说明八达岭长城站隧道爆破动应变监测结果是可靠的。

6.3.4 微震爆破设计

研究微震动的目的在于，通过现场监测的数据回归拟合爆破振动速度传播规律，量化爆破振动速度与装药量、爆破距离的关系，用以指导钻爆施工，控制最大段起爆药量，并结合优化起爆顺序和延时间隔的方法，最大限度地降低爆破振动对建筑结构、文物古迹带来的危害，以达到保护文物及环境的目的。

八达岭长城站三洞分离部分最小间距 2m，最宽 6m，远小于规范给出的规定值，后开挖隧道的爆破振动对中间岩墙产生较大影响：近区岩体损伤、中远区岩体振动等危害，从而对岩体及临近既有隧道的安全稳定造成威胁。因此，降低隧道爆破振动，采用隧道微震爆破施工技术，对保护地下洞室安全具有重要意义。

1）隧道微震爆破技术定义

目前，对微震爆破技术没有明确定义，在一般的爆破施工中认为爆破振动速度小即为微震施工，但是对于不同建筑结构，爆破振速具体应小于多少没有可供参考的标准。在隧道爆破施工中，一般通过减少齐发爆破药量来减小爆破振动速度，单炮孔逐个起爆引起的爆破振动速度最小，对建筑结构的影响也最小。

本研究针对起爆方式，对隧道微震爆破技术定义：最大一段药量为一个孔装药量的爆破，即单孔连续起爆技术。实现炮孔单孔连续起爆需要选择合适的起爆雷管控制炮孔起爆顺序。目前使用的雷管分为非电毫秒雷管和电子雷管。

2）微震原理及方法

微震爆破的关键在于控制各个炮孔的起爆时间，这主要依赖于精准的起爆材料，包括导爆管雷管和电子雷管。

（1）跨主振周期法

跨主振周期法前、后相邻炮孔的起爆时间间隔相对较长，使后起爆的地震波避开了前起爆的地震波主振周期，从而减少地震波的叠加。跨主振周期法的起爆时间间隔可根据现场振动监测确定，根据工程经验，典型单孔爆破主振波持续时间约为 60ms，因此，跨主振周期法的起爆间隔时间一般大于 60ms。

跨主振周期法有两种实施方法，一种为电子雷管单孔连续起爆网路；另一种为电子雷管和高段位导爆管雷管联合起爆网路，即隧道掏槽眼及扩槽眼采用电子雷管单孔连续起爆，掘进眼、内圈眼、底板眼和周边眼利用高段位导爆管雷管起爆，利用高段位导爆管雷管的起爆误差实现单孔起爆。

导爆管雷管的段位数量有限，不能满足每个炮孔都使用不同段位逐个起爆的要求，电子雷管可以设置电子雷管的起爆时间，实现单孔逐个起爆，但是电子雷管价格昂贵，在大断面隧道中，炮孔较多，若全部使用电子雷管单孔逐个起爆，每循环需要电子雷管数量较多，增加了爆破成本，因此采用电子雷管和高段位导爆管雷管联合起爆是经济成本较低的微震爆破方式。

其中爆破振动速度控制标准根据表 6-9 取得，单孔装药量根据被保护对象爆破振动速度的控制标准，采用萨道夫斯基公式确定：

$$Q = ([v]/K)^{3/\alpha} \cdot R^3 \tag{6-38}$$

式中：Q——炸药量，齐发爆破为总药量，延时爆破为最大单段药量，kg；

$[v]$——爆破振动速度的控制标准，cm/s；

R——爆破震源与被保护对象之间的距离，m；

K、α——爆破点至保护对象间的地形、地质条件有关的系数和衰减指数。

（2）干扰降振法

干扰降振的关键是确定合理的间隔时间，使前后起爆的地震波出现波峰和波谷叠加的相互干扰。可以将爆破地震波简化为正弦波，在同一介质中传播时，周期相同，为达到波峰波谷相互叠加，间隔时间应满足下式要求：

$$\frac{T}{3} < \Delta t < \frac{2T}{3} \tag{6-39}$$

式中：T——爆破振动的主振周期，ms；

Δt——前后炮孔起爆的时间间隔，ms。

理论上，当时间间隔刚好为主振周期的一半时，波峰和波谷完全抵消，降振效果最好。爆破设计时还应考虑相邻炮孔至降振点的距离差对时间间隔的影响，按下式修正：

$$\Delta t = \frac{T}{2} \pm \frac{\Delta S}{v_{\mathrm{p}}} \tag{6-40}$$

式中：ΔS——相邻炮孔至降振点的距离差，m；

v_{p}——地震波的传播速度，km/s。

根据工程经验，典型单孔爆破主振波持续时间约为 60ms，最大波峰和最大波谷之间的主振半周期约为 17ms，因此炮孔延时间隔 10 ～ 20ms 时可以达到较好的爆破减振效果。

电子雷管和高段位非电雷管组成联合起爆网络，利用电子雷管的精确延时，及高段位非电雷管延时具有误差大的特点进行炮孔单个逐次起爆，减少齐发爆破药量，从而降低爆破振动，同时也减少了电子雷管的使用量，节约了成本。高段位非电雷管延时时间及误差如表 6-10 所示。

高段位非电雷管延时时间　　表 6-10

段　别	第 1 毫秒延期系列（ms）			
	名义延期时间	误差	下限	上限
9	310	35	280.1	345.0
10	380	40	345.1	420.0
11	460	45	420.1	505.0
12	550	50	5050.1	600.0
13	650	55	600.1	705.0
14	760	60	705.1	820.0
15	880	70	820.1	950.0
16	1020	90	950.1	1110.0
17	1200	100	1110.1	1300.0
18	1400	150	1300.0	1550.0
19	1700	150	1550.0	1850.0
20	2000	150	1850.1	2149.9

具体实施方法为：隧道掏槽眼及扩槽眼采用电子雷管单孔连续起爆，其他炮眼利用高段位非电雷管起爆。起爆网路图如图 6-11 所示。

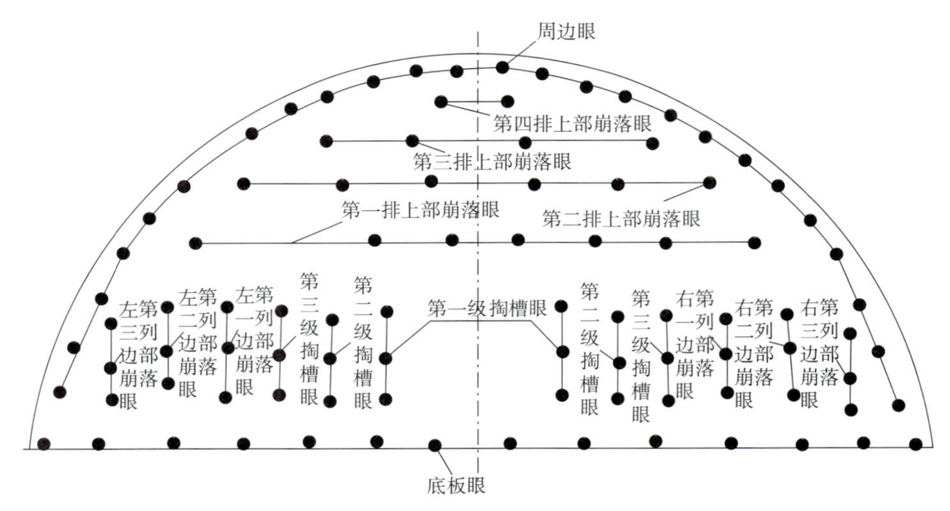

图 6-11　隧道微震爆破网络

6.3.5　地下车站爆破设计

（1）微震爆破参数及标准选取

八达岭隧道车站施工爆破对周边环境的影响主要表现在两个方面：一是对长城和老京张铁路邻近构筑物的影响，二是施工过程中与地下车站相邻洞室的相互影响。其中八达岭长城站群洞施工爆破对邻近洞室围岩和支护结构的影响最大，支护结构主体材料分别采用 C30 喷射混凝土和 C35 模筑混凝土。修正的振动速度控标准法应该分别取 25cm/s 和 12cm/s。根据车站围岩的力学测试，完整花岗岩岩块抗压强度约 60MPa，抗拉强度约 6MPa，岩体完整性系数约 0.2，岩体的抗压强度约 12MPa，抗拉强度约 1.2MPa。抗压强度和抗拉强度控制的完整岩块的振动速度极限值分别为 668cm/s 和 67cm/s，考虑裂隙切割影响后的岩体的振动速度极限值分别为 135cm/s 和 14cm/s，安全系数 K 取 2，裂缝宽度修正系数 γ_c 取 0.5，则围岩爆破振动速度控制标准为 37cm/s。

（2）微震爆破开挖

车站站台层三洞分离段先施工左、右到发线再开挖中洞正线，左、右到发线超前正线 50 ～ 80m，左、右洞错开距离＞ 20m，三个洞室共计分成 10 步进行爆破，如图 6-12 所示。其中左、右到发线为两台阶开挖法采用跨主振周期减振法的非电毫秒雷管起爆，根据式（6-38）计算的单孔最大装药量 1.68kg；中洞正线采用中导洞超前开挖法，采用干扰降振法的电子雷管起爆，分六部爆破开挖，根据式（6-40）计算电子雷管延期时间间隔 10ms，中洞正线隧道炮孔布置及延迟时间如图 6-13 所示，单孔最大装药量 1.905kg。

（3）微震爆破监测结果

开挖爆破过程中，对现场振动进行实时监测发现，爆破引起的中岩墙围岩、初期支护和二次衬砌的振动速度分别为 32.5cm/s、17.7cm/s 和 8.9cm/s，而根据修正的爆破振动速度控制标准，围岩、支护结构 C30 喷射混凝土和 C35 模筑混凝土分别为 37cm/s、25cm/s 和 12cm/s。结果满足振动速度的控制要求，有效减少了京张高铁新八达岭隧道及车站掘进爆破过程中对邻近建筑物的干扰。

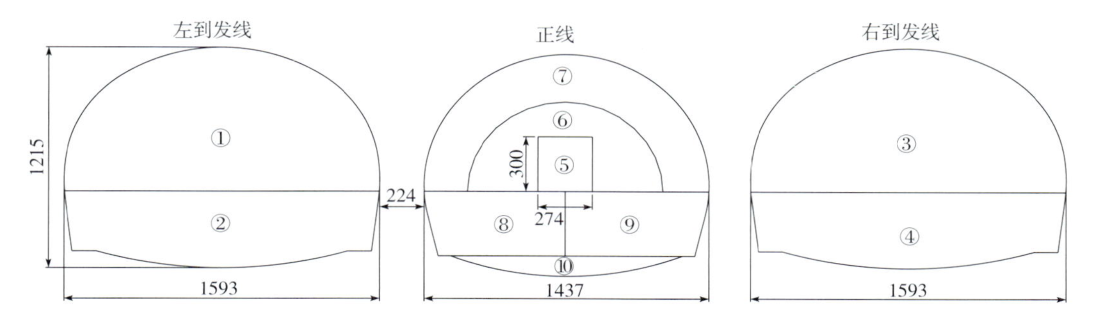

图 6-12　八达岭长城站站台层爆破施工顺序（尺寸单位：cm）

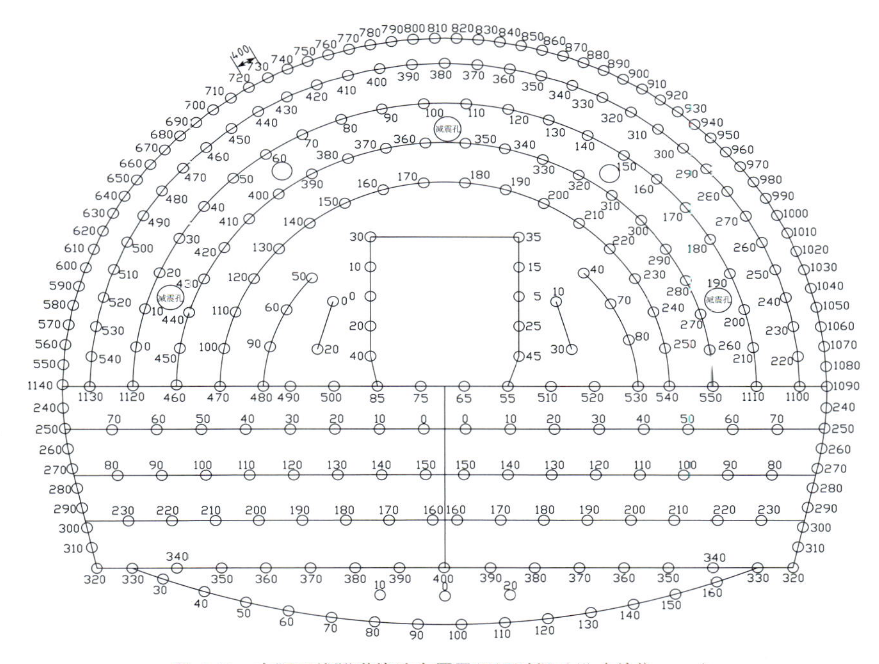

图 6-13　中洞正线隧道炮孔布置及延迟时间（尺寸单位：ms）

通过采取控制爆破技术，八达岭隧道车站安全、顺利地完成了爆破施工。在爆破施工期间，长城得到了充分的保护。

地下车站耐久性设计

DURABILITY DESIGN OF UNDERGROUND STATION

7.1 国内外隧道工程耐久性现状

1990年，日本对公路隧道病害进行了实态调查，调查结果表明，隧道渗漏水发生的比例相当高，约占所调查隧道总数的60%，其他病害发生的比例约为20%，开裂是隧道最普遍的病害，其次是衬砌混凝土的剥离、施工缝张开、衬砌腐蚀等。从使用年代上来讲，20世纪70年代以后修建的隧道发生病害的约占半数，而20世纪50年代以前修建的隧道发生病害的仅占20%左右，20世纪60年代前后修建的隧道发生病害的比例较高，其中约80%的病害隧道是在运营30年后发生的。病害隧道的发生与隧道的埋深、地质条件和环境条件等密不可分。

1997年，原铁道部对隧道技术状态进行调查统计，运营铁路隧道有5000余座，总延长2500km左右，这些隧道大部分存在不同程度的病害，有的相当严重，其中严重漏水的1502座，占46%；衬砌严重腐蚀裂损的710座，占22%；仰拱或铺底变形损坏的318座，占9.8%；坍方落石的404座，占12.4%。成昆铁路攀枝花至碧鸡关的线路上，80%左右的隧道都曾返修过；达成铁路万山寺隧道运营几年就因质量缺陷和围岩挤压变形发生落拱现象；南昆线多座隧道运营几年后就发生底部翻浆冒泥现象，危及行车安全；内昆铁路的手扒岩隧道，运营仅10余年，就出现了相当严重的漏水、裂损等问题（图7-1）；东北林区铁路隧道，由于受冻融作用，衬砌出现了开裂、漏水和掉块等问题（图7-2）；另外还有一些公路隧道衬砌也因开裂、渗漏水、腐蚀而出现破损，如成渝高速公路的中梁山隧道（图7-3）；穿越新疆中天山的独库公路二号隧道运营不到10年，衬砌表面就因碳化（厚度达10mm）和冻害作用，出现开裂、渗漏水，衬砌混凝土呈片状剥落（图7-4）。

a）

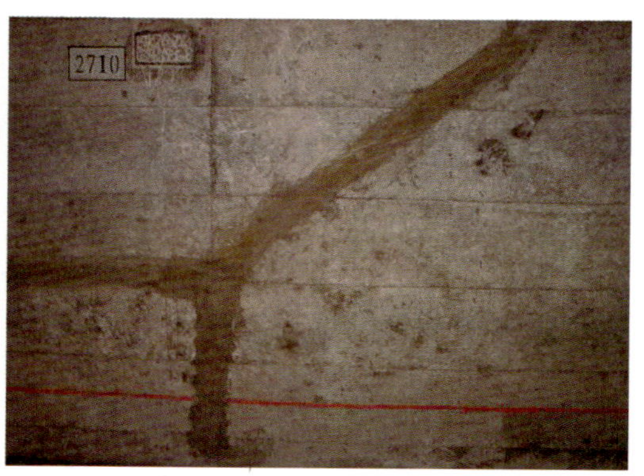

b）

图7-1 内昆铁路手扒岩隧道

据原铁道部运输局统计，全路每年隧道维修费需5亿元左右，且逐年增长，隧道耐久性状况令人担忧。城市中的隧道工程也不例外，如香港、北京等城市的地铁都曾发生因腐蚀导致结构裂损而影响运营的事故，上海市打浦路越江隧道投入运行 20 年后也因渗漏水影响行车运营而封闭大修。据 1999 年不完全统计，全国共有 164 座、总延长 42.596km 的铁路隧道已经被废弃，见表 7-1。

废弃的铁路隧道数量统计　　表 7-1

修建时期	废弃隧道数量（座／延米）	所属铁路线
1950 年以前	46/9714	京张、东潞、承古、兴宁、绥宁、滨绥、安奉、正太
1950—1959 年	3/1141	陇海、京广
1960—1969 年	23/4889	石太、陇海、湘桂、黔桂、北同蒲、三门峡支线
1970—1979 年	23/4420	陇海、黔桂、辛泰、昆河
1980—1989 年	26/10014	绥桂、宝成、京包
1990—1999 年	43/12418	溪田、襄渝、焦柳、京广、东川支线

a）

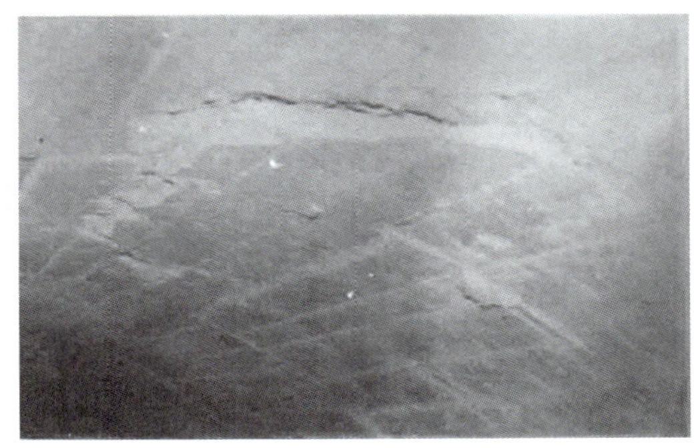

b）

图 7-2　东北林区铁路隧道

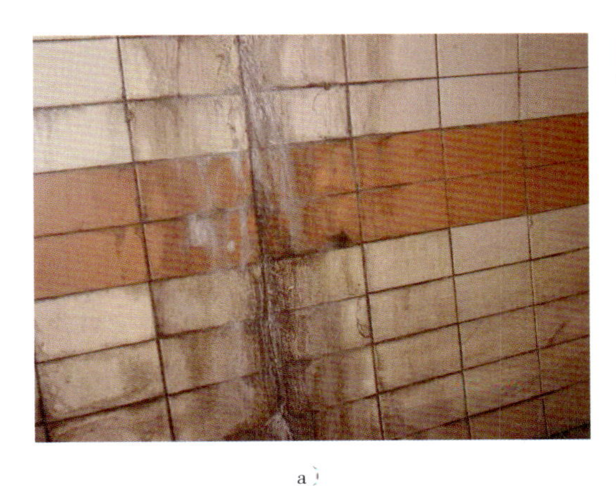

a）

b）

图 7-3　成渝高速公路中梁山隧道

从以上分析中可以看出，尽管这些工程修建和使用的历史并不很长，但或多或少出现了混凝土碳化、衬砌开裂、渗漏水、化学腐蚀和掉块等现象，甚至有些隧道由于病害严重而不得不废弃，这些病害现象说明了运营隧道主体结构的耐久性能是在逐渐劣化和发展的，严重时不仅影响隧道正常使用，还会演变为潜在的安全事故隐患。因此，对隧道结构耐久性问题应该引起足够的重视，对既有隧道病害的整治方法进行系统科学研究，同时对新建隧道结构耐久性提出性能指标要求，要从过去简单定性设计过渡为定量设计。

a）

b）

图 7-4　独库公路玉希莫勒盖二号隧道

既有隧道的病害一般表现为衬砌、基底、洞门和围岩的劣化和病害，其中衬砌发生病害最为普遍，基底破损对行车影响最大。因此将隧道病害划分为衬砌裂损、腐蚀、渗漏水、冻害以及基底破坏等。其中，衬砌裂损、渗漏水和腐蚀普遍存在且对隧道结构影响最大。

1）衬砌裂损

衬砌裂损是隧道病害的主要形式，也是其他病害发生的根源。隧道衬砌裂损会破坏隧道结构的稳定性，降低衬砌结构的安全可靠性，影响隧道的正常使用，甚至危及行车安全。

隧道衬砌在地层压力、腐蚀性介质、温度应力以及运营车辆循环荷载等作用下，若混凝土强度不足时，衬砌混凝土就会产生纵向和斜向裂缝。

衬砌裂损的主要危害有：①降低衬砌结构对围岩的承载能力；②使隧道净空变小，侵入建筑限界，影响车辆安全通过；③拱部衬砌掉块，危及行车安全；④裂缝处漏水，易造成洞内设施锈蚀，道床翻浆。

2）衬砌渗漏水

我国山岭隧道中衬砌渗漏水是最常见的病害形式，有“十隧九漏”之说。隧道衬砌渗漏水的原因除了衬砌混凝土早期水化热产生温度应力和养护不及时产生干缩拉应力导致衬砌混凝土开裂，后期在荷载作用下裂纹会进一步扩展形成贯通裂缝，为隧道渗漏水提供通道外，还有就是混凝土密实性差，振捣不实，在混凝土内部留下了各种形态的裂隙和孔洞，以及施工缝未做妥善处理。

铁路隧道长期漏水，不仅造成衬砌腐蚀，还会造成钢轨及其配件的锈蚀，以及隧道底部道床的翻浆冒泥，使电力牵引地段漏电等病害加剧。

3）衬砌腐蚀

若隧道衬砌周围富含侵蚀性地下水时，由于在勘察时未探明，设计中未采取针对性措施，隧道建成后，地下水通过混凝土裂缝、孔隙进入结构内部，使混凝土中的水泥石分解流失，结构表面起毛疏松，内部呈多孔状，逐渐风化，强度降低而失稳。

衬砌混凝土腐蚀破坏主要有3种模式：其一是溶出性腐蚀，腐蚀介质与水泥固体成分反应生成可溶性物质，在动水作用下不断溶出损失，造成混凝土腐蚀；其二是分解性腐蚀：个别介质与硅酸盐反应生成硅胶；其三是膨胀性腐蚀，腐蚀介质与水泥固体成分反应，生成不可溶性盐类，盐类结晶体积膨胀，造成混凝土腐蚀。

一般说来，混凝土破坏必备条件为接触腐蚀环境或混凝土自身缺陷，而地隧道衬砌混凝土渗漏水是腐蚀的主要原因。

机车废气在隧道通风不良，湿度较大时也将形成酸雾，侵蚀衬砌表面，特别侵蚀砌体砂浆，使黏结强度降低，衬砌发生脱皮甚至掉块。

4）基底破坏

在实际隧道中，受施工条件等因素的影响，隧道基底结构与基岩不能很好地黏结共同受力变形。此时，隧道基底结构的受力状态有所改变，在水平向基底与基岩间的黏结力约束不再存在，在竖向由于基底与基岩之间存在空洞，使得只有部分基岩存在抗力约束，基底结构相当于部分悬空的多跨弹性支承连续梁（板），其所承受的拉及剪应力将大增，并最终导致基底结构的开裂破坏，从而产生基底翻浆、冒泥等病害。

5）隧道冻害

隧道冻害是寒冷地区的隧道内水流和衬砌背后围岩积水冻结，引起影响隧道安全运营和附属物正常使用的各种危害。隧道冻害会导致衬砌冻胀开裂，甚至疏松剥落，造成隧道衬砌结构的失稳破坏，降低衬砌结构的安全可靠性，严重影响运输安全。常见的隧道冻害种类有：隧道拱部挂冰、边墙结冰、洞内网线设备挂冰、衬砌胀裂、隧底冰锥、水沟冰塞等。

造成隧道冻害的主要原因有：寒冷气温的作用；季节冻结圈的形成；隧道在设计和施工时，对防冻问题没有考虑或考虑不周，造成衬砌防水能力不足；洞内排水设施埋深不够、治水措施不当，都会造成和加重运营阶段隧道的冻害。

从以上分析可以看出，隧道衬砌开裂和渗漏水是普遍存在的，衬砌腐蚀和冻害是需要一定的外界条件才会发生，基底破坏的出现并不算普遍，但是基底破坏对行车安全影响是最为明显。

《铁路运营隧道衬砌安全等级评定暂行规定》将衬砌漏水、衬砌位移或裂纹、衬砌变形、净空不足、衬砌压溃或剥落、衬砌腐蚀、整体道床裂损、仰拱或底板裂损、基床软化及翻浆等按隧道衬砌缺陷与病害项目以及严重程度划分为轻微、较严重、严重、极严重四个等级（表7-2），对衬砌安全等级评定标准见表7-3。

隧道衬砌病害的量化指标 表 7-2

病害等级	1	2	3	4
病害类型	轻微	较严重	严重	极严重
衬砌漏水	拱部有季节性滴水、边墙有季节性淌水	拱部有滴水、边墙有淌水	拱部滴水呈线、边墙淌水流泥、隧底涌水、结冰侵限	拱部漏水直击接触网，影响正常运营
衬砌裂纹	衬砌有收缩裂纹或环向裂纹	裂纹多于 3 条、有交叉；裂纹长度小于 5m、宽度小于 3mm	裂纹呈网状、有剥落掉快可能；裂纹长度 5 ~ 10m、宽度 3 ~ 5mm；裂纹错位长度小于 5m、宽度小于 3mm	裂纹呈网状、有剥落掉快；裂纹长度大于 10m、宽度大于 5mm；裂纹错位长度大于 5m、宽度大于 3mm
衬砌位移或变形（以速度 v 计）	—	$v<$ 3mm/ 年	3mm/ 年 $\leqslant v \leqslant$ 10mm/ 年	$v>$ 10mm/ 年
净空不足	—	侵入隧道建筑限界	侵入直线建筑接近限界	侵入超级超限货物装载限界
衬砌压溃或剥落	衬砌有局部风化剥落	拱部压溃范围小于 1m^2，剥落掉块厚度小于 30mm	拱部压溃范围大于 1m^2、小于 3m^2，剥落掉块厚度 30 ~ 50mm	拱部压溃范围大于 3m^2，剥落掉块厚度大于衬砌设计厚度的 1/4
衬砌腐蚀	—	衬砌腐蚀厚度小于设计厚度的 1/5	衬砌腐蚀厚度大于设计厚度的 1/5，小于或等于 2/5	衬砌腐蚀厚度大于设计厚度的 2/5
整体道床破损	整体道床有局部轻微裂损	整体道床变形、错牙、下沉小于 3mm	整体道床变形、错牙、下沉 3 ~ 5mm，可能影响轨道稳定	整体道床变形、错牙、下沉大于 5mm，已影响轨道稳定
仰拱或底板裂损	连续长度小于或等于 1m	连续长度大于 1m、等于或小于 3m	连续长度大于 3m、等于或小于 5m	连续长度大于 5m
基床软化、翻浆	基床局部软化、翻浆	基床软化、翻浆，轨道几何尺寸变化较小	基床软化、翻浆较严重、轨道几何尺寸变化较大	基床软化、翻浆严重，轨道何尺寸变化异常

注：1. 衬砌裂纹均指尚在发展中的裂纹。当裂纹已稳定，其病害程度应降低一级；当裂纹发展较快，其病害程度应提高一级。

2. 衬砌裂纹呈密集状态、平行裂纹多于 3 条或出现大量环向非施工缝裂纹时，其病害程度应提高一级。衬砌裂纹如以斜向受力裂纹为主，其病害等级应提高一级。

3. 发现衬砌有位移或变形时，用净空位移计量测其发展速度；当衬砌位移或变形发展趋势呈加速趋势时，其病害等级应提高一级。衬砌位移或变形基于直边墙无仰拱的衬砌结构，当为曲边墙有仰拱衬砌结构时，其病害等级应提高一级。

4. 在仰拱或底板裂损病害中，其裂损连续长度值是基于底板结构，当为仰拱结构时，其病害等级应提高一级。

5. 因滑坡或其他原因增加外力引起的衬砌裂纹、变形或轨道中线位移，其病害量化指标应另行确定。

隧道衬砌安全等级评定标准 表 7-3

安全等级	D	C	B	A1	AA
	完好	轻微	较严重	严重	极严重
衬砌病害等级	0	1	2	3	4

7.2 初期支护和二次衬砌的劣化原因

初期支护包括锚杆、钢架、喷射混凝土及钢筋网等支护形式，它们都不能单独承载，需要与围岩组合，形成一个共同承载体，来承载围岩荷载。二次衬砌虽然是在初期支护稳定后施作的，多数情况下只作为安全储备不参与承载，但当初期支护和围岩劣化后，二次衬砌安全作用尤为重要。二次衬砌暴露于隧道环境中，内部与地下水接触，外部与环境气体接触，水气作用均会降低其耐久性。因此，研究隧道初期支护和二次衬砌的劣化原因和机理，可以为提高隧道耐久性奠定理论基础。

7.2.1 喷射混凝土劣化原因和机理

1）喷射混凝土劣化原因

喷射混凝土是借助喷射机械，利用压缩空气或其他动力，将按一定比例配制的拌和料通过管道输送并以高速喷射到受喷的岩面上凝结硬化而成的一种混凝土。由于喷射混凝土特殊的施工工艺，在材料构成上也不同于模筑混凝土，所以对其劣化原因和规律的研究是很有必要的。

（1）材料方面因素

①水泥：水泥的组分中包含有害的可溶性氯盐和碱。国家标准虽然有明确的规定，但原材料中仍带有部分不可避免的氯盐和碱。过量的盐和碱影响混凝土的耐久性。

②集料：凡用活性集料的砂石与较高碱含量（大于0.6%）的水泥一起浇筑的混凝土，可能产生一系列物理化学变化，使混凝土出现膨胀，造成混凝土出现裂缝，甚至松散崩溃，这个过程称为碱—集料反应。产生碱—集料反应的必要条件是：活性集料的存在，混凝土中的碱含量高，有充足的自由水供其反应。喷射混凝土中碱—集料反应之所以必须特别重视，是因为目前广泛使用的喷射混凝土速凝剂碱含量都较高，连同水泥本身的碱性物质，再加上喷射混凝土单方水泥用量较高，这样单方水泥中的总碱含量往往远高于产生碱—集料反应的下限。

③外加剂：喷射混凝土中外加剂有减水剂和速凝剂。外加剂中一般含有盐和碱类物质，对混凝土的耐久性不利。

速凝剂加速水泥中硅酸三钙（C_3S）、硅酸二钙（C_2S）的水化，提高了混凝土的早期强度。同时也加速了铁铝酸四钙（C_4AF）的水化，由于水泥中C_4AF含量较高，水化析出的水化铁酸钙（CFH）胶体包围在C_2S表面、从而阻碍C_3S、C_2S后期水化，会影响混凝土的后期强度。

由于速凝剂中的盐类阻碍了水泥矿物水化作用的结果，掺有速凝剂的混凝土龄期14d后的抗渗性能有所下降。

喷射混凝土水泥用量大，含水率高，又掺有速凝剂，因此比普通混凝土收缩性大，由于收缩造成混凝土表面的微裂缝，从而引起中性化，进一步引起混凝土内部的钢架腐蚀。

（2）结构方面的因素

初期支护是隧道结构的第一道保护屏障，由于喷射混凝土是在隧道开挖后及时施作的，这时围岩尚处于变形阶段，导致喷射混凝土过早受力，易产生开裂破坏。又由于喷射混凝土与围岩紧密接触，如果喷射混凝土不够密实，围岩中携带有害化学组分的地下水极易渗入结构内部，对喷射混凝土及其内部的钢筋进行腐蚀。另一方面，隧道喷射混凝土属于低等级混凝土，现场对混凝土的原材料和配合比控制不严，喷射工艺掌握不好，混凝土凝结硬化后密实性较差，混凝土的抗渗性能差，为有害介质提供了渗透通道。

（3）环境方面的因素

①冻融破坏因素：喷射混凝土是由水泥、砂子和石子组成的多孔体，采用湿喷工艺时，为了使拌制混凝土得到必要的和易性，加入的拌和水总要多于水泥的水化水，这部分多余的水便以游离水的形式滞留于混凝土中形成连通的毛细孔，并占有一定的体积。这种毛细孔的自由水就是导致混凝土遭受冻害的主要因素，因为水遇冷冻结成冰会发生体积膨胀，引起混凝土内部结构的破坏。在正常情况下，毛细孔中的水结冰并不至于使混凝土内部结构遭到严重破坏。因为混凝土中除了毛细孔之外，还有一些水泥水化后形成的胶凝孔和其他原因形成的非毛细孔，这些空隙中常混有空气。因此，当毛细孔中的水结冰膨胀时，这些气孔能起缓冲作用，即能将一部分未结冰的水挤入胶凝孔中，从而减小膨胀压力，避免混凝土内部结构破坏。但混凝土当处于饱水状态时，情况就完全不一样了，此时毛细孔中的水结冰，胶凝孔中的水处于过冷状态，因为混凝土孔隙中水的冰点随孔径的减小而降低，胶凝孔中处于过冷状态的水分子因其蒸汽压高于同温度下冰的蒸汽压而向压力毛细孔中冰的界面处渗透，于是在毛细孔中又产生一种渗透压力。此外胶凝水向毛细孔渗透的结果必然使毛细孔中的冰体积进一步膨胀。由此可见，处于饱水状态的混凝土受冻时，其毛细孔壁同时承受膨胀压和渗透压两种压力，当这两种压力超过混凝土的抗拉强度时混凝土就会开裂。

②硫酸盐侵蚀因素：隧道地下水中常含有硫酸盐，硫酸盐溶液会和水泥石中的氢氧化钙及水化铝酸钙发生化学反应，生成石膏和硫铝酸钙，产生体积膨胀，使混凝土胀裂，影响混凝土的耐久性。此外，速凝剂会加速喷射混凝土的腐蚀，如同样在浓度为5%的硫酸盐溶液中浸泡的试件，不加速凝剂的试件浸泡半年后，外观未变化，而加速凝剂的试件则腐蚀严重。

造成喷射混凝土硫酸盐腐蚀破坏的因素很多，总的来说主要有以下几点。

a. 速凝剂的掺量：速凝剂的掺量越大，混凝土的密实性、耐久性越差，控制速凝剂的掺量尤为关键。

b. 水泥的品种：硫酸盐腐蚀的实质是硫酸根离子与水泥石中铝酸盐矿物发生的物理化学过程，因此水泥的化学成分和矿物组成是影响硫酸盐腐蚀程度和速度的重要因素，而铝酸三钙（C_3A）的含量则是决定性因素，试验证明混凝土膨胀随水泥中 C_3A 含量的增加而明显增长。若 C_3A 和 C_3S 含量都高时，混凝土的抗硫酸盐腐蚀性更差，这是因为 C_3S 水化生成大量的氢氧化钙，不过若 C_3A 含量不超过 10% 时，C_3S 的影响并不显著，从水泥本身化学成分方面改善混凝土抗硫酸盐腐蚀性能的研究已进行得比较多，研制开发出了各种抗硫酸盐水泥。

c. 水灰比：水胶比大小直接影响混凝土的抗硫酸盐腐蚀性能，在满足混凝土工作性的情况下，尽可能地减少单位用水量，降低水胶比，减小混凝土的孔隙率和孔径，改善混凝土的孔隙结构，提高混凝土的致密度，使硫酸盐难以侵入混凝土内部，避免混凝土产生硫酸盐侵蚀破坏。此外，除水灰比要严格控制外，还应避免施工过程的干砂夹层和裹入回弹物，降低喷射混凝土的密实性。

③钢筋锈蚀因素。

混凝土中的钢筋锈蚀是一个电化学过程，电化反应的必要条件是钢筋表面呈活化状态且同时存在水和氯离子（Cl^-）。混凝土保护层碳化导致碱度降低是使钢筋表面活化的主要因素，Cl^- 侵入也可使钢筋表面钝化膜迅速破坏。通常情况下，由于混凝土内提供了高碱的条件（酸碱度为 12 ～ 12.5），在铁的表面造成钝化氧化膜，从而防止了腐蚀。当维持水泥浆体中酸碱度（pH）值高的氢氧化钙受到碳化作用转化为碳酸钙（方解石）时，pH 值下降，就可能引起钢筋锈蚀，在存在 Cl^- 离子的条件下，这种腐蚀加剧。锈蚀的钢筋不但截面积有所损失，材料的各项性能也会发生衰退，从而影响混凝土构件的承载能力和使用性能。钢筋锈蚀也是引起混凝土结构耐久性下降的最主要和最直接的因素。

根据钢筋锈蚀区的分布将钢筋锈蚀分为两类：其一是裂缝处锈蚀。构件混凝土表面可能由于荷载作用产生结构性裂缝，或因干缩、湿度应力、碳化、碱集料反应等产生非结构性裂缝。当环境中的水、氧、Cl^- 沿裂缝侵入时，造成裂缝处的钢筋产生锈蚀。其二是普遍锈蚀。当混凝土碳化至钢筋表面时，一旦存在水、氧、Cl^- 等条件时，首先在裂缝处出现钢筋坑蚀，进而发展为钢筋横向的环状锈蚀，最终沿钢筋纵向扩展为片状锈蚀。成片的锈蚀因其体积膨胀导致混凝土沿钢筋布置方向发生混凝土保护层裂缝。

混凝土的碳化速度与水灰比有很好的相关性，喷射混凝土的水灰比一般为 0.40 ～ 0.60，水灰比较高，若围岩中富含地下水且含有二氧化碳（CO_2）时，喷混凝土发生碳化的概率相应会增大。由于喷混凝土中掺有速凝剂阻碍了 C_3S、C_2S 后期的水化，妨碍了硅酸盐水化物在单位面积内达到最大附着和凝聚所必需的紧密接触，存在着裂缝和空穴等内部缺陷。因此，钢筋锈蚀应予重视，尤其是在喷射钢纤维混凝土中。

2）喷射混凝土劣化机理

喷射混凝土处于围岩与二次衬砌之间相对密闭的空间里，受环境大气影响较小，所以喷射混凝土发生碳化的概率很小。即使地下水中含有 CO_2，由于含量少喷射混凝土碳化极其微弱，所以喷射混凝土劣化中可不考虑碳化的影响。

（1）硫酸盐腐蚀劣化机理

混凝土硫酸盐腐蚀是一个复杂的物理化学过程，其侵蚀破坏的实质是硫酸盐溶液通过混凝土的连通孔隙（或裂缝）侵入到混凝土内部，在孔隙的内部停留并与孔隙周围的水化产物反应，形成具有膨胀性的石膏和钙矾石，产生内部膨胀，使混凝土的孔隙或裂缝扩大，侵蚀液沿着新的裂缝深入、膨胀物积聚，当膨胀应力达到一定程度，就会产生新的裂纹，侵蚀液由裂缝和疏松区又快速地进入其他孔隙和裂缝，在混凝土内部造成膨胀性开裂破坏。

硫酸盐腐蚀属于结晶性侵蚀，地下水中的硫酸根离子（SO_4^{2-}）通过毛细孔或裂缝进入混凝土内部与水泥石中的氢氧化钙和水化铝酸钙反应形成水化硫铝酸钙（钙矾石），水化硫铝酸钙结合了大量水分子，使固相体积增大 94%，钙矾石又是呈针状结晶，在原始含铝固相表面成刺猬状析出，因而在水泥石内部引起很大的内应力。钙矾石结晶侵蚀一般会在混凝土表面出现少数几条粗大的裂缝。

①硫酸钠侵蚀：

$$Na_2SO_4 \cdot 10H_2O+Ca(OH)_2$$
$$=CaSO_4 \cdot 2H_2O+2NaOH+8H_2O4CaO \cdot Al_2O_3 \cdot 12H_2O+3(CaSO_4 \cdot 2H_2O)+14H_2O$$
$$=3CaO \cdot Al_2O_3 \cdot 3CaSO_4 \cdot 31H_2O+Ca(OH)_2$$

②硫酸镁侵蚀：

$$Mg^{2+}+Ca(OH)_2=Mg(OH)_2+Ca^{2+}4CaO \cdot Al_2O_3 \cdot 12H_2O+3(CaSO_4 \cdot 2H_2O)+14H_2O$$
$$=3CaO \cdot Al_2O_3 \cdot 3CaSO_4 \cdot 31H_2O+Ca(OH)_2$$

（2）冻融作用劣化机理

喷射混凝土是一种多毛细孔隙材料，处于饱水状态的混凝土受冻时，其毛细孔壁同时承受膨胀压和渗透压两种压力，当这两种压力超过混凝土的抗拉强度时混凝土就会开裂。在反复冻融循环后，混凝土中的裂缝会互相贯通，其强度也会逐渐降低，最后甚至完全丧失，使混凝土由表及里遭受破坏。混凝土发生冻融破坏机理可概括为：①冻结是从温度低的表层开始，表层混凝土中毛细管的水先结冰；②伴随着水分冻结而发生膨胀，挤压未冻结的水分，向未受冻的混凝土内部移动；③滞留于混凝土内部的水在膨胀压和渗透压两种压力作用下，向混凝土内部流动，通过微孔时会发生劲性阻力，形成水压力梯度，这种水的移动压力如超过混凝土的抗拉强度，混凝土就产生劣化。

当混凝土的组织致密、透水性越低，冻结速度越快；冻结水量越多时，移动水的压力就越大，对混凝土的破坏就越严重。混凝土中掺入引气剂后，混凝土中会形成彼此不连通的气孔，这些气孔缓和了水流压力，有效地防止了混凝土的冻害。

到目前为止，世界上还没有被一致认同的混凝土冻融破坏机理，冻融破坏的原因可能是静水压或者是渗透压，或者是冻融过程中水分迁移的不连续性，或者是混凝土内部的临界饱和度，或者上述一个或者几个作用机理的结合。

7.2.2 锚杆和钢架的劣化原因

隧道中锚杆大多采用水泥砂浆包裹其外表面，其作用主要体现在两个方面：其一是可以很好地握裹钢筋，增加锚杆和围岩体之间的摩阻力；其二是水泥砂浆具有一定的防水功效，锚杆表面包裹水泥砂浆可有效阻止地下水对锚杆的腐蚀作用。但是由于锚杆施作时很难保证水泥砂浆完全包裹，围岩中富含地下水时易腐蚀锚杆。

初期支护钢架被喷混凝土包裹，隧道施工时钢架往往最先架设的，由于内侧钢架的遮挡，喷混凝土没有完全包裹靠围岩侧钢架，所以紧贴围岩一侧的钢架混凝土保护层厚度难以保证，地下水易腐蚀钢架，同时初喷混凝土施工缺陷，钢架架设处喷混凝土很难施作密实，抗渗性能差，钢架易被地下水腐蚀。

砂浆或喷混凝土中水泥水化后，生成大量的氢氧化钙，使砂浆中含有大量的氢氧根离子，pH 值一般可达到 12.5 ～ 13.5，钢材在这样的高碱环境中，其表面会生成一层钝化膜，这种钝化膜能阻止锚杆或钢架的锈蚀，这层钝化膜一旦遭到破坏，钢材就开始锈蚀。

隧道地下水中的氯盐通常通过锚杆或钢架保护层的宏观、微观缺陷，渗入到保护层内部并达到锚杆或钢架表面，直接或间接破坏锚杆或钢架表面的钝化膜，使钢材发生锈蚀继而锈蚀产物体积膨胀，使锚杆或钢架的保护层开裂与脱落。氯离子对锚杆或钢架锈蚀过程主要表现为以下几个方面：

1）破坏钝化膜

砂浆或混凝土属于碱性材料，其孔隙溶液的 pH 值为 12 ～ 14，因而对锚杆和钢架具有较好的保护作用，有利于其表面形成钝化膜，但这种钝化膜只有在高碱环境中才是稳定的。如果周围环境 pH 值降到 11.8 时，钝化膜就开始变得不稳定，当 pH 值继续降到 9.88 时，钝化膜就开始变得难以生存或逐渐破坏，使得进入砂浆或混凝土中的氯离子吸附于钝化膜处，并使钝化膜的 pH 值迅速降低，逐步酸化，从而破坏表面的钝化膜。

2）形成锈蚀电流

无论砂浆或喷混凝土碳化还是氯离子侵蚀，都可以引起锚杆或钢架部分锈蚀，在钝化膜破坏处有锈蚀电流产生，在钝化膜破坏区与未破坏区之间存在电位差，有宏电流产生，但微电流要比宏电流大得多。又因为氯离子的存在大大降低了砂浆或混凝土的电阻率，并且氯离子和铁离子的结合可以形成易溶于水的氯化铁，从而加速了锈蚀产物向外的扩散过程，并由于宏观锈蚀电流在钝化膜破坏区边缘最大，使得靠近钝化区的边缘的局部钝化膜破坏较快，这种现象称为局部锈蚀锚杆的“边缘效应”。

3）氯离子导电作用

正是由于混凝土结构中氯离子的存在，大大降低了阴、阳极之间的电阻值，强化了离子通路，提高了锈蚀电流的效率，从而加速了钢筋的电化学锈蚀过程。氯化物是钢筋的一种活化剂，它能置换钝化膜的氧而使钢筋发生溃烂性锈蚀，而氯盐是高吸湿性的盐，它能吸收空气中的水分变成液体，从而使氯离子从扩散作用变成渗透作用，氯离子透过保护区锈蚀钢材。

4）氯离子的阳极去极化作用

氯离子不仅促成了钢材表面的锈蚀电流，而且加速了电流的作用过程，阳极反应过程 $Fe \rightarrow 2e \rightarrow Fe^{2+}$，如果生成的 Fe^{2+} 不能及时搬运而积累于阴极表面，则阴极反应就会因此而受阻。相反，如果生成的 Fe^{2+} 能及时被搬走，那么阳极反应过程就会顺利进行，Cl^- 与 Fe^{2+} 相遇就会生成二氯化铁（$FeCl_2$），Cl^- 能使 Fe^{2+} 消失而加速阳极过程，通常把阳极过程受阻称做阳极极化作用，而加速阳极过程者，称作阳极去极化作用，氯离子正是发挥了阳极去极化作用的功能。

应该说明的是，在氯离子存在的砂浆或混凝土中，钢筋锈蚀产物中很难找到 $FeCl_2$ 的存在，这是由于 $FeCl_2$ 是可溶的，在向混凝土内扩散遇到氢氧根离子，立即生成氢氧化亚铁［$Fe(OH)_2$］的一种沉淀物质，又进一步氧化成铁的氧化物，即通常说的“铁锈”。由此可见，氯离子只起到了“搬运”的作用，而不被消失，也就是说进入砂浆或混凝土的氯离子，会周而复始地起破坏作用，这也是氯盐危害特点之一。

7.2.3 混凝土开裂的原因和机理

1）混凝土开裂的原因

混凝土结构中的裂缝一般分为两种，即因荷载作用产生的荷载裂缝和因混凝土变形而产生的变形裂缝，隧道二次衬砌主要作为安全储备是非承载结构，变形引起的混凝土裂缝可能占全部裂缝的 80% 以上。隧道衬砌混凝土变形引起的裂缝中，又以早期收缩裂缝占主导地位。

混凝土收缩指在无应力作用下，由于混凝土本身的原因和环境因素而产生的体积缩小的现象。混凝土的收缩主要包括自收缩、干燥收缩、温度收缩和碳化收缩。自收缩是混凝土与外界环境不发生水分交换的情况下发生的，包括化学收缩和自干燥收缩两部分，其中化学收缩是自收缩的主要驱动力。干燥收缩是在相对湿度小于 100% 的恒定温度下，混凝土向外界环境水分散失而导致的随时间变化的体积减小，主要与环境湿度和表面暴露情况有关。

（1）塑性收缩

混凝土的塑性收缩发生在塑性阶段，由水泥水化反应决定，也有研究者称之为化学收缩。虽然体积变化量很大，但由于混凝土尚未硬化，如果施工措施完善得当，不会影响混凝土后期质量。

（2）自干燥收缩

自干燥收缩发生在水泥硬化过程（早前期阶段），源于混凝土内部尚未完全水化的水泥颗粒的继续反应消耗自由水，而不与环境介质接触，因此也称为自身收缩。高性能混凝土因水灰比较低，后续水化产生的自收缩量值较高。

（3）干燥收缩

由于水分的散失而导致的干燥收缩最为常见，发生在早期阶段，是造成收缩裂缝的主要原因。影响高性能混凝土干燥收缩的因素包括混凝土的水灰比和水化程度、环境的温度与相对湿度、水泥品种与用量、矿物掺合料的品种和掺量、集料的品种和用量、外加剂品种与用量等。

（4）温度收缩

温度收缩主要是在混凝土初凝之后，水泥水化热的释出量逐渐减少，导致稍后阶段与外界发生热交换后混凝土中的温度降低而产生的。此外，随外界温度变化的胀缩也为一个主要因素。

混凝土早期裂缝的生成，一般不是直接作用（结构荷载和施工荷载）的结果，大部分可归结为温度变形和收缩变形等间接作用的效应。混凝土早期收缩裂缝控制的重点，集中于自干燥收缩和干燥收缩的研究，尤其是现浇墙板厚度较薄，整浇混凝土施工完成后形成的暴露面比较大，混凝土失水形成早期收缩裂缝的趋势较大。

2）混凝土开裂的机理

混凝土收缩是其产生开裂的主要原因，混凝土的收缩机制比较复杂，诸多学者认为混凝土收缩源于内部的水分迁移和物理化学变化。混凝土收缩很难用单一机制可以解释清楚，而是多种原因重叠交错造成的，不同情况下不同机制分别起主导作用，有如下几种观点：

（1）毛细管张力理论

毛细管张力学说认为混凝土的收缩变形与干燥过程中毛细管水弯液面有关，毛细孔水的水面是向内弯曲的，孔径愈细，水面曲率越大。在毛细孔水蒸发由饱和变为不饱和、弯液面后退的过程中，曲率也随着增大。由于表面张力作用，毛细孔水面对下面的水可产生牵引效应，使孔内产生负压，孔壁靠紧，混凝土处于不断增强的压缩状态，宏观体积缩小，如图 7-5 所示。

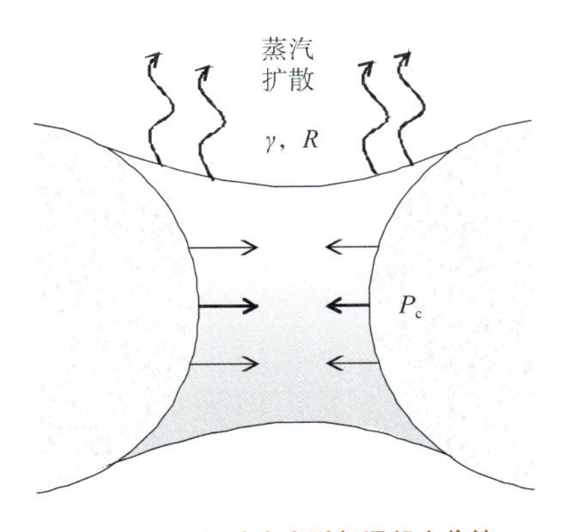

图 7-5　毛细孔张力引起混凝土收缩

毛细孔张力 P_c 可以由 Laplace 方程求得：

$$P_c = \frac{2\gamma}{R} \tag{7-1}$$

式中：γ——空气和水接触面的表面张力系数，取值 0.074N/m；

R——毛细管弯液面半径，m；

P_c——毛细孔张力，Pa。

毛细孔孔径越小，可引起蒸发的实际蒸气压（空气相对湿度）越低，有一份关于毛细孔孔径和可以引起蒸发的相对湿度的关系的资料，如表 7-4 所示。

毛细孔半径和引起蒸发的环境相对湿度　　表 7-4

毛细孔半径（μm）	1	0.1	0.01	0.001
引起蒸发的相对湿度 RH（%）	99.9	99.0	89.9	34.8

由表 7-4 中的数据表明：越粗的孔，水分越容易失去，越细的孔，水分越难失去。较粗毛细孔的水首先蒸发，失水量较多，但因水面曲率较小，牵拉效应小，水泥石收缩量亦较小；而后是较细、更细的孔水分蒸发，失水量依次减少，水面曲率依次增大，牵拉效应和收缩量亦依次增大。

（2）拆开压力理论

拆开压力定义为粒子间范德华引力和层间排斥力的合力。在一定状态下的系统中，相邻固体粒子间吸附有一定厚度的水分子层，会使相邻粒子之间产生排斥力。由于吸附水分子层的厚度依赖于系统中相对湿度，当系统相对湿度下降时，吸附水分子层的厚度减小，相应层间排斥力减小，C-H-S 固体粒子在范德华力的作用下距离变小而产生收缩。拆开压力理论示意图如图 7-6 所示。

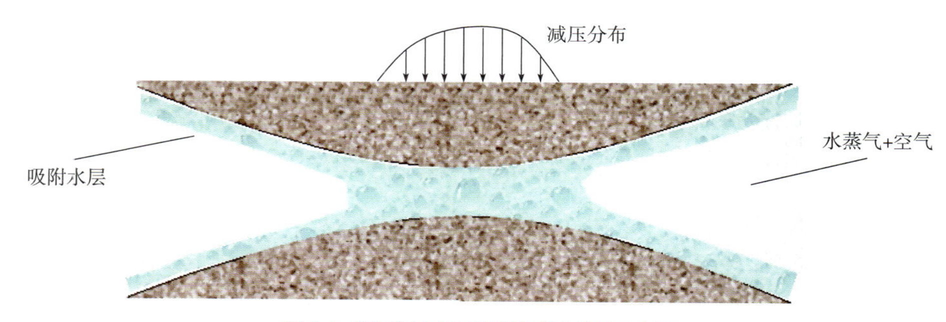

图 7-6　拆开压力机制引起混凝土收缩示意图

（3）表面自由能理论

表面自由能学说认为各种物质的表面分子或原子与内部相比处在高能量状态，这是由于表面分子间束缚力不平衡造成的。这种能量差异在物体表面产生表面张力，相当于在固体物体上施加静水压力。环境湿度变化时，吸附水从水泥凝胶体上脱离，表面张力就要增加，胶粒被压缩从而引起固体颗粒体积变化。研究表明，在相对湿度 RH20%左右时，固体物质表面吸附第一层水分子，表面自由能变化最大；在相对湿度 RH50%左右时，固体表面吸附第二层水分子，表面自由能变化不大，所以当相对湿度超过 RH50%时，表面自由能机制对收缩不起明显作用。

（4）层间水散失理论

实验室研究表明，只有相对湿度小于 RH11%的时候，混凝土中凝胶体层间水才开始散失，导致混凝土收缩。在正常环境条件下，该机制对收缩一般也是不起作用的。

7.3 隧道耐久性机理及量化设计

7.3.1 隧道初期支护耐久性

隧道初期支护的耐久性本质上是初期支护与围岩形成的加固体的耐久性。根据初期支护的加固方式，可将其加固机理分为机械式改良、内部胶结式改良和表面附着式改良三类。机械式改良围岩是指采用锚杆、锚索等措施，利用锚杆杆体的纵向拉力作用，来提高围岩体的黏聚力 C 和内摩擦角 φ，从而使得岩土体自身的承载能力得到加强。内部胶结式改良是指采用注浆措施，将浆液注入岩土内部的裂缝或孔隙中，通过置换、充填、挤压等方式达到改善围岩物理力学性质的目的。表面附着式改良是指采用喷射混凝土、钢筋网、钢拱架等措施，与围岩黏结在一起，防止围岩的风化潮解和表层关键岩块的掉落而达到改良围岩体的目的。因此，初期支护耐久性的研究主要分为锚杆耐久性及喷射混凝土的耐久性。

1）锚杆的耐久性

近年来，随着我国高速铁路建设步伐的加快，在实际中遇到了许多复杂的工程问题，锚固技术是提高隧道工程稳定性和解决复杂围岩问题的有效方法之一。传统的锚杆主要有普通砂浆锚杆以及钢锚杆。普通砂浆锚杆的注浆质量一般很难保证，造成锚杆承载力不足；钢锚杆是隧道工程中运用最广泛的一种锚杆，但其腐蚀后会影响钢锚杆的使用寿命。国内外有关专家曾做过调查：国际预应力协会曾对 35 根锚杆（一半为钢锚杆）断裂实例进行调查，其中钢锚杆在使用期内发生腐蚀断裂的达到 50%。在 1969 年用于泰晤士河锚拉钢桩工程中的钢锚杆在 1990 年进行检测时锚杆杆体已发生了断裂破坏。1974 年美国使用了直径为 35mm 的钢锚杆对某挡土墙进行锚固，在使用 2 年后，就已有几根锚杆发生断裂性破坏，并像标枪一样从墙内飞出。在瑞士 1976 年用于管线桥墩锚固的钢锚杆在使用 5 年后就有 3 根锚杆的锚固段筋体出现腐蚀性断裂破坏。法国朱克斯坝有几根承载力为 1300kN 的锚杆预应力钢丝仅试使用几个月就发生断裂，断裂的主要原因是高拉伸应力状态下的腐蚀。1977 年，在香港地区用于某挡土墙锚固工程的钢锚杆，在使用 3 年后就有 1 根钢锚杆自由段处的两处钢绞线发生腐蚀破坏。我国安徽梅山水库的预应力钢锚杆使用 8 年后，发现 3 个孔内部分钢丝因应力腐蚀而断裂。锚杆的腐蚀劣化已成为国内外广泛关注的问题，解决锚杆腐蚀的传统方法有：一是通过在钢材表面喷涂防腐剂来提高其抗腐能力，二是通过改变钢材的化学成分提高锚杆的耐腐蚀性。但是这些方法的弊端有：其一增加锚杆安装操作的复杂性，其二提高了工程的成本。

为了使锚杆腐蚀问题得到有效解决，自 20 世纪 90 年代以来，国外开始采用纤维增强复合材料（Fiber Reinforced Polymer，FRP）锚杆来替代传统的钢锚杆。FRP 锚杆作为一种新型的锚杆越来越被工程界认可，技术发展较快，已经在国内外矿山、隧道、边坡支护中得到了广泛的应用。

在 20 世纪 60 年代末、70 年代初，法国、瑞士、捷克和澳大利亚先后颁布地层锚杆的技术规范、锚索技术条例；20 世纪 80 年代末、90 年代初，又制定了土钉技术指南。这些技术标准充分考虑锚杆锚索和土钉在腐蚀环境中的防护问题，对其设计和施工作严格规定。1975 年，挪威岩石爆破技术研究所的 R.Schach 等出版《岩石锚杆实用手册》；20 世纪 80 年代，德国出版包括了土锚和岩锚在内的系列丛书，对基础工程中的拉锚（索）和岩石锚杆的全方位防腐提出明确要求。1974—1981 年，美国材料与试验协会出版了一套 8 本专著，专门论述地上、地下各种腐蚀对金属材料作用效应，具有较大影响，其中包括自然环境腐蚀、应力腐蚀和防蚀措施等。美国学者 M.J.Turer 对永久性防腐土钉墙进行系统的试验研究，提出一种高强、耐腐、经济的聚酯织带材料替代土钉，效果甚好；但对这种土钉材料使用寿命未提出任何数据，仅以“永久性”贯之。德国学者 R Eligshausen 和 H Spieth 对插入式螺纹钢筋的连接结构性能进行研究，指出这种钢筋如果孔眼不净、黏结不牢固，其使用寿命可由 100 年减至 75 年，但其推算依据和细节均未给出。

20 世纪 50 年代开始，挪威开始使用锚杆。这些锚杆是端头锚杆和螺栓锚杆，锚固效果相对较差，逐步被膨胀锚杆和后来的砂浆和热镀锚杆淘汰。1970 年以后，使用防腐蚀锚杆作为永久加固手段已经被广泛使用。在施工过程中，端头锚杆和螺栓锚杆只作为临时支护手段。

调查发现，挪威早期使用的端头锚杆的垫片、螺母和锚杆外露部分已经严重腐蚀，其余部分腐蚀情况要轻一些，全嵌入式的未做防护的锚杆锈蚀情况较小，如图 7-7 所示；对于热镀锚杆，在挪威的第一座水下隧道（Vardo 隧道）使用过程中，尽管在海水和海藻的作用下已经 20 年了，但没有锈蚀的迹象，可见其耐久性能要好得多。

图 7-7 使用了 35 年的端头锚杆现状

钢格栅与锚杆情况类似，不做处理的钢格栅锈蚀严重，很多已经不能承载，热镀的表现良好。因此，挪威的经验是锚杆如果不经任何防腐蚀处理，一般在 30～40 年后失去作用效果，需要进行新的支护。21 世纪初，挪威开始使用一种叫作 CT-bolt 的锚杆，如图 7-8 和图 7-9 所示。

这种 CT-bolt 锚杆具有端头锚固与全长锚固相结合，锚固效果好；聚乙烯材料套住杆体防止腐蚀；壳形垫板，灵活调整锚杆姿态；注浆和排气简便等特点。

20 世纪 80 年代初，我国原总参谋部工程兵科研三所对锚杆进行了较多研究，对早期的锚杆进行调查取样，得到了以下结论：

（1）锚杆在砂浆握裹良好的情况下，它的锈蚀是在砂浆被中性化之后才开始的，而砂浆在腐蚀环境中的中性化速度是十分缓慢的。因此，在锚杆的施工中应严格控制砂浆握裹层的对中及厚度，进而延缓锚杆腐蚀速度提高使用寿命。

（2）传统的普通水泥砂浆作为锚杆注浆材料其碳化速度在地下工程锚杆孔中极为缓慢，可不考虑因砂浆碳化对锚杆锈蚀的影响。

（3）锚杆孔中如果有水，水会自握裹层薄弱处侵蚀锚杆，凡锚杆孔中有渗漏水，砂浆又有缺陷或无砂浆层的锚杆均产生了不同程度的锈蚀。

（4）锚杆因环境条件，使用年限不同锈蚀程度也不同。处于干湿交替或接触水的锚杆部位锈蚀最重，腐蚀率为 0.03 ～ 0.08mm/ 年，承载力下降较大。裸露于环境但不直接与水接触的部位锈蚀最轻，为 0.002 ～ 0.004mm/ 年，承载力下降极小。

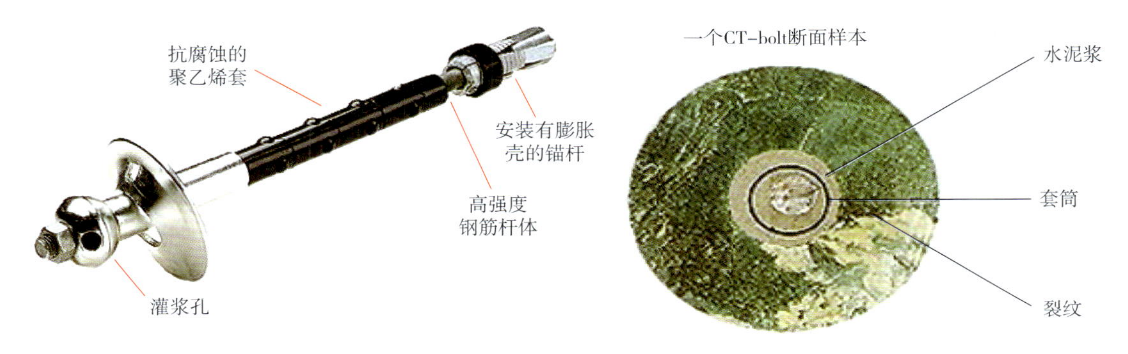

图 7-8 CT-bolt 结构构造图　　图 7-9 钻芯取出的 CT-bolt 断面

2）喷射混凝土的耐久性

1948 ～ 1953 年，奥地利在兴建卡普隆水力发电站米尔隧洞时，使用了喷射混凝土支护，这是世界范围内最早采用的喷混凝土的工程，这就是后来被工程界普遍认同的“新奥法”理论。从 20 世纪 80 年代开始，我国首次在大瑶山隧道修建中使用喷射混凝土，至今喷混凝土应用已将近 40 年的历史。目前，喷混凝土已成为铁路隧道结构体系中不可或缺的重要组成部分。

喷混凝土在工程中应用已有半个多世纪的历史，其原材料和技术已趋成熟，喷射工艺湿喷逐渐取代干喷，喷射质量得到了技术保障，喷混凝土设计从单纯的厚度设计转变为全面的性能设计。在不同围岩条件下，采用不同性能的喷混凝土，是当前喷混凝土技术重要的发展趋势。

一般情况下，喷混凝土的性能与其支护作用密切相关。目前喷混凝土主要用于隧道及地下工程的初期支护和永久支护中，在性能设计方面，根据其不同的工程用途，应区别对待，采用不同的设计参数。

作为永久支护的喷混凝土，不仅要满足喷混凝土基本性能的要求，还要满足结构防水、抗开裂以及抗剥落性能要求，在腐蚀环境中，还要满足耐腐蚀性能要求。

我国山岭隧道多采用复合式衬砌结构形式，喷混凝土作为初期支护的主体材料介于围岩和二次衬砌之间，处于相对密闭的空间内，与大气环境隔离，受外界环境影响甚微，喷混凝土受碳化、风蚀磨耗作用很小，普遍认为作为初期支护的喷混凝土耐久性可不作考虑。因此，隧道结构设计时，仅对喷射混凝土的安全性能和使用性能做了相关的力学性能规定，对其耐久性能没有特别规定，所以国内针对复合式衬砌中喷射混凝土耐久性的研究尚处于空白。

作为初期支护的喷混凝土耐久性能与围岩环境条件直接相关，对隧道结构物来说，与地面结构物不同，其洞内的腐蚀性环境条件主要来自地下水的侵蚀和围岩中的有害物质，在寒冷地区还可能存在冻融环境。因此，对喷射混凝土设计时，主要考虑侵蚀环境和冻融环境下的耐久性能，喷射混凝土耐久性能包括以下几个方面：

（1）抗剥离性

抗剥离性与喷混凝土的附着强度和干燥收缩引起的开裂程度等因素有关。目前，关于评价喷混凝土抗剥离性能的试验方法和标准还没有形成规范，但可以采用喷混凝土附着强度进行评价。从目前的工程实际看，喷混凝土的附着强度如超过 1.0N/mm^2，就可以基本保证喷混凝土不出现剥落。

（2）抗裂性

目前，对喷混凝土的开裂原理还不能完全解释清楚，需要进一步探索研究。喷混凝土的开裂与其自收缩、干燥收缩、温度收缩、荷载作用及施工质量等因素有关，喷混凝土开裂后，为地下水提供侵蚀通道，混凝土会发生溶蚀、化学腐蚀和冻融破坏。

（3）抗氯离子侵蚀性

对隧道结构物来说，氯离子侵入主要来自地下水中的含有量和含有氯离子成分的围岩。对海底隧道则主要来自海水的侵入。欧洲各国的海底隧道多采用钢纤维喷混凝土作为永久支护，都要对海水的侵入进行核查。

（4）抗冻融性

日本对边坡喷混凝土进行了促进冻融试验，采用的材料，如表 7-5 所列。

喷混凝土使用材料　　表 7-5

材　料	规　格	密度（g/cm^3）
水泥	普通硅酸盐水泥	3.15
	早强硅酸盐水泥	3.13
细集料	河砂	2.58
	碎石砂	2.62
	海砂	2.74
钢纤维	纤维长度：30mm	7.58

从喷混凝土大板上采取角柱形试件（100mm × 100mm × 400mm），在水中养护 21d 后进行冻融试验。冻融试验采用水中冻结水中溶解（A 法）和气中冻结水中溶解（B 法）两种方法，试验结果如表 7-6 所示。

喷混凝土耐久性指数　　表 7-6

编　号	配　比	冻融试验方法	耐久性指数
1	C:400kg/m^3	A	79
2	C:360kg/m^3	A	60
3	C:430kg/m^3	A	98
4	机制砂 + 山砂	A	89
5	海砂	A	48
6	机制砂 + 山砂	B	99
7	钢纤维	A	99
8	C:400kg/m^3	B	98
9	C:400kg/m^3	A	74
10	早强水泥	A	92

由表 7-6 中试验结果可以得出以下几点认识：

（1）改变单位水泥用量，不管何种情况喷混凝土的耐久性指数都在 60% 以上。水泥用量在 360 ～ 430kg/m^3 范围内，单位水泥用量越多，耐久性指数越高。

（2）采用混合砂（山砂 + 机制砂）的喷混凝土比用河砂的喷混凝土，耐久性指数高出 10 以上。

（3）采用海砂的喷混凝土，300 次冻融循环的耐久性指数只有 48%，比目标值 60% 低。

（4）采用钢纤维喷混凝土时，300 次冻融循环的耐久性指数接近 100%，采用早强水泥的喷混凝土也在 90% 以上，这两种喷混凝土比基准配比的喷混凝土的耐久性要高。

（5）采用 B 法进行冻融试验的场合，采用河砂及混合砂时，其耐久性指数都接近 100%。

（6）试件采取位置的不同，耐久性指数略有不同，从喷射表面采取的试件比从中心采取的试件的耐久性指数稍低一些。

喷射混凝土的作用主要是防止围岩的风化潮解及表层关键岩块掉落，辅助围岩承载，其自身的承载力较低，可忽略不计。

7.3.2 隧道结构耐久性机理

隧道结构耐久性失效主要表现为二次衬砌结构的破坏，究其原因主要表现为：①隧道锚杆、注浆、喷射混凝土等支护结构因碳化、锈蚀而失效，导致隧道二次衬砌荷载增大，引起的二次衬砌开裂破坏；②隧道二次衬砌自身的钢筋混凝土结构因碳化、腐蚀而出现开裂脱落，引起的二次衬砌结构破坏。

与桥梁、房屋等地面结构物相比，隧道结构耐久性的影响机理更加复杂，这主要是由隧道结构自身的特点所决定的。隧道结构是由围岩与支护结构组成的复合体系，围岩和支护结构的相互作用关系非常复杂，锚杆、锚索和注浆等支护结构直接侵入围岩内部，喷射混凝土和钢拱架组成的初期支护附着在围岩表面，只有二次衬砌是相对独立受力的拱形构件。

为了分析隧道耐久性的相互影响关系，将隧道结构划分为原岩、改良围岩和二次衬砌三部分，如图 7-10 所示。由于原岩的耐久性主要取决于成岩速度及岩石风化速度等地质变化速度，而地质变化速度非常缓慢，从工程角度来说，原岩可认为基本不变化，故其耐久性暂不做考虑。改良围岩是经注浆、锚杆、锚索、喷射混凝土等支护措施改良后的围岩。改良围岩的耐久性主要取决于锚杆、钢架的锈蚀速度、注浆的劣化速度、喷射混凝土腐蚀速度等，改良围岩的耐久性失效主要表现为改良围岩承载力的下降，导致二次衬砌结构荷载增大。

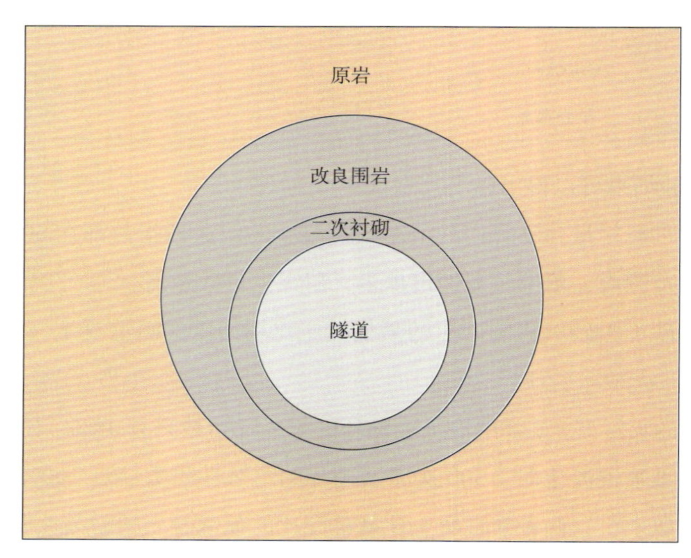

图 7-10　隧道受力体系的划分

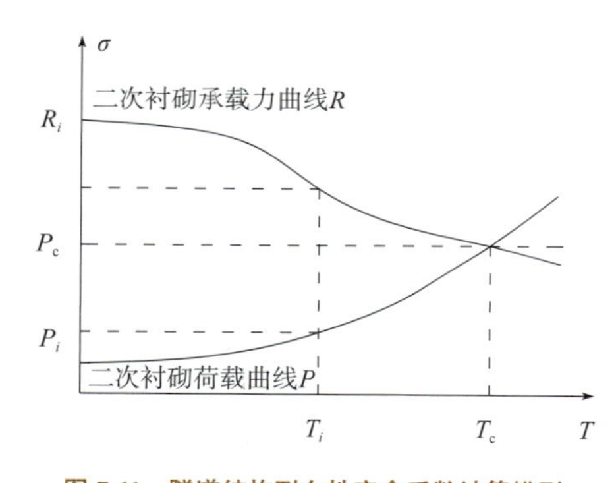

图 7-11　隧道结构耐久性安全系数计算模型

由上述分析可知，隧道结构的耐久性问题最终都可通过二次衬砌的变形破坏过程来体现，如图 7-11 中曲线所示。二次衬砌承载力曲线 R 随着时间而逐渐降低，这是由于组成二次衬砌结构的钢筋、混凝土材料在服役期间受到锈蚀与腐蚀作用，承载力逐渐下降，导致结构自身耐久性失效；而二次衬砌荷载曲线 P 随着时间逐渐上升，它反映了改良围岩体的耐久性，这是由于组成改良围岩体的锚杆、钢架、注浆体、喷射混凝土等材料受锈蚀、腐蚀作用承载力下降，导致二次衬砌荷载逐渐增大。当二次衬砌荷载增大曲线与其承载力衰减曲线相交时，隧道结构达到承载力极限状态，此时也即为隧道耐久性的设计使用年限（如图中 T_c），任意时间点 T_i 的承载力 R_i 和荷载 P_i 的比值反映了当前耐久性安全系数，即隧道结构耐久性安全系数为：

$$K_n = \frac{R_i}{P_i} \tag{7-2}$$

式中：K_n——隧道结构耐久性的安全系数；

R_i——时间节点为 T_i 时二次衬砌的承载力，kPa；

P_i——时间节点 T_i 时二次衬砌的荷载，kPa。

7.3.3 隧道结构耐久性定量化设计方法

隧道结构的耐久性是围岩、初期支护、二次衬砌与周边环境共同作用，相互影响的结果。一方面围岩和初期支护形成的改良围岩在周边环境的影响下出现劣化，导致承载力衰减，围岩的承担荷载逐步由初期支护转移到二次衬砌结构，二次衬砌承受荷载逐渐增大。另一方面二次衬砌结构在周边环境影响下随自身性能劣化，承载力衰减，当二次衬砌承载力衰减至其所承受荷载以下时，隧道结构将出现耐久性失效，如图 7-11 所示，此时 T_c 为隧道使用寿命，并可根据式（7-2）计算隧道结构耐久性的安全系数 K_n。

1）二次衬砌实时承载计算

初期支护承载力衰减，会使得其承担的围岩应力一部分转移到二次衬砌结构，二次衬砌所承担的荷载会越来越大，加速了隧道结构耐久性失效，缩减了其服役期寿命。初期支护与围岩承载力衰减的速率主要取决于锚杆或锚索失效速度以及注浆体的腐蚀速度。假设初期支护与围岩的承载力关系为：

$$p_r = \eta(T) \cdot p_{ro} \tag{7-3}$$

式中：p_{ro}——初期支护与围岩的初始承载力，kPa；

$\eta(T)$——初期支护与围岩的耐久性折减系数；

p_r——实际衰减后的围岩承载力，kPa。

隧道在施工完成初期，各种腐蚀尚未开始，锚杆、锚索、注浆等支护措施都处于最佳状态，此时 $\eta(T)$ 取值为 1，随着时间延续，各种支护措施逐渐失效退出工作状态，$\eta(T)$ 取值逐渐减小至 0，初期支护与围岩的承载力逐渐降低，二次衬砌荷载则逐渐增大。二次衬砌在某一时刻 T 的荷载可按下式计算：

$$p_L(T) = p_o - p_r = p_o - \eta(T) \cdot p_{ro} \tag{7-4}$$

式中：$p_L(T)$——二次衬砌在某一时刻 T 的荷载，kPa；

p_o——隧道结构的全部荷载，kPa。

当隧道采用锚杆、锚索支护时，耐久性折减系数主要取决于锚杆注浆层的碳化速度，按下式计算：

$$\eta(T) = \frac{h_o - X(T)}{h_o} \tag{7-5}$$

式中：h_o——锚杆砂浆保护层的厚度，m。

式中锚杆注浆层的碳化深度可按下式计算：

$$X(T)=k\sqrt{t} \tag{7-6}$$

式中：$X(T)$——碳化深度，m；

k——碳化系数；

t——碳化龄期。

碳化系数可根据现场试验、经验公式或者理论模型确定。则式（7-5）可变为：

$$\eta(T)=\frac{h_o-k\sqrt{t}}{h_o} \tag{7-7}$$

2）二次衬砌承载力的衰减

二次衬砌作为安全储备，一般情况下是不承担荷载的，但随着围岩和初期支护劣化，荷载逐渐转由二次衬砌承担，二次衬砌结构在环境作用下也会劣化，其承载力会衰减，二次衬砌承载力衰减的计算公式为：

$$R_L(T)=\beta(T)\cdot R_{Lo} \tag{7-8}$$

式中：$R_L(T)$——劣化后二次衬砌的承载力，kPa；

R_{Lo}——二次衬砌的初始承载力，kPa；

$\beta(T)$——二次衬砌的耐久性折减系数。

在二次衬砌施工完成初期，各种腐蚀尚未开始，二次衬砌处于最佳状态，$\beta(T)$ 取值为 1，随着时间延续，二次衬砌逐渐劣化直至退出工作状态，$\beta(T)$ 的取值逐渐减小到 0。折减系数 $\beta(T)$ 主要受碳化深度和混凝土强度衰减两个方面的影响，碳化深度使衬砌厚度减小，强度衰减使二次衬砌承载力进一步降低，因此折减系数 $\beta(T)$ 可按下式估算：

$$\beta(T)=\frac{H_0-X(T)}{H_0}S(T) \tag{7-9}$$

式中：H_0——二次衬砌初始厚度，m；

$S(T)$——混凝土强度折减系数。

碳化深度 $X(T)$ 可按式（7-6）取得，将式（7-6）代入式（7-9）可得：

$$\beta(T)=\frac{H_0-k\sqrt{t}}{H_0}S(T) \tag{7-10}$$

根据碳化系数 k 值的确定方法不同，碳化深度预测模型可以分为四类：理论模型、经验模型、结合理论与试验的碳化模型和基于可靠度理论的随机模型。混凝土强度折减系数 $S(T)$ 可根据环境类别、环境作用等级，以及混凝土自身的密实度、表面裂缝密度及张开量等影响因素取得。

7.4 八达岭长城站耐久性设计

京张高铁八达岭隧道全长 12.01km，八达岭长城站位于新八达岭隧道内，车站中心里程距离隧道进口 8.79km，距离隧道出口 3.22km。八达岭长城站是一个大型复杂的地下洞群车站，各类洞室总数达 78 个，地下建筑面积 3.6 万 m^2，轨面最大埋深 102m。车站两端的站隧过渡段，是一个由两线铁路过渡到四线铁路的单跨隧道，最大开挖跨度 32.7m。

7.4.1 耐久性设计及工程措施

由此可见，与普通模筑混凝土相比，喷射混凝土的耐久性较差。当隧道支护采用喷射混凝土单层衬砌时，应采用必要的技术措施提高喷射混凝土的耐久性。

1）长寿命支护结构体系的设计

由图 7-11 可知，隧道及地下工程的整体耐久性取决于二次衬砌荷载的增长曲线和二次衬砌承载力的衰减曲线，为了延长八达岭长城站的设计使用年限，应尽量提高初期支护和围岩的承载力及其耐久性，延缓二次衬砌荷载的增长曲线。因此，在八达岭长城站的支护体系设计中，采用了围岩长期自承载的设计理念，即初期支护加固围岩，形成持久的围岩自承载拱，长期承担全部围岩荷载，二次衬砌作为安全储备。这个设计理念要求初期支护加固的围岩体不仅在施工期能够自稳，而且在运营期也能够长期自稳。

工程界公认隧道围岩具有一定的自稳能力，但如何利用围岩的自稳能力，诸多学者众说纷纭。早期隧道设计和施工中，主要利用围岩施工期的自稳性，隧道长期自稳性主要依靠二次衬砌维持，这一点在我国铁路、公路隧道中表现尤为突出，主要表现在隧道支护结构设计时，以二次衬砌为主要承载结构进行计算，锚杆、喷射混凝土等初期支护只作为维持施工期间的稳定，隧道施工中也忽视其施工质量和耐久性，只要施工期围岩能够暂时稳定，锚杆能不打就不打，能少打就少打，能晚打就晚打，造成在大部分隧道工程中锚杆并未得到有效的施作，这也导致我国隧道在运营期出现大量耐久性病害问题。

长寿命的支护结构体系应确保围岩能够长期自稳，这就要求对锚杆、喷射混凝土、注浆等初期支护以及围岩自身的耐久性进行研究和专项设计。八达岭长城站围岩主要为花岗岩，岩质坚硬，具有良好的耐久性，其暴露在空气中的风化速度仅为 0.1mm/ 年，即 300 年的风化深度仅为 30mm。因此，对于Ⅱ、Ⅲ级围岩段，围岩自身即可满足长期自稳的要求。但受 F_2 断层和风化深槽的影响，大跨过渡段 DK68+285 ～ DK68+300 岩体破碎，岩质软，为Ⅴ级围岩，是影响车站耐久性的关键部位。该段初期支护设计采用了锚杆、锚索、喷射混凝土和注浆，并对这些支护措施的耐久性做出了要求。

2）锚杆的耐久性措施

根据锚杆耐久性失效特点，结合实际工程经验，提出了四种提高锚杆耐久性的技术的措施：

（1）增大锚杆砂浆握裹层厚度；

（2）采用长寿命注浆材料及防锈蚀的锚杆杆体；

（3）改善锚杆所处的地下水环境；

（4）施工时确保锚杆居中和砂浆握裹层厚度均匀。

锚杆的耐久性主要取决于注浆的保护层厚度及其碳化速度。为了提高锚杆的耐久性，八达岭长城站锚杆施工提出了以下要求：

（1）锚杆最小注浆保护层厚度大于 4mm；

（2）锚杆设置居中定位器，使锚杆居中放置在钻孔中，正负偏差不大于 1mm；

（3）钻孔后应清孔干净，用压风吹尽孔内岩粉和虚渣；

（4）严格控制注浆层的密实度，注浆饱和度大于 95%，注浆压力和保压时间要满足设计要求。

3）锚索的耐久性措施

锚索一般具有较高的预应力，因此要求注浆体达到一定的强度后才能张拉，如果采用普通的水泥砂浆，需养护 28d 才能达到设计强度，这导致锚索的施工工期非常长，难于满足施工工期的要求。因此，八达岭长城站锚索采用了硫铝酸盐快硬水泥，这种水泥虽然解决了施工工期的问题，但不利于锚索的耐久性。为了满足耐久性的要求，锚索采用分段高压注浆，即孔口段 2m 先注浆封口，待孔口段凝固后采用 7MPa 左右的高压进行孔内注浆，高压注浆大幅度提高了注浆体的密实性和充填度，从而提高锚索的耐久性。

4）喷射混凝土的耐久性措施

八达岭长城站防灾救援通道采用了喷射混凝土单层衬砌。喷射混凝土与模筑混凝土相比耐久性相对较差，主要原因在 7.2.1 节已详细介绍，此处不再赘述。

针对喷射混凝土耐久性相对较差的特点，为了提高喷射混凝土的耐久性，八达岭长城站采用了以下措施：

（1）严格控制水泥、粗细骨料、外加剂中的盐和碱类物质。

（2）施工中分层喷射混凝土，减小单次喷射混凝土的厚度，提高喷射混凝土的柔性，逐步释放围岩变形，减小喷射混凝土受力裂缝。

（3）在喷射混凝土中设置排水系统，减小地下水对喷射混凝土的影响。

（4）在喷射混凝土表面喷涂一层水泥基渗透结晶材料，填充喷射混凝土表面的空洞和裂隙，提高混凝土的密实性，并防止地下水渗透。

（5）在严寒地区设置隧道保温系统，防止喷射混凝土出现冻融破坏。

5）二次衬砌的耐久性措施

隧道二次衬砌结构的耐久性主要受混凝土的密实度、表面裂缝、周边的腐蚀环境等因素的影响。提高二次衬砌混凝土耐久性的关键在于提高混凝土的密实性和抗裂性，具体的技术措施主要包括：

（1）控制表面裂缝

①选用中低热水泥。为了减少混凝土结构的温差裂缝，选用中低热水泥，降低混凝土的水化热。不同品种的水泥，其矿物含量不同，而各种矿物的水化热差异较大，其中 C_2S 的水化热最低，其次是 C_4AF、C_3S，C_3A 的水化热最大。中低热水泥比普通水泥含有更多的 C_2S、C_4AF 和更少的 C_3S、C_3A，中低热水泥的水化热和干缩率明显小于普通水泥。

②控制混凝土的入模温度。裂缝混凝土胶结过程的温度主要取决于混凝土的入模温度和水化热引起的温升。控制混凝土入模温度的技术途径主要有降低砂、石集料和水的初始温度，减少运输和浇筑过程中混凝土温度的升高。

③采用高质量的粉煤灰。粉煤灰由于发生火山灰反应而提高混凝土的抗裂性能，国内许多工程也采用大掺量粉煤灰来降低温升，粉煤灰具有减少混凝土早期抗开裂的优良特性。掺加粉煤灰能够减少用水量，降低水胶比，由于粉煤灰可延长水化反应的时间，降低水化热，推迟了温度峰值的产生，减少了温度裂缝的产生因素，混凝土的温度峰值随着粉煤灰掺量的增加而降低。

④采用保温保湿养护措施。为了减少混凝土表面的裂缝，应对混凝土进行保温保湿养护。保温养护是确保混凝土水化过程中内外温差不宜过大，减少温差裂缝。保湿养护是确保混凝土表面保持湿润状态，防止干湿交替，减少干缩裂缝。混凝土保温保湿养护可采用隧道蒸养台车，根据混凝土水化过程中的温度变化，动态调整混凝土表面的温度和湿度。也可以在隧道表面粘贴保湿膜，设置保温气囊等实现保温保湿的目标。

（2）提高密实度

①提高颗粒级配。混凝土越密实，碳化速度越慢，结构越耐久。提高混凝土密实度的技术措施主要有采用多级配的集料，掺加适量匹配的微集料，降低混凝土的孔隙率。由于石粉比水泥吸水性差，降低了混凝土的用水量。而且石粉颗粒较水泥更小，虽然活性很低，但在掺量不大时，石粉填充了材料之间的微小间隙，起到了微集料填充骨架的作用，混凝土的强度增大，随着掺合量的增加，混凝土内部结构由骨架悬空结构转为骨架密实结构，混凝土的强度逐渐增加，强度最大时也最为密实，若继续增加惰性石粉代替活性水泥的用量，混凝土强度必然降低。可见，掺加适量的石粉可改善混凝土搅拌物的流动性和保水性，降低混凝土的用水量，提高混凝土的强度和密实度。

②采用高密实性混凝土配合比。配合比设计是决定混凝土力学性能和耐久性的关键环节，其中最大水胶比与最小胶凝材料用量限值是保证混凝土耐久性所需要的抗渗性和力学性能的重要技术参数，相关规范标准中对不同环境下混凝土配合比参数限值进行了详细规定。以碳化环境为例，通过限定最大水胶比和最小胶凝材料用量来改善混凝土的孔隙结构，提高密实度，保

证混凝土具有良好的耐久性能。

③采用整形集料提高混凝土流动性。隧道二次衬砌混凝土浇筑在模板和围岩之间，振捣困难，因此，采用整形集料，使混凝土在模板内具有更好的流动性。采用整形集料后，可大幅度减少集料中针片状颗粒含量，增加混凝土拌和物扩展度，提高混凝土的充填性。

④提高混凝土浇筑施工工艺密实性。混凝土浇筑施工的工艺控制是影响混凝土耐久性的重要因素。施工工艺控制主要包括以下措施：控制混凝土的运输时间；增加二次搅拌设备，控制混凝土入模前的各项参数；为提高浇筑、振捣后混凝土的密实性，优化浇筑窗口布置、附着振捣器，采用振捣智能化控制系统。

7.4.2　地下车站服役期寿命预估

八达岭长城站围岩主要为花岗岩，岩质坚硬，具有良好的耐久性，但受 F_2 断层的影响，大跨过渡段 DK68+285 ～ DK68+300 围岩为Ⅴ级，岩体破碎、岩质软，是车站耐久性设计的关键部位。通过裸洞围岩稳定性分析，得到Ⅴ级围岩段隧道结构荷载按围岩松散压力计算约为 600kPa，本段初期支护采用由锚索、锚杆和喷射混凝土组成的锚喷支护体系，其中锚索长 25m，预应力 1000kN，间距 2.4m，锚索砂浆保护层厚度为 20mm；预应力锚杆长 11m，预应力 100kN，间距 1.2m，锚杆砂浆保护层厚度为 9mm。二次衬砌为 C35 钢筋混凝土，拱墙厚 60cm，仰拱厚 70cm，主筋Φ28@200cm。

采用前述隧道结构耐久性的计算模型，对京张高速铁路新八达岭车站服役期寿命进行预估。由于在车站建成的初期（T=0），初期支护与围岩承担全部荷载，二次衬砌仅作为安全储备，根据式（7-5）和式（7-6），可得二次衬砌的荷载如下：

$$p_i(T)=600-\frac{600\cdot(9-k_1\cdot\sqrt{t})}{9}=\frac{200\cdot k_1\cdot\sqrt{t}}{3} \tag{7-11}$$

式中：k_1——锚杆注浆体的碳化系数，根据加速碳化实验测试结果取 0.3mm/ 年 $^{0.5}$。

在车站建成初期，根据二次衬砌的厚度和配筋，计算得到大跨段二次衬砌初始承载力 R_{L0} 为 400kPa。八达岭长城站二次衬砌结构处于地下恒温恒湿条件，地下水无腐蚀性，因此二次衬砌承载力衰减仅考虑碳化深度的影响，忽略混凝土强度的衰减，即尚未碳化的混凝土强度折减系数 $S(T)$ 取 1，则根据式（7-8）可得到二次衬砌承载力：

$$R_L(T)=\frac{60-k_2\sqrt{t}}{60}\cdot 400 \tag{7-12}$$

式中：k_2——二次衬砌的碳化系数；根据加速碳化实验测试结果取 0.26cm/ 年 $^{0.5}$。

根据式（7-11）及式（7-12）计算得到二次衬砌荷载及承载力与服役期寿命关系曲线图如图 7-12 所示。

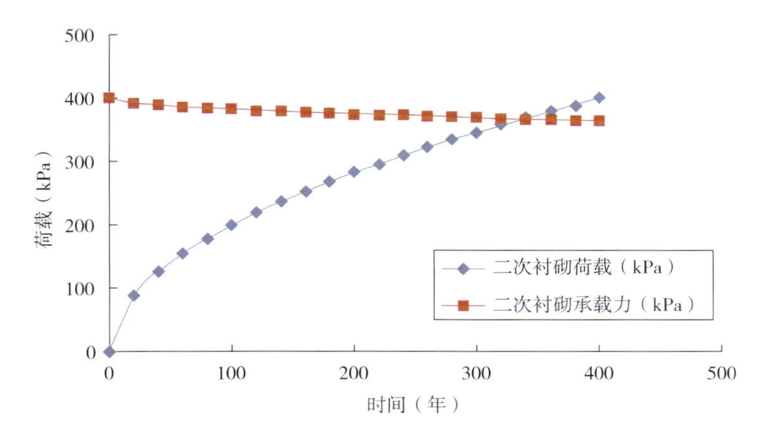

图 7-12 八达岭长城站大跨过渡段耐久性预测曲线图

由图 7-12 可以看出，八达岭长城站耐久性设计使用年限为 338 年，而 300 年时的耐久性安全系数为 1.07。

CHAPTER 8

第 8 章

复杂洞室群地下车站防排水设计

WATERPROOF AND DRAINAGE DESIGN OF UNDERGROUND STATION WITH COMPLEX CAVERNS

八达岭长城站所处八达岭景区内，有着地理位置特殊、社会影响广泛、周围环境敏感性强等特点，长城站是目前国内埋深最深的铁路地下车站。八达岭长城站选址于北京市延庆区八达岭景区内，滚天沟停车场东北部，属八达岭景区核心部位。地下车站起讫里程为DK67+825m ～ DK68+275m，车站中心里程为DK68+050m，车站长度450m，车站最大埋深95m。该工程地处属暖温带，春季干旱多风、夏季炎热多雨、秋季秋高气爽、冬季寒冷干燥，全年降水多集中在7 ～ 9月份。地下水主要为基岩裂隙水，勘察期间，地下水稳定水位埋深6.5 ～ 28.6m，随地形起伏较大。由于基岩的完整性差异导致透水性的差异，造成局部地下水表现一定承压性，这些都对排水系统的设计提出了更高的要求。

鉴于高速铁路深埋地下车站属国内乃至世界首例，地下车站复杂洞室群结构防排水设计尚无经验可循，在国内外地下工程防排水技术，尤其大型复杂地下工程案例相关文献资料搜集、整理的基础上，总结地下结构防排水的不同类型、施工中的成功经验和存在的主要问题；基于京张城际铁路八达岭长城站所处的特定地层条件和工程建设规模，从地下结构自身建设安全性与地下车站施工、运营环境影响等角度综合考虑其技术经济因素，提出合理的地下车站地下水处置原则和防排水技术，并利用现代化监测手段实现地下车站建设期乃至运营期地下水渗流量的长期监测，进而形成大型复杂地下车站复杂洞室群防排水技术体系，为实现八达岭长城站良好的施工环境（掌子面无大量渗水）和运营期间的不渗不漏提供技术支撑。

8.1 基于生态平衡的车站防排水设计原则

8.1.1 八达岭长城站防排水原则

我国隧道的防排水原则从最开始的“以堵为主”到后来的“以排为主”，再到基于生态环境保护的理念而制定的“以堵为主，限量排放”的治水原则。其对于地下水的处理理念发生了重大转变。“以排为主”方案最大的优势是可以减小衬砌背后的外水压力，但容易对地下水位造成一定的影响，轻者导致地下水位的暂时下降，严重的将疏干地下水，导致地表水枯竭，破坏植被生长，打破生态平衡。如武广客运专线隧道在建设过程中大量抽排地下水，使地下水渗流场在其附近形成明显的降落漏斗，严重破坏了该区域的地下水平衡状态，导致该区域内共发生地面塌陷19处，沉降变形13处，造成了巨大的经济损失。衡广复线大瑶山隧道，施工过程中由于突水引发地面塌陷100多处，为确保施工安全进行，对地下水进行了抽排，导致地面沉降、开裂，地表水位下降等问题。隧道运营期间，由于大量的排水，导致地面塌陷、溪沟断流、农田无法耕种，山顶居民搬迁，严重影响了当地的自然环境、农业生产和居民的生活。若采用全封堵方式，由于在衬砌背后不设置地下水排导系统，虽然可以通过注浆的方式达到减少渗水量的目的，但是注浆圈却不能发挥减压作用，这样势必导致衬砌结构承受同地下水头基本相当的外水压力。完全封堵地下水的方式虽然保护了隧址区的生态环境，但是不经济。改变注浆圈的渗透系数和厚度值能更好地降低围岩的渗透系数，减小隧道的涌水量。随着注浆圈厚度的增加，涌水量会降低，但不是越厚越好，当厚度增加到一定值时，降低量已不明显，因此，盲目增加注浆圈厚度及减小渗透系数只会造成资源上的浪费。对于深埋岩溶长隧道，如圆梁山隧道、日本旧丹那隧道其水压力高达若干兆帕，使衬砌难以承受，故完全封堵地下水是不现实的，必须给水出路以降低外水压力，当然，为了保护生态环境及地下水环境，给水以出路并不是无限制的排放，而是采取“限量排放”的防排水设计原则，从而达到经济环保的目的。八达岭长城站隧道群位于八达岭长城风景区，其周边地区植被丰富、农牧业发展，因此，提出八达岭长城站隧道群防排水原则为“以堵为主，限量排放，防水有效，排水可靠，及时维护，系统通畅”，可概括为“堵水限排、可维可调”。

8.1.2 植被生长与地下水之间的关系

影响植被生长的重要因素有土壤含水率和枯萎系数，影响土壤含水率的主要因素有潜水埋深、土壤条件、区域气候等，在不同的区域影响土壤含水率的因素所占的比重各不相同，在干旱、半干旱地区，潜水是土壤水的主要补给来源，因此地下水位埋深是影响植被生长的主要因素。在季风气候区，大气降水是影响土壤含水率的主要因素。

目前，已有很多学者对干旱、半干旱地区植被生长所需的生态地下水位进行了广泛的研究。地下水生态水位不仅是诊断干旱区生态系统健康与否的关键指标，同时还是揭示植被生态需水机理的重要依据。

张丽、董增川等提出了在干旱地区有利于植被生长和生态恢复的合理的地下水生态水位为 2 ～ 4m，并列出了干旱区典型植物生长所需的生态地下水位，如表 8-1 所示。

干旱区典型植被的生态地下水位（m） 表 8-1

植物名称	胡杨	柽柳	芦苇	罗布麻	甘草	骆驼刺
生态地下水位	2.5	2.2	1.36	2.51	2.39	2.84

张长春、邵景力等提出华北平原地下水合理生态水位的上限为防止土壤盐碱化水位，下限为地下水获得最大补给的理想水位。并指出华北平原防治土壤盐碱化地下水位埋深一般为 2 ～ 2.5m，有利于获得最大补给的地下水位埋深在山前平原为 10m 左右，中东部平原为 3 ～ 5m。

贾利民通过在鄂尔多斯高原的试验结果得出干旱区最适宜天然植被生长的地下水位范围为 2 ～ 4.5m。并指出若地下水位低于 2m，则干旱区易出现土壤盐渍化；若地下水埋深更浅，即小于 1m，则土壤逐渐演变成沼泽与泥潭；若地下水位不断下降至 4m 以下，则植被生长发育受到限制，生物种群数量将逐渐减小；若地下水持续下降至 6m 以下，干旱草原将向荒漠化发展。

陈南祥、杨杰等经过分析计算得出中牟县地下水生态水位下限值为 4 ～ 13m，上限值为

1.3 ～ 4.5m，指出通过所给出的地下水生态水位上、下限阈值对地下水位进行调控，既能防止土壤干燥、植被退化，又能维持植被（或作物）正常生长的需要、防止土壤盐渍化。

荣丽杉、束龙仓等提出塔里木河下游合理地下会生态水位埋深为 4 ～ 6m，并给出了陕北沙滩地区秃尾河流域 4 种主要植物与地下水位埋深的关系，如表 8-2 所示。

秃尾河流域植物与地下水位埋深的关系 表 8-2

沙柳	沙蒿	水叶扬	旱柳
< 8m	< 15m	< 8m	< 19m

杨泽元、王文科等通过研究表明，陕北风沙滩地区生态安全地下水位埋深为 1.5 ～ 5m。

刘圣、娄华君等指出马海绿洲适宜植被生长的地下水水位埋深范围为 3 ～ 4.5m。

金晓媚、万力等研究表明，银川平原地区适宜植被生长的地下水埋深范围为 1 ～ 6m。

8.1.3 八达岭长城风景区植被特征与多样性

袁秀提出受暖温带大陆性季风气候的影响，长城风景区的植被类型为暖温带落叶阔叶林和温带针叶林。八达岭长城风景区植被主要集中在八达岭林场附近，沿八达岭长城到居庸关长城两侧植被主要为荆条灌丛，以及绣线菊、李灌丛和人工种植的臭椿、火炬树等。局部区域分布有杂木林，以及由油松、刺槐、元宝枫、山杨、山杏、黄栌等组成的群落类型。耿玉清统计了八达岭地区植被分类及所占面积。表 8-3 所列为八达岭植被名称和生长习性，图 8-1 所示为八达岭主要树种分布面积比例图。

植被分类及其生长习性统计 表 8-3

植 被 名 称		生 长 习 性
天然次生林	糠椴林、核桃楸林、山杨、黑桦林等	糠椴性喜光、较耐阴，喜凉爽湿润气候和深厚、肥沃而排水良好的中性和微酸性土壤。 核桃楸喜光、喜欢凉爽干燥气候，耐寒，不耐荫。 山杨耐寒冷、耐干旱瘠薄土壤，在微酸性至中性土壤皆可生长。 黑桦生于土层较厚的阳坡、山麓较干燥处或杂木林内
灌丛植被	三裂绣线菊、胡枝子、大花溲疏、酸枣、荆条、山杏、小叶鼠李、小檗、六道木、毛榛、卫矛等	三裂绣线菊、六道木喜光也稍耐荫，抗寒，抗旱，喜温暖湿润的气候。 胡枝子、卫矛耐旱、耐寒、喜光、耐瘠薄、耐酸性、耐盐碱，且卫矛在中性、酸性及石灰性土上均能生长。 酸枣、荆条、山杏耐寒、耐旱、耐瘠薄，适应性强。 小叶鼠李、小檗喜凉爽湿润环境，喜光耐荫、耐寒。 毛榛属耐荫的中生灌木，常见于温带、暖温带的山地森林带
中小乔木	山荆子、暴马丁香、黑榆等	山荆子喜光，耐寒性极强，耐瘠薄，不耐盐，深根性。 暴马丁香喜温暖湿润气候，耐严寒，对土壤要求不严，喜湿润的冲积土。 黑榆喜光，耐寒，耐干旱抗碱性较强
人工林	油松、侧柏、华北落叶林、刺槐、元宝枫、黄栌等	油松喜光、抗瘠薄。 侧柏喜光，幼时稍耐荫，耐干旱瘠薄，耐寒力中等。 华北落叶松为强阳性树，性极耐寒。 刺槐为强阳性树种，喜光，不耐荫，喜干燥、凉爽气候，较耐干旱、贫瘠。 元宝枫耐阴，喜温凉湿润气候，耐寒性强。 黄栌性喜光，耐半阴，耐寒，耐干旱瘠薄，不耐水湿

续上表

植被名称		生长习性
草本植被	桔梗、沙参、党参、黄花列当、柴胡、连翘、北五味子等	桔梗喜凉爽气候，耐寒、喜阳光。 沙参喜温暖湿润气候、抗寒、耐干旱，忌水涝。 党参喜气候温和、夏季凉爽、空气湿润的环境。耐寒，幼苗喜阴、喜湿润，成苗后喜阳。 黄花列当常寄生于蒿植物的根上，生于沙丘、山坡及沟边草地上。 柴胡喜温暖湿润气候，耐寒、耐旱、怕水浸。 连翘喜光，有一定程度的耐荫性；喜温暖，湿润气候，耐寒；耐干旱瘠薄，怕涝。 北五味子喜肥沃、湿润、疏松，土层深厚，含腐殖质多，排水良好的暗棕壤

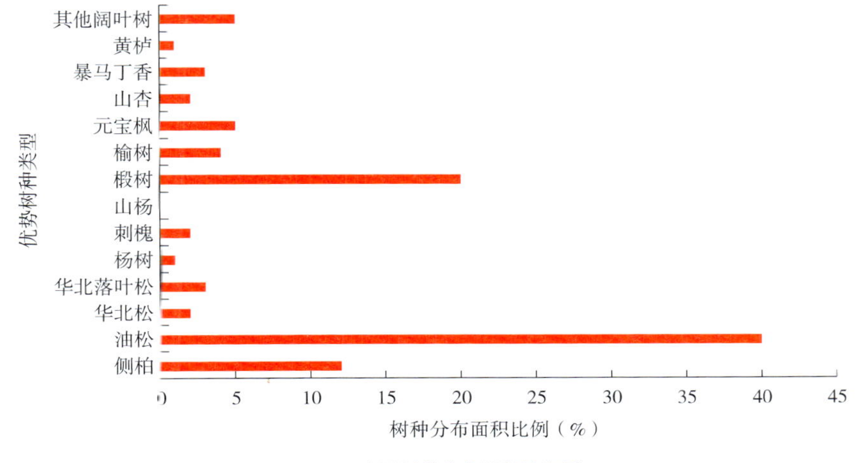

图 8-1 主要树种分布面积的比例

郭连生、田有亮（1998）对华北常见的 17 种树种耐旱性进行了评价。依据嫩枝生长初期初始失膨点总体渗透势，对 17 种树种耐旱性由弱到强的分组为：①臭椿、黄栌、合欢、核桃、银杏、国槐；②刺槐、杜仲、枸杞；③白蜡、白皮松、沙棘、山桃、白榆；④樟子松、山杏；⑤侧柏、桧柏。

8.1.4 山岭隧道限排标准和生态环境保护

在北京八达岭辖区内分布着两条较大的河道。一条为位于西部的帮水峪，流经石峡，常年流水；另一条为位于东部的关沟河，流经场部和三堡，仅在雨季时有流水，且流量少。河道全长 25km，干涸处河床的宽度可达 100m 左右。

站址区位于中低山区，植被发育，坡体较稳定，场地较稳定，但在施工过程中应避免大开大挖，以免破坏坡体，造成人为滑坡等灾害。同时站址区属于国家重点文物保护区，平时车辆、人员较多，这些因素均对工程建设产生一定不利影响。

施工区主要为景区，进入站址区需穿越八达岭景区，隧道工程施工及工程竣工后对区内地下水环境将产生较大影响，可能产生的主要问题有：水源污染、水源减量或枯竭等。

1）水源污染

调查区地貌主要为中低山区，沿线分布较多风景区，施工时机器污水和生活废水的排放、生活垃圾的丢弃、开挖土石方在雨天造成的水土流失等都会造成水源的污染。

2）水源减量或枯竭

地下水主要靠大气降水补给，并与地表水形成一定的相互转化关系。在高程上由于隧道全段均在地表水系的下面，隧道穿越时破坏了地下水与地表水原有的互补平衡和补径排条件，形成贯通性地下水汇集走廊，使地下水改变原有的径流方向而向隧道汇集，造成地表水流失甚至枯竭，引起附近井泉干枯水文地质问题。

为了维持隧址区的周边生态环境，在设计隧道时，基于调查周边地区的地质水文条件和地下水位降深的前提下，从植被所需的地下水位埋深出发，对山岭隧道实施合理的限排标准显得尤为重要。在已建成的山岭隧道中，从考虑保护生态环境的角度出发，设置了相应的限排标准，如表 8-4 所示。

山岭隧道地下水排放标准　表 8-4

名　称	工程概况	允许排放量 [m^3/（m·d）]
渝怀铁路歌乐山隧道	隧道全长 4050m，最大埋深为 280m。穿越可溶岩地段，漏斗、挂地、溶洞、落水洞、溶沟、溶槽等溶蚀现象发育，岩溶水位较高，最高 220m，涌水量大、水压高达 2.2MPa。隧道顶部地表植被发育，民居密集	0.95
宜万铁路齐岳山隧道	隧道全长 10528m，最大埋深为 670m，预测正常涌水量为 $1.57\times10^4m^3/d$，最大涌水量为 $2.2\times10^4m^3/d$。水压测试值位于 2.5 ～ 3.1MPa 之间，相当于 310m 地下水位高度。隧道顶部有多处民居，并且有大量农田	3.0
渝遂高速中梁山隧道	隧道全长 3853m，雨季正常涌水量为 $3.4m^3/d$，雨季涌水量高达 $8.5m^3/d$。隧道穿越可溶岩地段长 1510m，该段多发生涌水、突水及突泥危害。通过测试得出隧道静水压力达 1.0 ～ 1.5MPa，相当于 150m 静水头压力	0.7
渝怀铁路圆梁山隧道	全长 11068m，承压水高程 1016m，隧道高程 556m，水头高达 460m。该隧道为深埋岩溶隧道，岩溶发育，且穿越一向斜富水段	5
乌鞘岭隧道	隧道全长 4905m，最大埋深 189m，属深埋石质特长隧道	0.898

八达岭长城地区地形与地貌类型复杂，地质构造复杂，岩性岩相变化大，地质环境复杂，生态环境脆弱。其生态环境具有敏感、易破坏特征，当扰动因素超过了现有生态系统维持发展能力的承受极限时，生态环境将会发生不可逆转的转变。地下车站址位于中等富水区，隧道施工将使其成为地表水、地下水汇集场所或新的排泄通道，进而影响隧道施工安全和破坏隧道所在区域生态环境。隧道涌水不仅会破坏围岩稳定性，影响隧道施工进度和安全，还会引起地面塌陷和地面沉降，甚至会导致水质污染。疏排地下水降低地下水位会引起地下水和补排关系的明显变化，导致地表井泉干涸、河溪断流、植被衰败等，直接影响当地的工农业生产和人民的生活。另外，将受其他水体补给时被污染的或是在隧道施工环境中被污染的地下水不经处理就直接排入周围环境，会造成地表水和地下水的二次污染。

因此，从保护八达岭区域生态环境角度出发，保证植被生长所需生态地下水位不被破坏，选择合理的限排标准，设计相应的防排水措施是八达岭长城站修建过程中非常重要的一个环节。

8.1.5 基于植被需水的车站隧道限排标准

八达岭长城站隧址区主要为景区，进入站址区需穿越八达岭景区，同时站址区属于国家重点文物保护区，平时车辆、人员较多。因此，要求地下水位降深在 N 年后能恢复到原始地下水位埋深。

水能维持生命体的新陈代谢和物质平衡，合理的地下水位可以保持水土平衡、水盐平衡和水与生命的平衡。地下水位异常将会导致一系列环境问题，地下水位过高会引起土壤盐渍化和沼泽化等；地下水位过低会引起土壤干化、沙化和天然植被衰败。因此，合理的地下水位对维系生态环境的平衡至关重要。

隧道在开挖后随着涌渗水的发生，地下水位将发生变化，并在稳定后形成一条新的地下水位线，即浸润线，如图 8-2 所示。隧道类似于横置的抽水井，当隧道排水时相当于从井中抽水，因此隧道将会在排水后在洞顶含水层中形成疏干漏斗，蒋忠信提出隧洞排水引发的环境地质灾害主要发生在疏干漏斗范围内。通过疏干漏斗的范围、地下水降深以及地层参数则可以确定维持植被正常生长的隧道最大允许排水量。基于以上分析，可假设已知植被生长所需的最大地下水位降深，运用地下水动力学公式推导出降水漏斗计算公式，然后运用数值模拟计算出地下水总排放量。

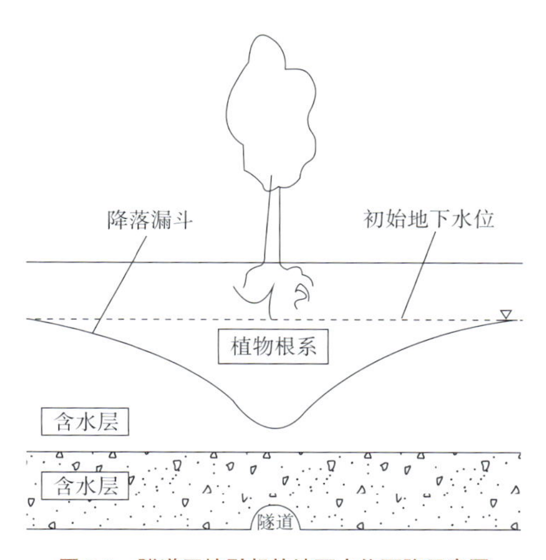

图 8-2　隧道开挖引起的地下水位下降示意图

结合以上分析可确定维持植被生态需水及地下水平衡的地下水排放量的计算步骤和方法。

1）涌水量计算

隧道涌水量可采用数值模拟或古德曼经验公式、佐藤邦明等解析公式进行计算。

隧道开挖后，为减小毛洞涌水量，隧道衬砌要及时施作。因此，隧洞开挖至其衬砌施作之间的时间较短，地下水渗流仍处于非稳定状态。佐藤邦明法适用于非稳定流情况下隧洞开挖时的涌水量预测。该法预测隧洞涌水量分为隧洞单位长度最大涌水量 q_0［m^3/（d · m）］，单位长度正常涌水量 q_s［m^3/（d · m）］，自最大涌水量开始衰减至某时刻 t_i（d）的单位长度涌水量 q_t［m^3/（d · m）］。

$$q_0=\frac{1.72\pi K(h-r_0)}{\ln\left\{\tan\left[(2h-3r_0)(\pi/4H)\right]\cot(\pi r_0/4H)\right\}} \tag{8-1}$$

$$q_s=q_0-7.475Kr_0 \tag{8-2}$$

$$q_t=q_0-\frac{12.8K^3r_0^2t_i}{SBq_0} \tag{8-3}$$

式中：H——含水层厚度，m；

K——围岩渗透系数，m/d；

h——静止水位至洞底的高度，m；

r_0——隧洞横截面等价圆半径，m；

B——洞体宽度，m。

2）疏干漏斗计算

在大量涉及非稳定渗流涌水量计算公式中，泰斯公式应用最广，蒋忠信提出，当 u 值较大时（$u=0.001$ ～ 1），最贴合泰斯曲线的近似式为：

$$W(u)=10.9504u^{-0.06575}-10.85 \tag{8-4}$$

由此可导出水位降深 s 的公式，并令 $s=0$ 可得地面影响半径 R' 的公式：

$$s=\left[\frac{q}{4\pi T}\right](10.9504u^{-0.06575}-10.85) \tag{8-5}$$

$$R'=2.145\left(\frac{HKt_1}{S}\right)^{1/2} \tag{8-6}$$

其中，井函数 $W(u)=\int^{\infty}_{0} e^{-u}\mathrm{d}u$，$u=\frac{r^2S}{4Tt}$。

井点降水其疏干漏斗范围为一倒圆锥体，由于隧道长度远大于宽度，故其疏干范围近似于一倒椭圆锥体，其地面范围近似于椭圆形。

大口径抽水井抽水时，在其洞顶含水层中形成疏干漏斗，其引用半径 $R_0=R+B/2$ 对于隧道排水而言，R 相当于降落漏斗的地面影响半径 R'。

则地面的椭圆形疏干范围为：

椭圆长轴（沿隧洞走向）：　　$R_1=2R'+L$

椭圆短轴（垂直隧洞走向）：　　$R_2=2R'+B$

标准的倒圆锥体疏干漏斗体积为：

$$V_1=3.2099\left(\frac{q_1}{T}\right)\left(\frac{Tt}{S}\right)^{0.06575}R^{1.8685}-\frac{2.7125q_1R}{T} \tag{8-7}$$

以上式中：t_1——开始衬砌的时刻；

R——洞顶地面疏干半径，m；

r——距隧洞壁的平均距离，m；

H——含水层厚度，m；

K——含水层渗透系数；

S——储水系数。

而隧洞含水层疏干漏斗体积可表示为倒圆锥疏干漏斗体积 V_1 与“V”形槽体积 V_2 之和，即 $V=V_1+V_2$。其中：$V_2=AL$，$A=A_1+A_2$。

$$A_1=2.1993\left(\frac{q_1}{T}\right)\left(\frac{Tt}{S}\right)^{0.06575}R^{0.8685}-1.7277\frac{q_1R^2}{T}$$

$$A_2=B's_0$$

则

$$A=2.1993\left(\frac{q_1}{T}\right)\left(\frac{Tt}{S}\right)^{0.06575}R^{0.8685}-\frac{1.7277q_1R^2}{T}+B's_0 \tag{8-8}$$

以上式中：A_1——倒圆锥体疏干漏斗的截面积，m^2；

t——自开始渗漏到计算的时间，d；

q_1——t_1 时刻隧洞单位长度的涌水量，$m^3/(d\cdot m)$；

T——含水层导水系数，m^2/d；

L——含水层长度，m；

s_0——洞壁水位降深，m。

椭圆形疏干漏斗体积为：

$$V=3.2099\left(\frac{q_1}{T}\right)\left(\frac{Tt}{S}\right)^{0.06575}R^{1.8685}-\frac{2.7125q_1R^2}{T}+\left[2.1993\left(\frac{q_1}{T}\right)\left(\frac{Tt}{S}\right)^{0.06575}R^{0.8685}-\frac{1.7277q_1R^2}{T}+B's_0\right]L \tag{8-9}$$

因此，隧道地下水排放量为：

$$Q=VS \tag{8-10}$$

3）地下水补给量计算

山区隧道的水源补给主要来源于降雨，雨水降落到地面后一部分被蒸发，一部分形成径流，而另一部分渗入地下补给地下水。则一年内地下水补给量计算公式为：

$$W_1=\alpha WA \tag{8-11}$$

式中：α——降雨入渗补给系数；

W——年平均降雨量；

A——降雨补给区面积，且 $A=\pi R_1R_2/4$。

4）地下水允许排放量计算

假设隧址区要求 N 年内恢复到原始地下水为埋深，则地下水允许排放量：

$$P_N=\frac{W_N-\dfrac{Q}{N}}{365L} \tag{8-12}$$

式中：W_N——N 年内降雨总补给量；

Q——总排放量。

8.1.6 八达岭隧道涌水量控制标准

本案例主要目的是计算出随道最大所允许排放的水量，为隧道在开挖前或者是在施工过程中对隧道中水的处理方式提供依据。

选取八达岭长城站隧道的 10 个典型断面，各断面参数如表 8-5 所示。隧址区平均年降雨量为 W=438.1mm，围岩降雨入渗补给系数为 α=0.25。含水层各参数为：含水层厚度 H=600m；储水系数 S=0.0085；含水层导水系数 T=18.6m^2/d。

各个断面相关参数 表 8-5

分段里程（起始里程～结束里程）	长度（m）	平均水头高度（m）	渗透系数 K（m/d）	等效半径（m）	备注
DK67+652 ～ DK67+760	108	107.84	0.031	10.31	
DK67+760 ～ DK67+815	55	96.76	0.031	12.38	
DK67+815 ～ DK67+900	85	72.43	0.031	12.34	
DK67+900 ～ DK68+000	100	70.69	0.15	11.19	
DK68+000 ～ DK68+200	200	77.23	0.031	11.19	
DK68+200 ～ DK68+260	60	66.68	0.09	11.19	
DK68+260 ～ DK68+285	25	48.38	0.15	11.57	
DK68+285 ～ DK68+300	15	35.29	0.15	12.60	
DK68+300 ～ DK68+360	60	21.06	0.09	12.01	
DK68+360 ～ DK68+448	88	−1.13	0.031	9.74	

八达岭长城站设计要求地下水位降深在 1 年后能恢复到原始地下水位埋深。通过计算求得各个断面在不同水位降深下的允许排放量，计算结果如表 8-6 所示。

不同水位降深下各个断面的允许排放量 表 8-6

分段里程（起始里程～结束里程）	长度（m）	不同水位降深下的允许排放量（要求 1 年内恢复地下水位埋深）[m^3/（m·d）]							
		5	10	15	20	25	30	35	40
DK67+652 ～ DK67+760	108	0.831	0.826	0.821	0.816	0.811	0.806	0.801	0.796
DK67+760 ～ DK67+815	55	1.516	1.510	1.505	1.499	1.493	1.488	1.482	1.477
DK67+815 ～ DK67+900	85	1.028	1.022	1.016	1.011	1.005	1.000	0.994	0.989
DK67+900 ～ DK68+000	100	3.803	3.798	3.793	3.788	3.782	3.777	3.772	3.766
DK68+000 ～ DK68+200	200	0.511	0.506	0.501	0.495	0.490	0.485	0.480	0.474
DK68+200 ～ DK68+260	60	3.773	3.768	3.762	3.757	3.752	3.747	3.741	3.736
DK68+260 ～ DK68+285	25	14.369	14.364	14.358	14.353	14.348	14.342	14.337	14.332
DK68+285 ～ DK68+300	15	23.802	23.796	23.790	23.785	23.779	23.774	23.768	23.762
DK68+300 ～ DK68+360	60	3.782	3.777	3.771	3.766	3.760	3.755	3.749	3.744
DK68+360 ～ DK68+448	88	0.990	0.985	0.980	0.975	0.970	0.965	0.960	0.955
合计	796								

8.2 隧道防排水系统与底部排水减压设计

根据八达岭长城站的工程特点和防排水要求，提出了车站主体结构复合衬砌的防排水技术措施，提出了针对隧道拱脚、施工缝和变形缝等特殊位置的防排水措施，系统总结了三连拱隧道的防排水措施，最后对采取防排水措施以后的八达岭长城站的涌水量进行了理论计算和数值模拟分析，计算结果表明：通过合理的防排水系统设计，可以将隧道涌水量控制在可以接受的范围内［青函隧道涌水量的控制标准为 0.2736m^3/（m · d）］。

1）防水措施

充分利用复合衬砌各个部分的防水能力及其协同作用能力。二次衬砌背后拱墙设 1.5mm 厚 EVA 防水板＋400g/m^2 无纺布，以此作为主要的防水措施。同时初期支护及背后注浆可以提供一定的防水效果。在地下水发育地段，根据围岩地下水出露情况，分别采取局部注浆、径向注浆、补注浆等形式，对出水点进行封堵，避免因施作困难或冻融循环对结构产生破坏。注浆材料采用普通水泥浆或水泥水玻璃浆液。断层及岩体接触带等富水地段可采用超前注浆堵水措施，降低衬砌水压，减少渗流水量；局部股流位置，采取局部注浆堵水措施。隧道衬砌均采用防水混凝土，涌水量较小的地段抗渗等级 P10，地下水发育地段抗渗等级 P12，充分发挥混凝土自身的防水能力。

2）排水措施

衬砌防水板背后环向设 ϕ50 软式透水盲管，纵向间距 10m。纵向在边墙进水孔处设 ϕ80 盲管，汇聚环向盲管水，再通过仰拱 ϕ100PVC 横向导水管（间距 30m）流入中心排水管排出洞外，中心排水管采用 ϕ700 钢筋混凝土管，每 30m 设置一处检查井。

为解决铁路隧道底部的防排水问题，提出一种降低隧道底部水压力的逆向排水系统（图 8-3），该系统包括横向集水系统、纵向导水系统、斜向反水系统；横向集水系统设置在仰拱施工缝的底部位置，纵向导水系统设置在仰拱底部沿纵向铺设，斜向反水系统设置在检查井的下方并与纵向集水管斜向连通。为验证防排水系统的工作能力，课题组开展了数值模拟，研制了两套样品，并设计开展了模型试验研究。通过数值模拟、理论解析及室内试验等手段分析了隧道设置该底部排水减压的使用效果，为进一步的工程应用可以提供一定的参考意义。

研究得出的主要结论如下：

（1）数值模拟和室内试验结果表明，该隧道底部排水减压系统利用自然水头压力差将隧道底部积水排出用来降低隧道底部水压力的思路可行，设置该隧道底部排水减压系统可以有效降低隧道底部水压力，并且增加的底部排水减压系统与上部已有的防排水系统可以有效形成一个整体，达到隧道全断面“堵水限排降压”的目的。

（2）隧道二次衬砌外侧水压力受围岩、初期支护、二次衬砌的渗透性以及拱顶水头高度的影响十分明显，并且初期支护渗透性的影响较为复杂，存在一个最不利的初期支护渗透系数能使二次衬砌外侧水压力达到最大。因此，在富水地区修建隧道时应该采取综合的措施，如超前注浆、增大隧道排水系统的排水能力、降低地下水位等，来控制隧道二次衬砌外侧水压力。

（3）通过室内试验对水压力的监测，发现隧道底部排水减压系统可以有效降低隧道底部二次衬砌外侧水压力，不存在某处发生压力积聚的现象。并且从水压力值、降压效果和排水流量三个方面综合分析发现，该系统采用竖直排水管比采用斜向排水管效率更高，用试验数据解答了排水管形式争论问题。

（4）在隧道底部排水量一定时，足够的过水面积可以有效降低隧道底部水压力。若排水管过水面积严重不足时，底部排水减压系统降压效果不明显，且该降压过程将持续很长。该系统在排水管设计选型时需要在隧道衬砌结构安全性要求的基础上，考虑雨季、旱季隧道修建地区涌水量的差异，按照旱季非满流、雨季满流设计。

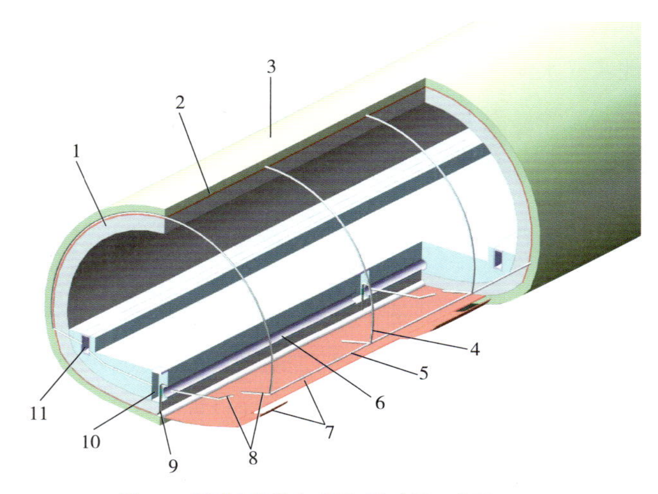

图 8-3　隧道底部排水减压系统应用示意图

1- 二次衬砌；2- 防水板；3- 初期支护；4- 环向盲管；5- 纵向盲管；6- 中央排水沟；7- 底部防排水板；8- 底部排水管；9- 底部排水系统；10- 检查井；11- 边沟

8.3 辅助坑道单层衬砌防排水技术

8.3.1 喷射混凝土防水可行性

目前，多数国家都采用在钢纤维喷混凝土中加入硅粉的措施来提高混凝土的耐水性，一方面可提高混凝土强度和黏聚性，另一方面可抑制碱集料反应，防止混凝土出现泌水、离析，实践证明，这种做法是可行的。瑞士期刊《瑞士工程和建筑》（1994 年第 4 期）详细介绍了费尔艾那隧道在施作单层衬砌时，掺入硅粉后，黏着力强，密实度大，渗水最大深度仅为 13mm 这一事实，并根据这一特点生产出适合隧道防水的“隧道水泥”，其本身就含有硅粉。在国内，赖真宝为了研究在混凝土加入硅粉后的耐水性能，在试验室专门进行了抗渗试验，结果表明，微硅粉混凝土的渗透性非常低，最大渗水深度为2mm，具有较高的抗腐蚀能力；在钢纤维硅粉喷混凝土抗渗试验中，按设计配合比配制的钢纤维硅粉喷混凝土其室内抗渗标号大于S11，平均渗水深度仅为39.4mm，具有较高抗渗性。由此可见，在钢纤维喷混凝土中加入微硅粉，对单层衬砌结构的防水起到了很乐观的效果，目前基本得到了隧道工程界学者的认可。但是为了确保隧道的安全，防止运营期间突发水流的渗入，应在结合工程实际做好隧道单层衬砌防排水工作。

由达西定律可知，衬砌混凝土的渗水深度与水压力的大小、混凝土的渗透系数以及结构的使用年限相关。因此，隧道支护采用单层永久衬砌时，防排水设计应从以下三方面考虑：

（1）隧道防排水设计中，首先要确定隧道防排水的类型，目前比较一致的看法是把隧道分为防水型隧道和排水型隧道两大类，一般来说，隧道单层衬砌是按控制排水型隧道进行设计的。

（2）应根据单层衬砌的受力特征来确定喷射混凝土的基本厚度。

（3）在实际应用中，水压力的大小以及结构的使用年限是预先知道的，所以在防水设计时只有从混凝土的渗透系数和衬砌厚度两方面着手，考虑经济性及施工等因素，在满足结构受力的前提下，衬砌的厚度不宜大幅度的增加，应该从提高混凝土的密实度，降低其渗透系数方面下功夫。

8.3.2 单层衬砌防排水设计原则

对于隧道主体结构而言，采用何种防排水设计原则直接影响到隧道结构的设计和以后运营维修的成本。对于辅助坑道而言，完全避免渗漏水是不现实也是不必要的，设计的主要目的是最大限度降低渗漏水，达到可以接受的水平。结合地下车站辅助坑道单层衬砌的结构形式、气候条件、水文地质情况以及地下水补给等多方面综合考虑，提出隧道单层衬砌防排水设计原则为：

（1）喷射混凝土衬砌结构是集合了承载和防水功能的一个综合体系，防排水设计应与结构设计统一考虑。

（2）遵循“防、排、堵、引结合，因地制宜，综合治理”的防排水原则，保证防排水效果。

（3）按隧道渗（涌）水类型划分防排水结构形式，各种结构形式易相互转变，以适应施工期间地下水水情与设计不符时进行变更。

（4）单层衬砌结构是由多层喷射混凝土构成的支护体系，应赋予各支护层不同的属性，可建立一个渗水预测模型（图8-4），该模型中可规定单层衬砌结构体系中各支护层的功能、强度等属性。

（5）为了防止排水沟管的淤塞以及对环境的保护，使清洁的地下渗水与路面的污水分开排放。

（6）排地下水系统应能排出路面、墙底的水，以防止软化隧道底部，并考虑防冻要求。

（7）地下水排出应有限度，防止造成生态环境失衡，结合隧道结构稳定、施工安全，选择性地进行洞内超前注浆堵水。

（8）尽量采用合格的新型防排水材料及操作方便施工的设备，建议采用渗水深度作为钢纤维喷混凝土的抗渗指标，这样更为直观、易测，更好控制。

（9）衬砌防排水构造应考虑维修养护的需要。

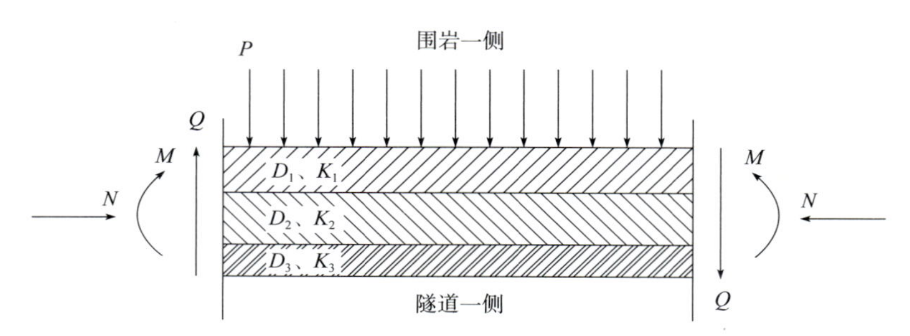

图 8-4　由三层喷射混凝土构成的单层衬砌结构抗渗模型

D- 支护层厚度；*K*- 渗透系数

8.3.3　单层衬砌防排水系统

针对隧道复合衬砌防排水技术中存在的主要问题，发展隧道单层衬砌具有必要性和重要意义，通过调研隧道单层衬砌的国内外研究与发展现状，提出了八达岭长城站辅助坑道单层衬砌防排水系统，并提出设计原则和四个层次的防排水对策。

针对八达岭长城站生态环保要求高的特点，考虑辅助坑道内涌水量预测、水压力和控制标准等因素，构建单层衬砌的防排水技术体系，该体系包括四个层次的防排水对策，具体如表 8-7 所示。

辅助坑道单层衬砌的防排水技术体系　　表 8-7

防排水层次	水量描述	无支护涌水量	最大静水压力	控 制 标 准	防排水对策
L1	几乎无水	$Q< Q_1$	$P < P_1$	$Q < Q_0$，$P < P_0$	喷混凝土 + 渗透结晶材料
L2	少量渗水	$Q < Q_2$	$P < P_2$	$Q < Q_0$，$P < P_0$	喷纤维混凝土 + 渗透结晶材料
L3	渗水量大	$Q < Q_3$	$P < P_3$	$Q < Q_0$，$P < P_0$	喷纤维混凝土 + 渗透结晶材料 + 排水系统
L4	水量丰富	$Q > Q_1$	$P > P_3$	$Q < Q_0$，$P < P_0$	喷纤维混凝土 + 渗透结晶材料 + 排水系统 + 注浆堵水

对于预测渗水量小的区域，建议在充分发挥喷混凝土的自防水功能的基础上，并辅以在喷混凝土表面施作水泥基渗透结晶型防水涂料（CCCW）。以水为载体，通过水的引导，借助强有力的渗透性，在混凝土微孔及毛细管中进行传输、充盈，发生物化反应，形成不溶于水的

枝蔓状结晶体。结晶体与混凝土结构结合成封闭的防水层整体，堵截来自任何方向的水流及其他液体侵蚀。达到永久性防水、耐化学腐蚀的目的，同时起到保护钢筋，增强混凝土结构强度的作用。

对于预测渗水量大的区域，建议在注浆封堵节理裂隙和充分发挥喷混凝土自防水功能的基础上，强调单层支护的防排水技术体系的协同作用（图 8-5）。

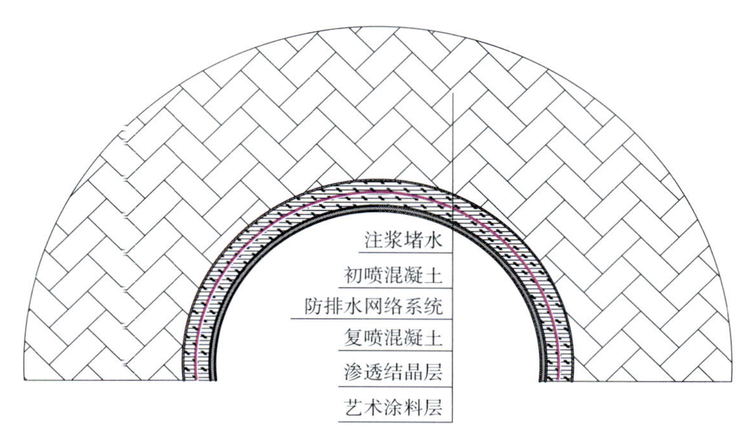

图 8-5　单层支护防排水体系

8.4 地下车站排水体系设计

地下工程的排水系统设计与优化一直是国内外隧道学术界研究的热点问题之一。张忠品、王欢针从地下结构工程排水设计角度提出优化设计的方法；周金忠在青岛胶州湾海底隧道中通过隧道结构渗漏水量确定废水的排水能力；祁帆依托上海地铁提出车站主体、附属及站外废水排水系统应根据其相应的特点进行废水排水设计；李曦淳以滨海新区海河隧道为依托，对隧道进行水流特性数值模拟、理论分析、水力试验，确定了横截沟设置方式、排水泵站设备及自控附属系统。曾保国认为地铁内排水泵站的设置应考虑施工方法、正常运营和事故情况下可能产生的废水量、泵站在失去工作能力时对地铁影响等因素。亢超刚提出防排水设计要进行全生命周期的系统设计和规划的观点。

目前，常规地下车站采用全包防水系统，少量结构渗漏水排入废水系统，污水及废水汇入污水泵房及排水泵房内，再通过排水泵提升排入城市排水系统。本章针对八达岭长城站的特殊性对清污排水系统进行定义，清水系统为车站结构外围岩裂隙水，由于深埋隧道水压大，为减小围岩水压力对结构的影响，将围岩裂隙水部分引入车站内；污水系统指车站站内污水及废水，污水主要为卫生间生活污水，废水包括车站冲洗水、消防废水等。该站地下水丰富，为满足结构安全及保护原有生态环境，对清污水的排水设计方案进行深入研究，探索一种站内清水排水系统与污水排水系统完全分离的系统模式。

8.4.1 清水系统设计方案

八达岭长城站设计为排水型车站，清水系统排水设计的主要目的是使地下水经过防排水措施的有效疏导，再经过排水管路、管沟自行排出车站。本章主要讲述进出站通道层、站台层及主要设备用房部分清水系统排放方案。

1）清水系统排水管径设计

隧道断面排水设计根据隧道运营阶段可能存在的涌水量进行计算，隧道涌水量的解析公式有很多，多是以地下水动力学理论为基础，对地质模型进行了较大程度的简化，计算模型如图 8-6 所示。图中 h 表示隧道中心点距地下水位线的距离；d 和 r 分别表示隧道的直径和半径；h_c 表示隧道所处的含水层厚度。

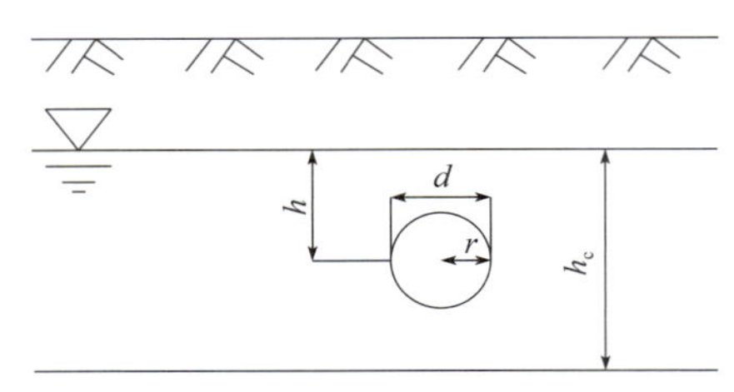

图 8-6　隧道涌水量计算模型

目前，常用的隧道涌水量计算公式有 M.EI.Tani 公式、Goodman 公式、Karlsrud 公式、Schleiss 和 Lei 公式、Lombardi 公式、大岛洋志公式、王建宇公式及规范经验公式等。

结合水文地质测绘、物探资料和区域资料综合分析，在此基础上涌水量计算采用理论解析法、经验公式法等进行预测，最后综合汇总分析预测隧道整体涌水量。由于隧道截面形状并非规则的圆形，与公式条件并不完全相同，故采用等面积法将其近似成圆形洞室进行计算。计算参数见表 8-8，各公式的计算结果见表 8-9。

涌水量计算参数　　表 8-8

项　目	设备用房	进出站通道	站台层
渗透系数 K（m/d）	0.15	0.15	0.15
水头高度 h（m）	57	75	75
等效半径 r（m）	6.13	6.21	3.78

各公式情况下的涌水量计算　　表 8-9

计算公式		Q 预测通道涌水量 [m^3/(d · m)]		
名称	表达式	进出站通道	站台层	设备用房
Goodman 公式	$Q=\frac{2\pi kh}{\ln(2h/r)}$	22.21	19.21	18.38
M.EI.Tani 公式	$Q=2\pi k\frac{\lambda^2-1}{\lambda^2+1}\frac{h}{\ln\lambda}$，$\lambda=\frac{h}{r}-\sqrt{\frac{h^2}{r^2}-1}$	22.14	19.19	18.29
Karlsrud 公式	$Q=\frac{2\pi kh}{\ln\left(\frac{2h}{r}-1\right)}$	22.50	19.34	18.74
Schleiss 和 Lei 公式	$Q=\frac{2\pi kh}{\ln\left(\frac{h}{r}+\sqrt{\frac{h^2}{r^2}-1}\right)}$	22.22	19.21	18.40
Lombardi 公式	$Q=\frac{2\pi kh}{\ln\left(\frac{2h}{r}\right)\left[1+0.4\left(\frac{r}{h}\right)^2\right]}$	22.14	19.19	18.30

续上表

计算公式		Q 预测通道涌水量 [m³/(d·m)]		
名称	表达式	进出站通道	站台层	设备用房
大岛洋志公式	$Q=\frac{2\pi khm}{\ln\left(\frac{2h}{r}\right)}$	19.10	16.52	15.81
王建宇公式	$Q=\frac{2\pi kh}{\ln\left(\frac{h}{r}\right)}$	28.39	23.66	24.10
规范公式	$Q=0.0255+1.9224k(h+r)$	23.45	22.74	18.23

其中通过王建宇公式计算所得涌水量最大，大岛洋志公式涌水量最小。管道设计采用王建宇公式进行设计，将表 8-9 中王建宇公式对应单延米通道涌水量乘以通道长度，得到各通道计算涌水量。根据车站位置关系可以看出，设备用房清水汇入进出站通道内，考虑排水流向得到各通道总涌水量。

因隧道排水管道沿程直径不变，流量也大致不变，可以认为其是一个简单管道，根据达西公式$h=\frac{\lambda l}{d}\cdot\frac{v^2}{2g}$及过水断面平均流速公式$v=\frac{Q}{A}$可以得到圆管水头损失计算公式：

$$h=\frac{8\lambda}{g\pi d^5}lQ^2 \tag{8-13}$$

为得到设计管径 d，利用曼宁经验公式$C=\frac{1}{n}R^{1/6}$与谢齐系数公式，得到 λ：

$$\lambda=\frac{12.693gn^2}{d^{1/3}} \tag{8-14}$$

式中：l——管段长度，m；

d——管道直径，m；

λ——沿程摩阻系数；

g—— 重力加速度，9.81m/s²；

n——管壁粗糙系数，取 0.01；

R——断面水力半径，$R=d/4$；

C—— 谢齐系数，$c=\sqrt{8g/\lambda}$。

将式（8-12）代入式（8-13），通过车站各位置长度、水头高度及总涌水量即可求得相应管径尺寸，结合计算管径尺寸并考虑管道后期检修、维护方便，确定排水管设计管径，如表 8-10 所示。

车站各通道排水管计算管径　　表 8-10

位置	长度（m）	水头高度（m）	计算涌水量（m³/s）	总涌水量（m³/s）	计算管道直径（m）	设计管径（m）	排水管形式
设备用房	56	57	0.0156	0.0156	0.06	0.4×0.3（宽×高）	方沟
进出站层	180	75	0.0591	0.0748	0.12	ϕ0.7	圆管
站台层	450	75	0.123	0.123	0.21	0.3×0.5（宽×高）	方沟

2）清水系统排水设计方案

为达到地下水引入站内并顺利排出车站的目的，结合各层结构位置及功能特点采取相应的排水管形式，车站整体排水思路为通过自上而下纵向找坡排水方式，将各通道层及设备用房水汇总至站台层，再利用线路纵坡将清水排出车站。车站排水路径示意及各通道断面排水布置图阐述如下：

（1）进出站通道排水

为保证通道排水顺畅，通道在二次衬砌结构拱墙外敷设环向 ϕ50mm 排水盲管及纵向 ϕ80mm 透水盲管，形成环、纵向流通管道，通过底板 ϕ100mm 横向透水盲管将水汇入至底板下中心排水管内，见图 8-7。

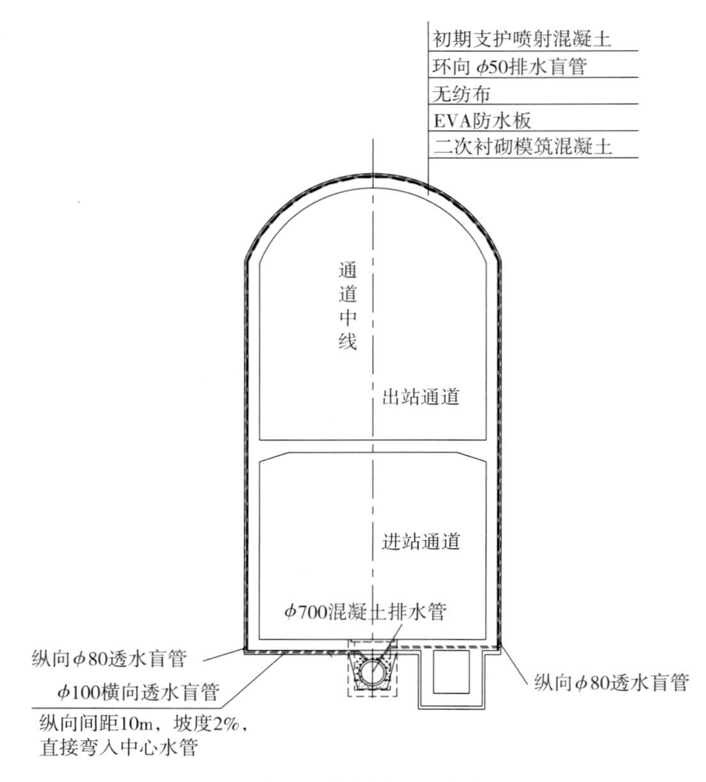

图 8-7　进出站通道排水断面（单位：mm）

进出站通道为叠层结构：进出站通道从坡度 30% 斜行电梯向下，通过缓坡通道找坡至楼扶梯通道接至 1、2、3、4 进出站口，直接排至站台层中心水沟内，结构断面变化处或 30m 一处设置检查井检修，排水路径见图 8-8、图 8-9，排水路径为图 8-8 中蓝色虚线。

（2）设备用房排水

设备用房通道在二次衬砌结构拱墙外设置环、纵向盲管，纵向盲管以一定间隔直接弯入侧沟内，见图 8-10。设备用房位于出站通道层，排水水利用侧沟 3‰纵向找坡，将水汇入出站通道中心排水管内，排水路径如图 8-11 所示，侧沟见蓝色虚线。

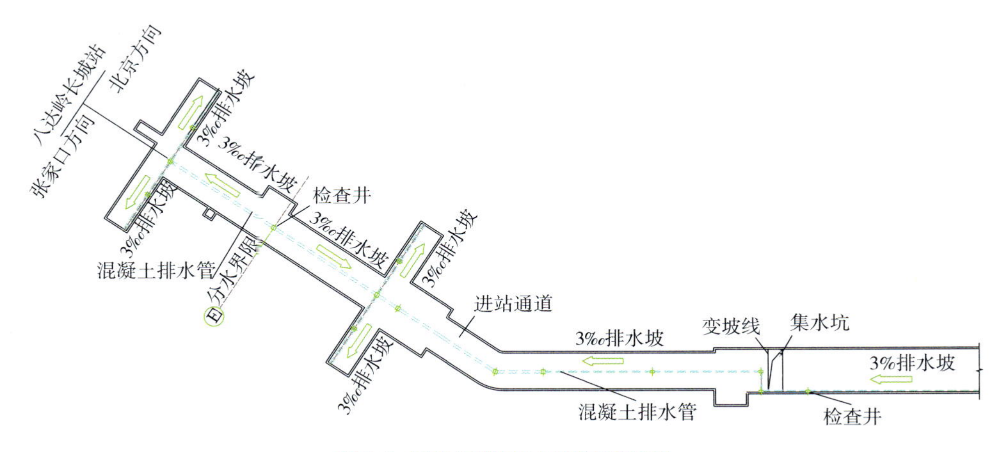

图 8-8 进出站通道排水路径平面示意

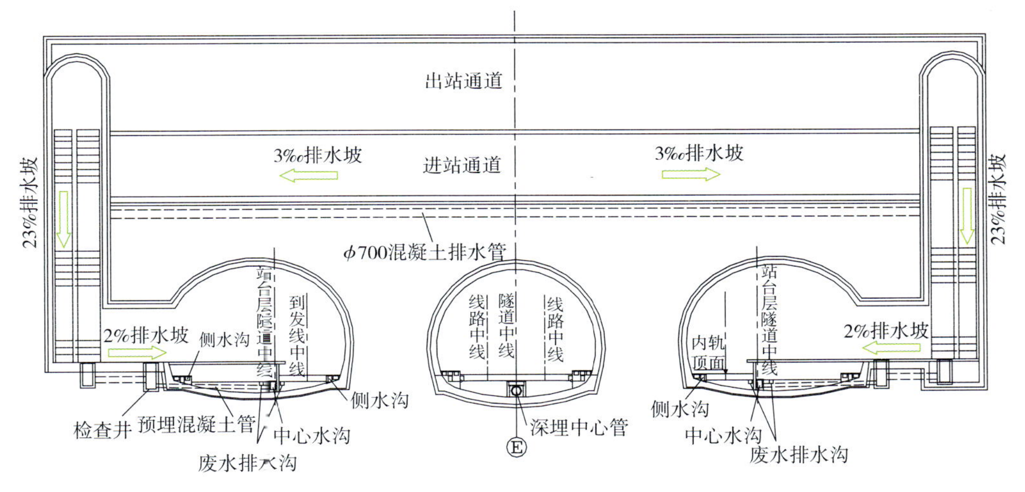

图 8-9 整体排水路径平面示意

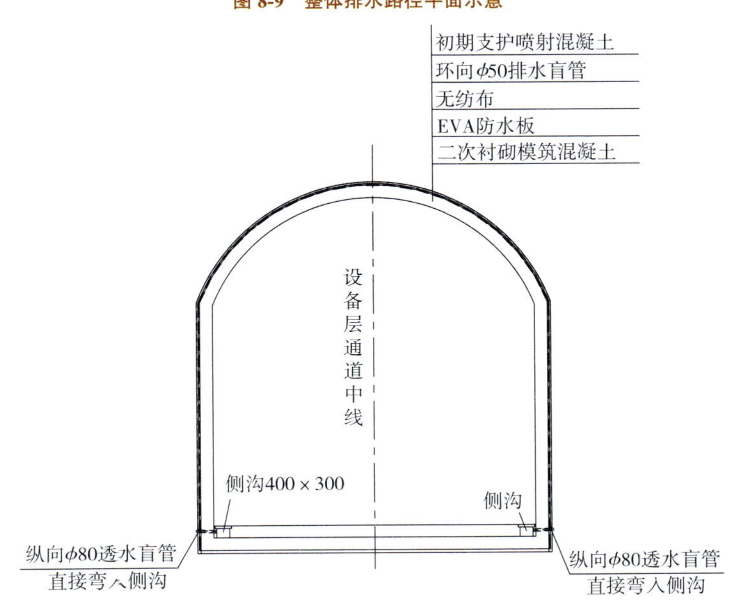

图 8-10 设备用房排水断面

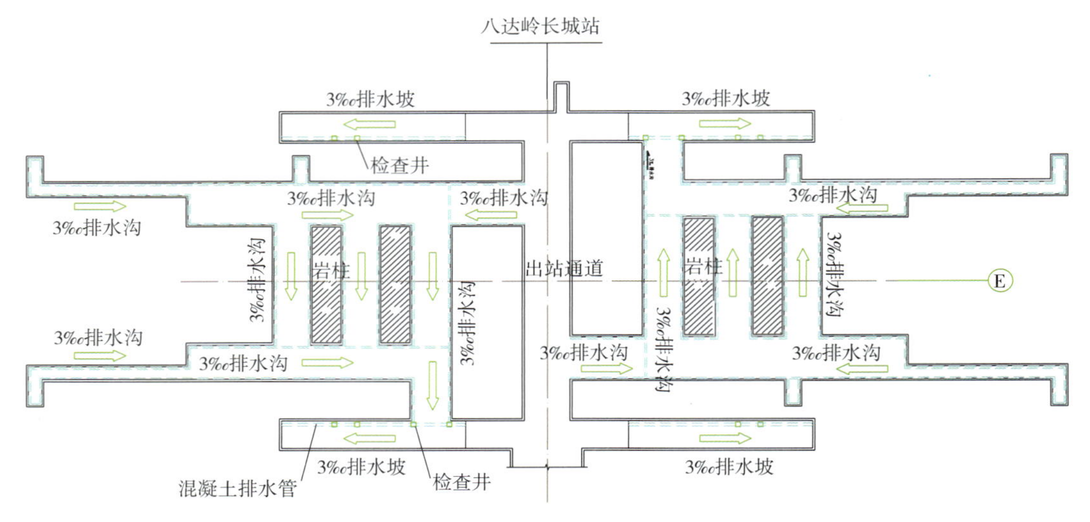

图 8-11　设备用房排水路径平面示意

（3）站台层排水

站台层结构排水方式与设备用房相似，环、纵向排水管将水汇入侧沟内，如图 8-12 所示。侧沟利用车站 1‰的纵坡将水排入车站以外区间隧道侧沟及深埋中心管内，进出站通道及设备用房清水直接排至隧道中心水沟，利用纵坡排出车站，见图 8-13 蓝色虚线。

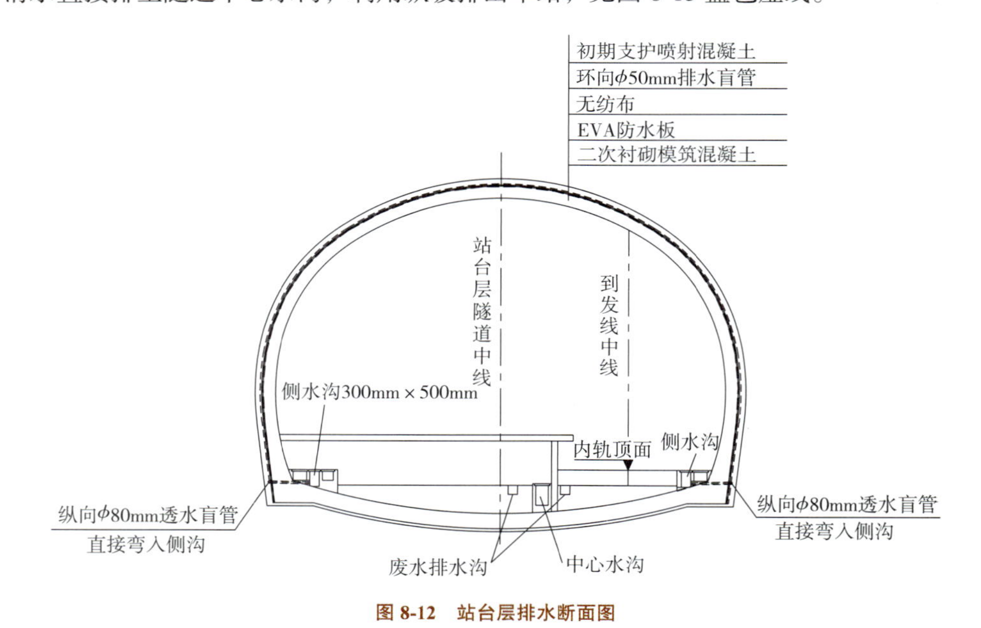

图 8-12　站台层排水断面图

8.4.2　污水系统设计方案

1）生活污水排水设计

八达岭车站的生活污水仅会在卫生间出现，而车站站台层不设置卫生间，在出站通道设备区设置了值班人员卫生间，在出站通道公共区设置了公共卫生间。

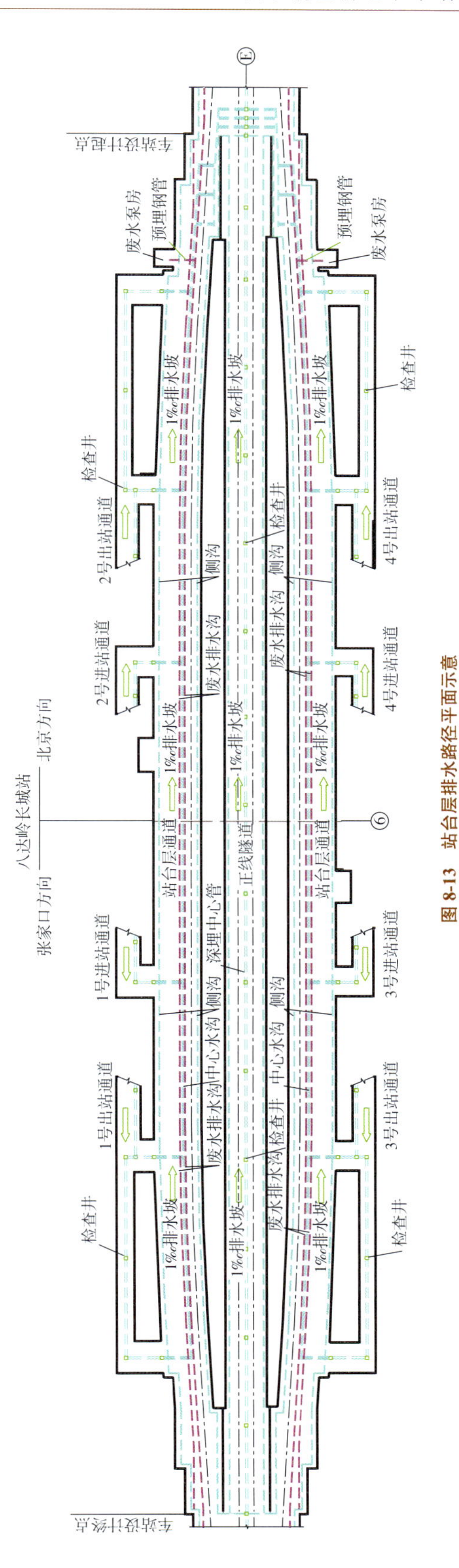

图 8-13 站台层排水路径平面示意

为解决车站污水排放问题，考虑污水提升系统和真空抽排系统两种方案，由于真空抽排系统在环保、节水和维保等方面优势更明显，决定采用该方案。针对卫生间设置情况，采用两套真空罐式泵站，在卫生间泵房内设置真空泵站一座，负责卫生间污水的收集与排放。真空卫生系统是由真空泵站、真空排污管路、中间收集装置、真空便器、电气控制系统等组成的一个完全密闭的建筑物内排水系统。其中真空泵站是整个系统的核心部分，内置真空泵、污水泵各两台（循环使用，一用一备），真空储污罐 2 个。由真空泵形成系统运行所需的真空，污水达到罐内设定液位后，污水泵自动启动，将污水排入污水泵房，通过污水提升装置将污水抽排至室外污水泄压井。整个真空卫生系统采用上排水方式，即真空便器及中间收集装置排水管路向上提升到吊顶层进入泵站。真空泵站平面图如图 8-14 所示。

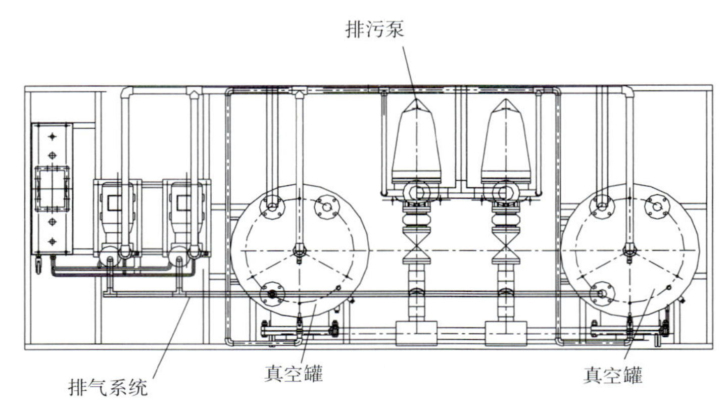

图 8-14　真空泵站平面布置

2）废水排水设计

八达岭车站废水一般包括消防废水、冲洗废水及结构渗漏水，分别对进出站通道和站台层的废水排放路径做了相适应的设计。

（1）进出站通道废水

进出站通道的废水的排放路径设计采用 3% 排水坡将水汇入至楼扶梯下站台板雨水篦处，排至楼扶梯下集水坑内，再通过水泵提升至地面，进出站通道扶梯下均设置有集水坑。

（2）站台层废水

站台层废水与清水排水沟分别单独设置，以达到完全分离的效果，如图 8-12 和图 8-13 所示。站台层废水通过站台板排至板下排水沟内，排水沟纵向以 1% 的坡度汇总于站台层废水泵房内，废水泵房设置在车站纵向高程最低的断面，站台层废水泵房如图 8-15 所示，通过废水提升管道将废水排至室外泄压井。站台层最大废水量出现在消防时，其中最大消防流量为 270m^3/h，同时考虑流入废水池的其他废水，主要为冲洗废水，冲洗面积为 13693m^2，最大冲洗流量取 30m^3/h，因此最大小时排水量取 300m^3/h，八达岭长城站地下站台层设置 2 处废水泵房，每处废水泵房设置 2 台废水泵，1 用 1 备，必要时可同时开启。考虑每台废水泵流量不小于最大时排水量的 1/2，故本站废水泵流量为 Q=150m^3/h。废水泵扬程计算见表 8-11。

废水泵扬程计算 表 8-11

沿程损失（m）	局部损失（m）	静扬程（m）	富余水头（m）	安 全 系 数	总扬程（m）
1.5	0.5	20.0	3.0	1.1	27.5

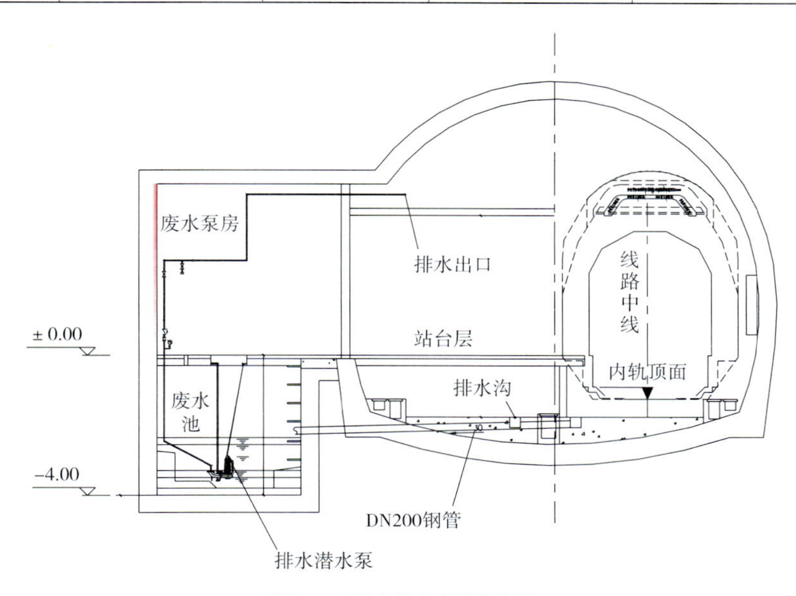

图 8-15　站台层废水排放路径

CHAPTER 9

第 9 章

下穿风景名胜区地下工程环保设计

ENVIRONMENTAL PROTECTION DESIGN OF UNDERGROUND ENGINEERING UNDER SCENIC SPOTS

京张高铁新八达岭隧道直接穿越八达岭名胜风景区，隧道施工不可避免会对景区环境造成影响。为了尽可能保护景区生态环境，减少污染，京张高铁新八达岭隧道基于与环境融合的设计理念，在满足功能的前提下，采用了绿色设计方案，并在建设过程中采用多项关键技术，对隧道施工产生的爆破振动、噪声、烟尘、污水、洞渣等污染源均做出了科学设计和妥善处理。京张高铁新八达岭隧道采用的环境保护技术及绿色设计方案取得了令人满意的效果，对类似工程具有参考和借鉴意义。

本章以京张高铁新八达岭隧道穿越风景名胜区为工程背景，分析并阐述了隧道穿越风景名胜区设计施工过程中面临的环保问题及其解决方案。实践结果表明，在做好各项环保措施后，铁路或者公路工程采用隧道方案下穿风景名胜区是可行的；地下水处理、爆破振动控制、粉尘治理和洞渣处理是风景名胜区施工的关键技术问题，新八达岭隧道通过采用高标准的污水处理技术、微震微损伤控制爆破技术、大功率隧道空气除尘技术和洞渣回收利用技术，极大减少了隧道施工爆破振动、粉尘、污水、洞渣等对景区的影响；另外通过采用出入口消隐设计、清污分流的排水系统、长耐久性结构等设计方案，减少了隧道运营对景区的影响。

9.1 京张高铁新八达岭隧道的周边环境

随着近年来高铁网络的逐渐扩展，高铁选线邻近风景名胜区的情况时有发生。修建隧道不可避免地会影响景区自然环境，与普通环境下修建隧道工程相比，景区周边修建隧道工程要求更为严格，在隧道施工过程中要采取针对性环境保护措施，以确保景区的声环境、水环境、大气环境不受到污染，动植物资源得到有效保护。

隧道施工会产生大量的噪声、烟尘、废水，影响景区环境，针对隧道靠近景区施工造成的影响和相应的控制措施，国内部分工程提供了相应的案例。冯文生对川黄公路雪山梁隧道紧邻黄龙景区施工对景区环境的影响进行了分析，并提出相应的保护措施。刘伟以天目山隧道进口段毗邻“富春江—新安江—千岛湖”国家级风景名胜区项目为背景，介绍“初沉＋混凝＋沉淀＋过滤”工艺对于隧道施工废水处理效果。蒋忙舟以新建大同至西安铁路邻近洽川国家级风景名胜区项目为背景，对工程景区景观与植被、鸟类、水体等生态环境方面的影响进行了分析，针对性地提出了减缓和防治措施。牛铜钢结合成兰铁路穿越黄龙风景名胜区的案例，介绍影响评价中的生态影响、景观影响和视觉影响的评价方法。党辉对新建京沈铁路客运专线工程穿越鸡冠山分景区的选线过程、工程建设对景区的影响以及采取的防治措施做出介绍。

《铁路工程环境保护设计规范》（TB 10501—2016）明确指出，在环境敏感区域建设工程，必须采取相应的环境保护和生态恢复措施，保护好周围景物、水体、林草植被、野生动物资源和地形地貌。京张高铁新八达岭隧道在建设过程中全面贯彻创新、协调、绿色、开放、共享发展理念和“绿色、共享、开放、廉洁”的办奥理念，广泛采取环保措施，保护了沿线周边景区的生态环境。

京张高铁新八达岭隧道（图 9-1）位于北京市昌平区南口镇至延庆区区段，全长 12.01km。隧道地处八达岭景区，直接穿越八达岭古长城，北侧为八达岭国家森林公园，南侧毗邻八达岭野生动物世界，除此之外隧道附近还有重要的北京市水源涵养区（八达岭山脉西北是官厅水库，东南是十三陵水库的分水岭，也是重要水资源补给区），地理位置十分敏感。

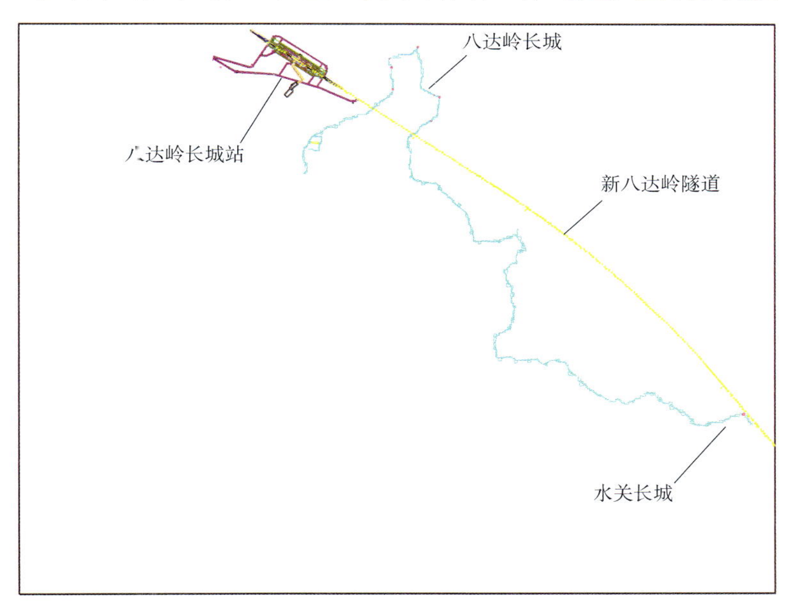

图 9-1　新八达岭隧道穿越古长城

目前，铁路线遇到风景名胜区时，大多数采用了绕避的选线方案，避免铁路施工和运营破坏风景名胜区的环境。如图 2-2 所示，京张高铁新八达岭隧道在选线过程中有两种方案：一是绕避八达岭景区方案；二是穿越八达岭景区方案。为了给八达岭景区的游客提供最便捷的交通服务，使车站尽可能地靠近八达岭景区入口，因此选择了穿越八达岭景区的选线方案。该方案隧道连续下穿居庸关、水关和八达岭古长城，以及老京张铁路的青龙桥车站，施工难度大，环保要求高。

9.1.1　工程地质特征

地下站址区属军都山中低山区，地形起伏较大，冲沟发育，整体地形东北侧高，西南侧低。地面高程一般在 600 ～ 1030m，相对高差一般在 200 ～ 400m 之间，该区植被发育，主要为自然生长灌木及人工林。

工程地处属暖温带大陆性半湿润～半干旱气候，受季风影响，其气候特点是：春季干旱多风、夏季炎热多雨、秋季秋高气爽、冬季寒冷干燥，四季分明；全年降水量小，且多集中在7—9月份，蒸发量大，霜冻期长。年平均气温9.5℃，极端最高温度38.8℃，极端最低温度–25.0℃，年平均降雨量431.8mm，年平均蒸发量1580.0mm，年平均风速2.1m/s，最大风速14.7m/s，最冷月平均气温–8.0℃。最大积雪厚度12cm，最大冻结深度0.82m。

站址区大地构造主要是燕山期构造，由于受太平洋板块的强烈挤压作用，使中国东部地区发生南北方向逆时针扭动，从而形成左旋为特征的燕山区北东和北北方向的构造体系，可分为三个褶皱幕和六个变形构造变形时代。站址区主要受燕山期第五世代（D_5）影响，表现为伸展裂陷构造作用形成岔道火山盆地。地壳伸展期，盆地断陷形成，发育有大量火山物质喷发和喷溢；而在收缩期则表现为岩浆侵入。

根据调绘资料及工程地质钻探揭露，站址区地层岩性主要为第四系松散层（Q_4）和燕山晚期（γ_5）侵入岩。如花岗岩、细粒花岗岩、伟晶花岗岩，斑状二长花岗岩以及流纹斑岩脉、花岗斑岩脉、闪长玢岩脉、辉绿岩脉、辉长岩脉以及霏细岩脉，以上侵入岩因其发育于八达岭地区，统称为八达岭花岗杂岩。八达岭花岗杂岩岩质一般较坚硬，岩石饱和抗压强度在39～60MPa之间，属于硬质岩类。

受到燕山期侵入岩的影响，区内断裂构造较为发育，综合物探资料、区域资料地质资料及调绘资料，站址区洞身穿越F_2实测断层，其主要特征如下：与隧道主洞身相交于DK68+260～DK68+300，与线路相交角度35°。断裂产状为236°∠80°，为一压扭性断裂，上盘为花岗岩，下盘为斑状二长花岗岩，断层带内为压碎岩。

岩体主要发育3～4组节理，间距一般为0.1～0.5m，部分段落间距大于0.5m，均为密闭节理，中间无充填物，岩体总体较完整～较破碎，节理发育密集带岩体破碎。同时各类花岗杂岩中存在差异风化带以及岩脉接触带岩体软弱带、节理发育密集带、蚀变带岩体较破碎。

地下水主要为基岩裂隙水，地下水稳定水位埋深6.5～28.6m，随地形起伏较大。由于基岩的完整性差异导致透水性的差异，造成局部部位地下水表现一定承压性，施工中如从完整基岩掘进至破碎基岩时，易发生涌水、突水。

根据区域地质资料、工程地质测绘、钻探、物探、水文测井、抽水试验及水文计算综合分析，地下车站位于中等富水区。地下水类型主要为基岩裂隙水，其补给来源主要是大气降水。受构造运动的影响，岩体中岩脉、断裂构造带发育，岩体较为破碎，均使得地表水较为容易下渗；由于岩石的风化差异及岩脉的作用，地下水的运动及赋存不具规律性。

站址区未发现不良地质。特殊岩土主要是停车场表层人工填土层，主要为碎石类土，因远离车站洞身，主要对电梯井、风井出口、地面站房等地面建筑有一定影响，对地下站无影响。

地下车站整体位于中低山区，穿越纵向河谷东侧崇山峻岭，从燕山期侵入岩（各类花岗杂岩，中间穿插岩脉）等地层通过。整体地形呈两侧高，中间低，地形起伏较大，横向V形冲沟发育，均汇入车站左侧低洼处的纵向河谷中。总体岩体较完整～较破碎，局部地段出现各类花岗岩中存在差异风化以及岩脉接触带岩体软弱带、节理发育密集带、蚀变带和断层破碎带等岩体较破碎～破碎。地下水较发育，位于中等～强富水区。地下水由东北、西南补给区向军都山中部河谷汇集。隧道洞底高程均低于左侧纵向河谷谷底高程，岩体中的各类接触带、断裂带、蚀变带或节理发育密集带均是地下水良好的通道，施工开挖一旦揭露，局部有涌水及围岩坍塌风险。地下车站出口及洞身浅埋段，围岩稳定性差，容易塌方冒顶。表 9-1 ～表 9-5 为车站各部位所处地层围岩分级。

站台层围岩分级表　　表 9-1

序　号	起点里程	终点里程	围岩级别	围岩长度（m）
1	DK67+815	DK67+900	Ⅲ	85
2	DK67+900	DK68+000	Ⅴ	100
3	DK68+000	DK68+200	Ⅲ	200
4	DK68+200	DK68+285	Ⅴ	85

站厅层围岩分级表　　表 9-2

序　号	起点里程	终点里程	围岩级别	围岩长度（m）
1	DK67+875	DK67+900	Ⅲ	25
2	DK67+900	DK68+000	Ⅴ	100
3	DK68+000	DK68+200	Ⅲ	200
4	DK68+200	DK68+225	Ⅴ	25

站厅至站台楼扶梯通道围岩分级表　　表 9-3

序　号	起点里程	终点里程	围岩级别	围岩长度（m）
1	DK67+860	DK67+900	Ⅲ	40
2	DK67+900	DK67+925	Ⅴ	25
3	DK67+936	DK68+000	Ⅴ	64
4	DK68+000	DK68+156	Ⅲ	156
5	DK68+176	DK68+200	Ⅲ	24
6	DK68+200	DK68+225	Ⅴ	25

出站主通道围岩分级表　　表 9-4

序　号	起点里程	终点里程	围岩级别	围岩长度（m）
1	TDDK0+000	TDDK0+070	Ⅲ	70
2	TDDK0+070	TDDK0+120	Ⅴ	50
3	TDDK0+120	TDDK0+150	Ⅳ	30
4	TDDK0+150	TDDK0+222	Ⅴ	72

电梯井、小里程风井、大里程风井围岩分级表　　表 9-5

序　　号	起点里程	终点里程	围岩级别	围岩长度（m）	备　　注
1	DTJ0+000	DTJ0+052	V	52	电梯井
2	XLFJ0+000	XLFJ0+20	V	20	小里程风井
3	XLFJ0+20	XLFJ0+61	Ⅲ	41	小里程风井
4	DLFJ0+0	DLFJ0+76	V	64	大里程风井

9.1.2　人文环境特征

新八达岭隧道位于北京市昌平南口镇至延庆县八达岭镇之间，如图 9-2 所示，隧道进口位于老京张线居庸关站东南侧 1.2km 九仙庙沟内，出口位于程家窑村。线位总体位于老京张线东侧，与之走向基本相同，沿线穿越石佛寺、青龙桥、八达岭、岔道烽等附近山体。石佛寺、青龙桥、八达岭、岔道烽等附近山体。隧道附近分布居庸关长城、水关长城、红叶岭和八达岭长城等旅游景点。

图 9-2　八达岭长城站平面示意图

1）八达岭古长城

八达岭古长城位于八达岭景区西南 5km，是八达岭长城的西大门。古长城旧称“残长城”，是八达岭长城的西南延伸段。由于没有经历过大规模的翻新修复，仍保持着古老的形态，伴有残缺的痕迹。

2）八达岭国家森林公园

北京八达岭国家森林公园位于万里长城八达岭和居庸关之间，总面积4.4万亩（1亩=666.66m^2），最高峰海拔1238m，分布植物539种、动物158种、林木绿化率达到96%，为中国首家通过FSC国际认证的生态公益林区。

公园主要景区有红叶岭风景区、青龙谷风景区、丁香谷风景区、石峡风景区。红叶辉映残长城和望龙系列景点是公园的最佳景观，其他还有马丁香、杏花、梨花等高价值独特景观资源。

3）八达岭野生动物世界

北京八达岭野生动物世界是中国最大的山地野生动物园。位于八达岭长城脚下，紧临八达岭高速公路，占地6000余亩，拥有百余种近万头（只）野生动物，是集动物观赏、救助繁育、休闲度假、科普教育、公益环保为一体的生态旅游公园。

北京八达岭野生动物世界公园，地貌交错盘延，地势南高北低。景色层次丰富，山势雄奇。地势平缓，山峦气势高远，两侧林木夹峙，曲径终于绝壁，为京郊所少见。登山眺望，平远群山尽收眼底。园区东部、南部山高而雅，古长城卧于其上，两侧峰脊上的长城深远延绵犹如一条巨龙蜿蜒起伏伸向远方，岭下果香弥漫，园艺芬芳，游人犹入画中仙境。

9.2 穿越风景区的环保设计技术

风景名胜区环保要求高，往往成为铁路、公路等交通工程选线的障碍。为了给八达岭长城的游客提供便捷的交通服务，京张高铁采用了直接穿线风景名胜区的选线方案并在景区内设置地下车站。针对隧道施工和运营对风景名胜区的环境影响问题，八达岭长城站采用了出入口消隐设计、清污分流的排水系统、长耐久性结构设计。结果表明，采用出入口消隐设计、清污分流的排水系统、长耐久性结构等设计方案可减少隧道运营对景区的影响。

9.2.1 地下车站出入口的消隐设计

为了减少对八达岭景区的影响，地面站房的设计充分利用周边自然地形，依山而建，候车室设置在地下一层，地面层高控制在6m。站房立面材料以石材为主，石材颜色与周边山体裸露岩石的颜色一致，墙面肌理由山体向外逐渐过渡。站房屋顶设置草皮绿化，使车站隐于周边环境内，图9-3为车站出入口消隐设计效果图。

为了融入周边环境，在满足站房功能前提下，尽量减少地上建筑规模，站房功能主要布置在地下，通过斜向隧道与地下站台相连。地面部分建筑体量控制在9m×30m×80m范围内，地面站房规模缩减到1998m^2，远小于同等规格铁路站房建筑规模。另外，建筑主体高度6m，局部高度 9m，地面部分拆解为三个体块，以消减体量。

图 9-3　车站出入口消隐设计效果图

地面站房依山就势，并与长城相协调，通过屋顶绿化与山体之间自然过渡，形体错落有致，互为照应。站房广场位于地上三个体块的合围之中构成一个半围合的过渡空间，增加空间层次。依山一侧，利用已开挖基坑营造下沉广场，将阳光和绿化庭院引入地下空间，提升地下一层候车大厅的空间质量。

9.2.2　隧道及地下车站的排水设计

在风景名胜区修建隧道及地下车站，对地下水的处理有更高的要求，包括：①地下水水量的保护，包括采取工程措施减少隧道排水，把渗入隧道的地下水返回景区；②地下水水质的保护，包括施工期和运营期污水的处理。

根据该区域工程地质特征及防排水原则，八达岭长城站施工期采用清污分流的排水方式，将二次衬砌背后渗入的清水和掌子面的污水分开排放；设置了高标准的污水处理厂处理隧道排出的施工污水；在隧道富水段设计了径向帷幕注浆堵水，减少地下水渗入隧道的水量。在车站运营期，设计了清污分离的排水系统，如图 9-4 所示。其中清水是周边围岩渗入车站的地下水，该地下水是清洁宝贵的地下水资源。清水排水系统包括隧道环向和纵向透水盲管、两侧的边沟和中心排水沟等。清水通过清水排水系统排放到隧道进口和出口的自然环境中，回馈给大自然。污水包括车站内部的消防废水、冲洗废水、生活污水等，污水排水系统包括站台下方的废水排水沟、车站两端的污水泵房等。污水通过污水排水系统排到市政的污水管网，送入市政的污水厂进行处理，如图 9-5 所示。地下车站的清水排水系统和污水排水系统相互完全分离。

清污分离的排水体系将地下车站的每一滴清水都还给自然，使每一滴污水都得到妥善处理，减少了地下车站泵站的抽排水量，实现了景区的水环境清洁，满足了环保要求。

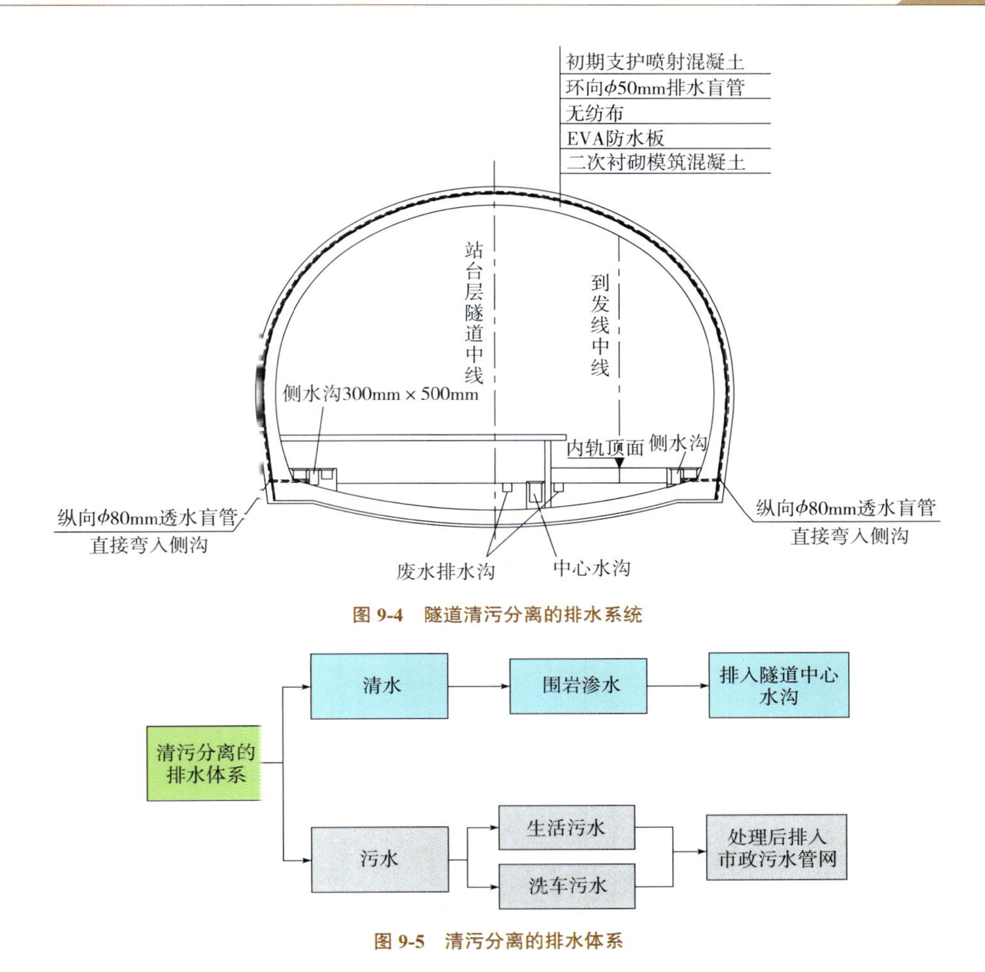

图 9-4 隧道清污分离的排水系统

图 9-5 清污分离的排水体系

9.3 穿越风景区的环保施工技术

针对京张高铁新八达岭隧道施工和运营对风景名胜区的环境影响问题，隧道及地下车站施工采用了微震微损伤控制爆破技术、大功率隧道空气除尘技术、高标准的污水处理技术和洞渣回收利用技术，对隧道施工产生的振动、粉尘、污水、洞渣等污染因素进行合理处理。结果表明，在做好各项环保措施后，铁路工程完全可以采用隧道下穿风景名胜区方案；地下水处理、爆破振动控制、粉尘治理和洞渣处理是风景名胜区施工的关键技术问题。

9.3.1 微震微损伤控制爆破技术

新八达岭隧道三次穿越古长城，八达岭长城站三洞分离部分最小间距 2m，最宽 6m，远小于规范给出的规定值，后开挖隧道的爆破振动对中间岩墙产生较大影响：近区岩体损伤、中远区岩体振动等危害，从而对岩体及临近既有隧道的安全稳定造成威胁。因此，降低隧道爆破振动，隧道微震爆破施工技术对保护地下洞室安全具有重要意义。

八达岭长城站位于八达岭景区地下，且附近还有八达岭野生动物园，为了确保八达岭长城文物的安全，并且减少震动对野生动物的影响，根据《爆破安全规程》（GB 6722—2014）的要求，车站开挖爆破引起的振动速度控制标准为 0.2cm/s。此外，八达岭长城站是一个多洞室组织的密集群洞结构，最小岩墙厚度仅 1.2m，为了减少开挖爆破对周边洞室围岩和支护结构的不利影响，减少围岩损伤，提高围岩自稳定能力，也要求对爆破的振动速度进行控制。

为了制定合理的爆破振动速度的控制标准，本书提出了混凝土建筑物爆破振速控制标准的制定方法，根据混凝土材料抗拉和抗压强度确定其极限振动速度，根据建筑物的重要性和服役状态选取安全系数和折减系数，以及建筑物运营对裂缝宽度的要求确定裂缝宽度修正系数，从而得到建筑物振动速度控制标准。八达岭长城站隧道喷射混凝土和模筑混凝土爆破振动控制标准如表 9-6 所示。

八达岭长城站隧道喷射混凝土和模筑混凝土爆破振动控制标准　　表 9-6

混凝土强度等级	喷射混凝土		模筑混凝土	
	振动速度极限值（cm/s）	振动速度控制标准（cm/s）	振动速度极限值（cm/s）	振动速度控制标准（cm/s）
C15	27 ～ 35	14 ～ 18	11 ～ 19	6 ～ 10
C20	32 ～ 42	16 ～ 21	13 ～ 23	7 ～ 12
C25	37 ～ 49	19 ～ 25	14 ～ 26	7 ～ 13
C30	43 ～ 56	22 ～ 28	15 ～ 29	8 ～ 15
C35	48 ～ 63	24 ～ 32	16 ～ 32	8 ～ 16
C40	53 ～ 71	27 ～ 36	18 ～ 35	9 ～ 18

为了上述控制标准，陈学峰提出微震微损伤精准爆破技术，利用电子雷管的起爆时差，使爆破药量分散逐个起爆，减小单次爆破的炸药量，从而降低爆破振动，减小围岩和支护结构损伤，实现了精准控制爆破。

八达岭长城站开挖过程中采用了精准爆破技术，由电子雷管和高段位非电雷管组成联合起爆网路，利用电子雷管的精确延时，及高段位非电雷管延时具有误差大的特点进行炮孔单个逐次起爆，控制单次爆破的药量，优化洞群各洞室的开挖步序和炮孔布置，从而降低爆破振动，实现微震的爆破控制标准。实测结果表明，八达岭长城的振动速度小于 0.15cm/s，满足文物保护和动物保护的要求。图 9-6 为微震微损伤爆破的开挖效果图。

9.3.2　复杂洞群噪声控制技术

八达岭长城站位于较为封闭的地下空间，在运营过程中，车辆运行及旅客活动会产生大量噪声，噪声在密闭的环境中不断反射传播，严重影响了旅客乘车的舒适性。

《城市轨道交通车站站台声学要求和测量方法》（GB 14227—2006）规定列车通过时，站台上的声压级不超过 80dB。以此作为八达岭站台的声压级设计参考依据。

图 9-6　微震微损伤爆破的开挖效果图

为了应对八达岭长城站复杂洞群的噪声问题，在设计过程中采用了砂岩吸声板等先进材料，并结合地下空间声环境仿真模拟技术、隧道洞壁吸声降噪技术、地下空间有源降噪技术、群洞布局隔噪技术实现了车站的噪声控制，如图 9-7 和图 9-8 所示。

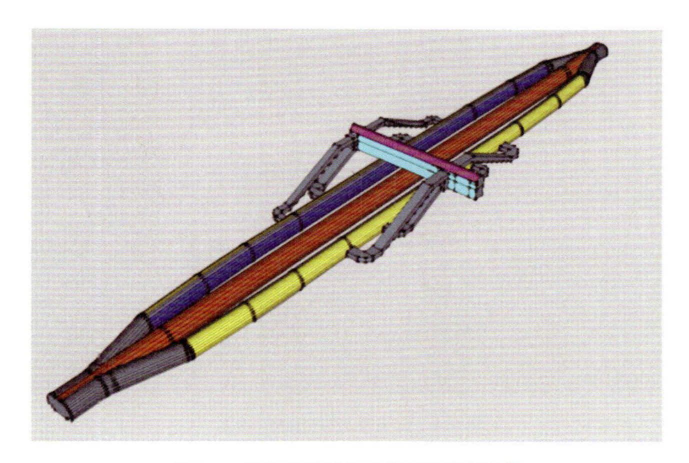

图 9-7　八达岭长城站声学环境仿真模拟

图 9-8　砂岩吸声板降噪技术

9.3.3 大功率隧道空气除尘技术

隧道粉尘是困扰隧道绿色施工的一大难题，长期暴露在粉尘环境施工会严重危害工人健康。在八达岭长城站的施工高峰期，同时有多达 14 个掌子面开挖爆破施工，导致地下车站施工期的粉尘浓度高，施工作业环境差。普通隧道一般采用通风方式将隧道内的粉尘排出洞外，从而降低洞内粉尘含量，但在风景名胜区，排出洞外的粉尘将对景区空气造成污染，尤其是雾霾严重的地区，经常因为空气污染而停止施工，严重影响工期。为了降低隧道内部的粉尘，同时减少粉尘的排放，新八达岭隧道采用了大功率的除尘净化设备 XA3000，如图 9-9 所示。该设备 PM0.5 以上粉尘的去除率可达 90%，处理后的空气清洁度可达 0.1mg/m^3，不但保护了掌子面施工人员的作业环境，还减少了隧道施工排放到景区的粉尘量，解决了施工扬尘对环境的污染问题，实现了绿色环保设计理念。

图 9-9　隧道高效除尘净化设备

9.3.4 高标准污水处理技术

隧道施工过程中产生的污水对景区污染较大，因此隧道施工污水的排放和处理是景区施工的重点和难点。常规污水处理方法是在隧道洞口建设沉淀池，去除污水中的沉淀物，该方法操作简单成本低，但无法消除溶解在水中的氨、氮等污染成分，不能满足景区施工的环保要求。

八达岭长城站施工期采用清污分流的排水方式，将二次衬砌背后渗入的清水和掌子面的污水分开排放，同时建设了高标准的污水处理系统，采用曝气生物滤池技术去除污水中的有机物，悬浮物，氨、氮、磷等污染元素，使处理后的污水达到 I 类水质标准。

同时创新性地提出了地下车站清污分离的排水系统设计方案，解决了车站运营期地下水保护和污水处理的问题，如图 9-10 所示。

图 9-10 八达岭长城站曝气生物滤池（G-BAF）废水处理系统

9.3.5 隧道洞渣回收利用技术

新八达岭隧道部分弃渣经过碎石厂生产成碎石，回收利用作为混凝土粗集料使用，不但减少了弃渣堆放对环境的影响，还大幅度提升了弃渣的经济利用价值。首先对原料进行两级筛选，人工选取较好的围岩（Ⅱ、Ⅲ级围岩）进行分类存放，后采用履带底盘移动式筛分设备MS702进行二次选材，有效保证母料质量；其后进行专业加工整形，借鉴港珠澳大桥混凝土集料加工经验，采用了PLX1100整形设备进行加工，大幅度提高了集料整形质量，将针片状集料含量按国标由3%降底至1%，按欧标由40%降低至15%，如图9-11为集料整形及筛分设备。

图 9-11 PLX1100 集料整形及筛分设备

参考文献

REFERENCES

[1] 国家铁路局 . 铁路隧道防灾疏散救援工程设计规范 : TB 10020—2017 [S]. 北京 : 中国铁道出版社 , 2017.

[2] 中华人民共和国交通运输部 . 公路隧道通风设计细则 : JTG/T D70/2-02—2014 [S]. 北京 : 人民交通出版社 , 2014.

[3] 国家铁路局 . 铁路隧道设计规范 : TB 10003—2016 [S]. 北京 : 中国铁道出版社 , 2017.

[4] 中华人民共和国交通运输部 . 公路隧道设计细则 : JTG/T D70—2010 [S]. 北京 : 人民交通出版社 , 2010.

[5] 国家能源局 . 水电站地下厂房设计规范 : NB/T 35090—2016 [S]. 北京 : 中国水利水电出版社 , 2016.

[6] 国家铁路局 . 铁路工程环境保护设计规范 : TB 10501—2016[S]. 北京 : 中国铁道出版社 , 2016.

[7] 中华人民共和国国家质量监督检验检疫总局 . 城市轨道交通车站站台声学要求和测量方法：GB 14227—2006 [S]. 北京 : 中国标准出版社 , 2006.

[8] 中华人民共和国国家质量监督检验检疫总局 . 爆破安全规程 : GB 6722—2014 [S]. 北京 : 中国标准出版社 , 2015

[9] 中华人民共和国住房和城乡建设部 . 地铁设计规范 : GB 50157—2013 [S]. 北京 : 中国建筑工业出版社 , 2014.

[10] 上海市住房和城乡建设管理委员会 . 道路隧道设计规范 : DGTJ08-2033—2017 [S]. 上海 : 同济大学出版社 , 2017.

[11] 蔡美峰 , 何满潮 , 刘东燕 . 岩石力学与工程 [M]. 北京 : 科学出版社 , 2002.

[12] 张丙昌 . 探究地下车站建筑设计理念与创新——以宁波地铁为例 [J]. 北方建筑 , 2019, 4 (03) : 28-32.

[13] 龚腾 , 高敏 . 城市轨道交通综合交通枢纽与地下空间一体化开发实践 [J]. 现代城

市轨道交通, 2020, (12) : 22-27.

［14］赵勇, 俞祖法, 蔡珏, 等. 京张高铁八达岭长城站设计理念及实现路径 [J]. 隧道建设（中英文）, 2020, 40 (07) : 929-940.

［15］赵琳, 孙行, 吕刚, 等. 京张高铁八达岭长城站站台宽度计算及舒适度分析 [J]. 铁道标准设计, 2020, 064 (001) : 87-94.

［16］郑健. 中国高铁客站的创新与实践 [J]. 铁道经济研究, 2010, (6) : 1-3.

［17］陈学峰, 刘建友, 吕刚, 等. 京张高铁八达岭长城站建造关键技术及创新 [J]. 铁道标准设计, 2020, 64 (01) : 21-28.

［18］王建宇. 列车通过隧道时诱发的空气动力学问题和高速铁路隧道设计参数 [J]. 世界隧道 ,1995, (1) : 3-13.

［19］马福东, 王婷, 彭斌, 等. 复杂深埋地下高铁车站站台及通道空气动力学效应模拟及设计对策选定 [J]. 铁道标准设计, 2020, 64 (01) : 40-44.

［20］闫树龙, 叶磊, 杨启凡, 等. 京张高铁八达岭隧道及地下站活塞风效应研究 [J]. 铁道设计标准, 2020, 64 (01) : 75-80.

［21］李金冬, 张苏, 韩松, 等. 基于 BAS 的京张高铁站房能源管理系统研究 [J]. 铁道标准设计, 2020, 64 (01) : 176-179.

［22］吕宏宇, 吕慧儒. 长城岭隧道防灾救援疏散研究及探讨 [J]. 公路交通科技（应用技术版）, 2019, 15 (9) : 244-246.

［23］秦小光. 运营铁路隧道防灾救援监控与报警一体化技术研究 [J]. 铁道标准设计, 2018, 62 (9) : 119-124, 173.

［24］涂仲新. 基于综合监控系统的地铁消防联动应用研究 [J]. 工程建设与设计, 2019 (11) : 86-88.

［25］王志强, 李奎. 贵广高铁隧道防灾救援疏散预案研究 [J]. 铁道标准设计, 2017, 61 (4) : 105-110.

［26］石峰. 长大铁路隧道火灾模型试验与防灾救援研究 [J]. 四川建筑, 2018, 38 (5) : 42-45, 49.

［27］程佳妮, 郭亨波. 三维可视化运维平台与综合监控系统数据集成的研究与应用 [J]. 现代建筑电气, 2019, 10 (9) : 13-18

［28］孙万鑫. 铁路隧道防灾安全监控系统方案研究与探讨 [J]. 中国新通信, 2017, 19 (5) : 78-78.

［29］董存祥. 铁路隧道防灾救援移动监控系统研究 [J]. 铁道标准设计, 2017, 61 (1) : 119-122.

［30］邓念兵, 张博, 韩兴博. 台湾海峡隧道的通风与防灾救灾评析 [J]. 福建交通科技, 2019 (2) : 54-58.

［31］陈倩, 肖鹏. 隧道防灾救援列车控制方案及电路研究 [J]. 铁道工程学报, 2017, 34 (6) : 65-68.

[32] 王明年, 于丽, 李琦, 等. 高速铁路隧道防灾疏散救援技术研究综述 [J]. 隧道与地下工程灾害防治, 2019 (2) : 13-23.

[33] 李琦. 高速铁路特长隧道火灾模式下人员安全疏散可靠性研究 [D]. 成都 : 西南交通大学, 2018.

[34] 张宇, 黄必斌. 大跨度岩洞跨度界定与跨度效应探讨 [J]. 地下空间与工程学报, 2015, 11 (01) : 39-47.

[35] 周丁恒, 曹力桥, 王晓形, 等. 浅埋大断面大跨度连拱隧道支护体系现场监测试验研究 [J]. 岩土工程学报, 2010, 32 (10) : 1573-1581.

[36] 柴柏龙, 李晓红, 卢义玉, 等. 大跨度隧道围岩 - 支护体系稳定性分析 [J]. 地下空间与工程学报, 2009, 5 (03) : 510-514.

[37] 陈耕野, 刘斌, 万明富, 等. 韩家岭大跨度公路隧道应力监测分析 [J]. 岩石力学与工程学报, 2005, (S2) : 5509-5515.

[38] 李利平, 李术才, 赵勇, 等. 超大断面隧道软弱破碎围岩空间变形机制与荷载释放演化规律 [J]. 岩石力学与工程学报, 2012, 31 (10) : 2109-2118.

[39] 肖丛苗, 张顶立, 朱焕春, 等. 大跨度地下工程支护结构研究 [J]. 岩土力学, 2015, 36 (S2) : 513-518+524.

[40] 刘洪洲. 大跨度扁平公路隧道的建造方法探讨 [J]. 西部探矿工程, 1999, (06) : 13-17.

[41] 谭忠盛, 孟德鑫, 石新栋, 等. 大跨小间距黄土隧道支护体系及施工方法研究 [J]. 中国公路学报, 2015, 28 (11) : 82-89+97.

[42] 吕刚, 刘建友, 赵勇. 超大跨度隧道围岩支护体系构件化设计方法及其应用研究 [J]. 隧道建设 (中英文), 2018, 38 (09) : 1520-1528.

[43] 侯福金. 超大跨度水平层状围岩隧道变形机理与稳定性控制 [D]. 济南 : 山东大学, 2019.

[44] 刘树红, 王婷, 吕刚, 等. 京张高铁八达岭长城站大跨度深埋三连拱隧道设计及施工方法研究 [J]. 铁道标准设计, 2020, 64 (01) : 63-68.

[45] 吴文朋. 京张城际铁路八达岭长城站大断面隧道开挖与支护技术研究 [D]. 北京 : 北京交通大学, 2017.

[46] 吕刚, 刘建友, 赵勇, 等. 超大跨度隧道围岩作用效应与支护结构设计方法研究 [J]. 中国铁道科学, 2019, 40 (05) : 73-79.

[47] 王婷, 赵继, 魏盼. 京张高铁八达岭长城站大跨深埋三连拱围岩压力计算方法研究 [J]. 铁道标准设计, 2020, 64 (01) : 57-62.

[48] 易小明, 张顶立, 陈铁林. 厦门海底隧道地层变形监测与机制分析 [J]. 岩石力学与工程学报, 2007, (11) : 2302-2308.

[49] 刘招伟, 何满潮, 肖红渠. 浅埋大跨连拱隧道施工中变形的监测与控制措施 [J]. 岩土工程

学报 , 2003, (03) : 339-342.

[50] 瞿万波 , 刘新荣 , 黄瑞金 , 等 . 浅埋大跨洞桩隧道变形监测与控制分析 [J]. 土木建筑与环境工程 , 2009, 31 (01) : 38-43.

[51] 傅鹤林 , 张聚文 , 黄陵武 , 等 . 软弱围岩中大跨度浅埋偏压小间距隧道开挖的数值模拟 [J]. 采矿技术 , 2009, 9 (05) :17-21.

[52] 党红章 . 岗头隧道大跨软弱围岩台阶法施工技术 [J]. 公路交通技术 , 2012, (01) : 91-93+98.

[53] 张聚文 , 傅鹤林 . 浅埋偏压小间距大跨隧道开挖工法的数值分析 [J]. 公路工程 , 2018, 43 (03) : 26-30.

[54] 朱苦竹 , 张书强 , 庄瑞鸿 . 浅埋软岩大跨度隧道开挖工法研究 [J]. 沈阳建筑大学学报 (自然科学版) , 2018, 34 (01) : 66-73.

[55] 魏进兵 , 闵弘 , 邓建辉 . 龙滩水电站巨型地下洞室群稳定性分析 [J]. 岩石力学与工程学报 , 2003, 22 (S1) : 2259.

[56] 张德永 , 王玉洲 , 方浩亮 . 江边水电站地下洞室群围岩稳定性数值分析 [J]. 地下空间与工程学报 , 2015, (3) : 673.

[57] 董家兴 , 徐光黎 , 李志鹏 , 等 . 高地应力条件下大型地下洞室群围岩失稳模式分类及调控对策 [J]. 岩石力学与工程学报 , 2014, 33 (11) : 2161.

[58] 张孝松 . 龙滩水电站地下洞室群布置及监控设计 [J]. 岩石力学与工程学报 , 2005 (21) : 3983.

[59] 张勇 , 肖平西 , 程丽娟 . 基于岩石强度应力比的大型地下洞室群布置设计方法 [J]. 岩石力学与工程学报 , 2014, (11) : 2314.

[60] 向欣 , 王义锋 , 孟国涛 , 等 . 大跨度地下洞室拱顶稳定性及支护措施研究 [J]. 岩石力学与工程学报 , 2012 (S2) : 36.

[61] 聂卫平 , 石崇 . 基于安全系数的大型地下洞室衬砌优化研究 [J]. 地下空间与工程学报 , 2013, 9 (4) : 813.

[62] 张玉敏 , 朱付广 . 地下厂房围岩块体稳定分析及支护优化研究 [J]. 地下空间与工程学报 , 2011, 7 (1) : 150.

[63] 江权 , 冯夏庭 , 向天兵 . 基于强度折减原理的地下洞室群整体安全系数计算方法探讨 [J]. 岩土力学 , 2009, 30 (8) : 2483.

[64] 江权 , 冯夏庭 , 揭秉辉 , 等 . 地下多洞室结构的中隔墙安全度区间计算方法 [J]. 岩土力学 . 2010, 31 (6) :1847.

[65] 江权 , 冯夏庭 , 周辉 . 锦屏二级水电站深埋引水隧洞群允许最小间距研究 [J]. 岩土力学 , 2008, 29 (3) : 656.

[66] 张雨霆 , 肖明 , 陈俊涛 . 地震作用下地下洞室群整体安全系数计算与震后加固效果评价 [J].

四川大学学报 (工程科学版) , 2010, 42 (5) : 217.

[67] 张超 , 张社荣 , 崔溦 . 地下洞室群围岩稳定性动态风险分析及系统研发 [J]. 水利水运工程学报 , 2015, (3) : 73.

[68] 刘建友 , 吕刚 , 赵勇 , 等 . 应力流守恒原理及地下洞室群支护结构设计方法 [J]. 隧道建设 (中英文) , 2019, 39 (S2) : 220-227.

[69] 吴其苏 . 爆破震动测量的几个问题 [J]. 爆炸与冲击 , 1983, (02) : 39-43.

[70] 钱胜国 , 王文辉 . 爆破震动作用结构动力响应反应谱问题 [A]. 中国力学学会 , 中国工程爆破协会 . 第七届全国工程爆破学术会议论文集 [C]. 中国力学学会 , 中国工程爆破协会 : 中国力学学会 , 2001: 6.

[71] 李玉民 , 倪芝芳 . 地下工程开挖爆破的地面振动特征 [J]. 岩石力学与工程学报 , 1997, (03) : 75-79.

[72] 李庆文 . 隧道等效弹性振动边界的建立及精确爆破震动分析 [D]. 北京 : 北京科技大学 , 2015.

[73] 蔡路军 , 朱方敏 , 吴亮 , 等 . 上穿公路隧道爆破对下方供水隧洞的振动影响研究 [J]. 公路工程 , 2015, 40 (03) : 28-32.

[74] 贾磊 , 解咏平 , 李慎奎 . 爆破振动对邻近隧道衬砌安全的数值模拟分析 [J]. 振动与冲击 , 2015, 34 (11) :173-177+211.

[75] 吴占瑞 , 漆泰岳 . 跨线风道近接施工力学特性研究 [J]. 铁道标准设计 , 2012, (04) : 99-103.

[76] 林达明 , 尚彦军 , 柳侃 . 交叉隧道围岩收敛和应力分布规律研究 [J]. 地下空间与工程学报 , 2012, 8 (06) : 1153-1158+1177.

[77] 刘建友 , 田四明 , 吕刚 , 等 . 地下洞室群微震爆破技术及振动控制标准研究 [J]. 铁道标准设计 , 2020, 64 (01) :45-50.

[78] 张丽 , 董增川 , 黄晓玲 . 干旱区典型植物生长与地下水位关系的模型研究 [J]. 中国沙漠 , 2004, 24 (1) : 110-113.

[79] 张长春 , 邵景力 , 李慈君 , 等 . 华北平原地下水生态环境水位研究 [J]. 吉林大学学报 (地球科学版) , 2003, 33 (3) : 323-326+330.

[80] 贾利民 , 焦瑞 , 廖梓龙 , 等 . 干旱牧区草地植被生态质量现状及需水研究 [J]. 中国农村水利水电 , 2013, (6) : 49-52+56.

[81] 陈南祥 , 杨杰 , 屈吉鸿 . 中牟县地下水生态水位研究 [J]. 华北水利水电大学学报（自然科学版）, 2016, 37 (1) : 84-88.

[82] 荣丽杉 , 束龙仓 , 王茂枚 , 等 . 合理地下水生态水位的估算方法研究——以塔里木河下游为例 [J]. 地下水 , 2009, 31 (1) : 12-15+43.

[83] 杨泽元 , 王文科 , 黄金廷 , 等 . 陕北风沙滩地区生态安全地下水位埋深研究 [J]. 西北农林

科技大学学报（自然科学版）, 2006, 34 (8) : 67-74.

[84] 刘圣，娄华君，贾绍凤，等 . 马海绿洲区植被与地下水位埋深的定量关系 [J]. 南水北调与水利科技 , 2014, 12 (6) : 1-5.

[85] 金晓媚，万力，张幼宽，等 . 银川平原植被生长与地下水关系研究 [J]. 地学前缘 , 2007, 14 (3) : 197-203.

[86] 袁秀，李景文，李俊清 . 长城北京段风景区植被特征及植物多样性 [J]. 生态学报 , 2007, 27 (3) : 977-988.

[87] 耿玉清 . 北京八达岭地区森林土壤理化特征及健康指数的研究 [D]. 北京 : 北京林业大学 , 2006.

[88] 郭连生，田有亮 . 运用 PV 技术对华北常见造林树种耐旱性评价的研究 [J]. 内蒙古林学院学报 , 1998.

[89] 中国铁路经济规划研究院，北京工业大学，中国铁道科学研究院 . 一种降低隧道底部水压力的逆向排水系统 : CN201610232374.5[P]. 2016-08-23.

[90] 张忠凡 . 考虑可靠性的工程控制网最优化设计 [D]. 长沙 : 中南工业大学 , 1989.

[91] 广州穗岩土木科技股份有限公司 . 一种采用锁口管接头的地下连续墙及其施工方法 : CN201910482617.4[P]. 2019-09-19.

[92] 周金忠，唐健，贺维国，等 . 矿山法海底隧道废水排水系统设计实践 [J]. 隧道建设（中英文）, 2018, 38 (10) : 1698-1705.

[93] 祁帆 . 上海地铁地下车站排水系统的设计要点 [J]. 城市轨道交通研究 , 2015, 18 (3) : 128-132.

[94] 李曦淳，李鹏，李东，等 . 滨海新区海河隧道排水系统设计 [J]. 中国给水排水 , 2010, 26 (18) : 39-41.

[95] 曾国保 . 地铁内排水泵站的设置 [J]. 城市轨道交通研究 , 2006, 9 (4) : 60-62.

[96] 亢超刚 . 生态环境可持续发展下山岭隧道防排水设计理念和工程措施之我见 [J]. 铁道标准设计 , 2019, 63 (2) : 94-97.

[97] 蒋忠信 . 隧道工程与水环境的相互作用 [J]. 岩石力学与工程学报 , 2005, 24 (1) : 121-127.

[98] 刘伟 . 天目山隧道施工废水特征分析及处理 [J]. 隧道建设 , 2017, 37 (7) : 845-850.

[99] 蒋忙舟 . 大西客运专线穿越陕西洽川国家级风景名胜区环境影响与保护 [R]. “十一五”铁路环保成果及新技术应用研讨会 , 2012.

[100] 牛铜钢，束晨阳，刘冬梅，风景名胜区重大建设项目影响评价方法——以成兰铁路穿越黄龙风景名胜区为例 [J]. 中国园林 , 2009, 25 (12) : 15-18.

[101] 党辉 . 京沈铁路客运专线对承德外八庙国家级风景名胜区鸡冠山分景区的影响分析 [J]. 铁路节能环保与安全卫生 , 2014, 4 (5) : 209-213.

[102] 张丹丹 , 刘贝贝 . 我国矿山职业病的统计与展望分析 [J]. 能源与环保 , 2017, 39 (9) : 176.

[103] 郭春 , 宋骏修 , 王欣 , 等 . 矿山法施工隧道粉尘控制技术研究现状及进展 [J]. 隧道建设 (中英文) , 2020, 40 (S1) : 68.

[104] 周文哲 . 隧道施工废水处理研究 [J]. 铁道建筑 , 2019, 59 (09) : 77.

[105] 刘弋 , 薛金科 , 匡亚川 . FRP 锚杆研究现状及其分析 [J]. 工业建筑 , 2010, 40 (S1) : 1015-1018+1078.

[106] 赵健 , 冀文政 , 肖玲 , 等 . 锚杆耐久性现场试验研究 [J]. 岩石力学与工程学报 , 2006, (07) : 1377-1385.

[107] 郭红仙 , 陈奕奇 , 宋二祥 , 等 . 岩土锚固结构腐蚀及其影响因素 [J]. 岩土工程界 , 2007, (02) : 35-38+41.

[108] 曾宪明 , 陈肇元 , 王靖涛 , 等 . 锚固类结构安全性与耐久性问题探讨 [J]. 岩石力学与工程学报 , 2004, (13) : 2235-2242.

[109] 冯冀蒙 , 仇文革 , 王玉锁 , 等 . 既有隧道病害分布规律及围岩环境等级划分研究 [J]. 现代隧道技术 , 2013, 50 (04) : 35-41.